ZIG ZIGLAR

VENDER: Una forma de vida

Manual para llegar a ser el mejor vendedor profesional

Traducción
Adriana de Hassan

© Copyright 2021 para todo el mundo de habla hispana.

Reservados todos los derechos.

Queda prohibida la reproducción total o parcial de este libro,
por cualquier medio, sin autorización escrita de la editorial.

Derechos de autor y aviso legal
Este libro está protegido por las leyes de derechos de autor. Ninguna parte de esta publicación puede ser copiada, almacenada, distribuida o transmitida en cualquier forma por cualquier medio, ya sea electrónico, mecánico, fotocopia, grabación u otros métodos, si el permiso previo y por escrito del titular de los derechos.

Las opiniones expresadas en esta obra son responsabilidad exclusiva del autor y no refleja necesariamente la posición de la editorial.

*Dedicado a todos los profesionales de las ventas
que, con entusiasmo y honorabilidad, venden bienes,
productos o servicios que benefician a
los demás.*

CONTENIDO

Expertos que contribuyeron a esta obra XIV

INTRODUCCIÓN 1
Regreso a los "nuevos" principios fundamentales: verdades imperecederas para el triunfo, aplicadas en los años 90. Técnicas y procedimientos de ventas para aumentar los ingresos tangibles (recursos económicos) y los ingresos intangibles (calidad de vida). Un vendedor "novato" siempre es mejor que un vendedor "experimentado" pero sin ánimos. Tres razones para escribir otro libro sobre ventas: una profesión en permanente cambio, la necesidad de un enfoque "holístico" en la carrera de ventas y nuevos principios aprendidos de los trabajadores de todos los estratos. Cómo emplear este libro para alcanzar el triunfo.

CAPÍTULO 1: UNA DECISIÓN ACERTADA 13
Una carrera en la profesión más antigua del mundo
La "profesión más antigua" sigue siendo la mejor. La importancia de contraer el compromiso personal de llegar a ser un "profesional completo". Beneficios que se obtienen al escoger la carrera de vendedor: independencia, trabajar para uno pero sin estar solo; oportunidades, nacidas de una independencia bien manejada; solución de problemas, el vendedor como "héroe" que ayuda a los demás; seguridad, un trabajo que se lleva adentro; acercamiento a la familia, fortalece la unidad familiar; comunicación, situarse en el lugar de los demás. Vender es realmente una profesión que produce orgullo.

CAPÍTULO 2: LAS VENTAS EN EL MERCADO MODERNO   30
El decenio de la tecnología
La alta tecnología es un "toque" de clase. La rectitud y la integridad en las ventas. El nuevo tipo de profesional de las ventas. La educación formal comparada con la "escuela de la vida". Cómo manejar el cambio y la tecnología. La vida en una sociedad "sin papel". La mezcla de los viejos principios con la nueva tecnología. Saber escuchar: cinco pasos para mejorar la comunicación. El influjo de la mujer en las ventas y en el consumo. El ciclo del éxito en las ventas: confianza, amor propio, integridad, confiabilidad, éxito.

CAPÍTULO 3: CÓMO ENCONTRAR A ALGUIEN DISPUESTO A COMPRAR   52
Cómo permanecer dentro de la profesión
La importancia de buscar clientes. Desarrollar la actitud de búsqueda. El "por qué, cuándo, cómo y quién" de los buscadores profesionales. Los clientes potenciales se presentan C.O.D.: Comunicación: centros de influencia, informe de los resultados, valor del servicio; Observación: buscar con ojo avizor, referencias, comprometerse con la sociedad; Dedicación: el "pecado del desierto", los clientes potenciales son perecederos, hacer que "las cosas" sucedan.

CAPÍTULO 4: CÓMO VENDER EN EL MUNDO REAL   71
Cómo vencer el desánimo para visitar a los clientes
El desánimo para hacer las visitas es un fenómeno natural. La ansiedad ayuda a ganar dinero. Siete pasos para evitar el temor: asumir la responsabilidad personal por UNO MISMO; transmitir el sentimiento indicado; conseguir lo que uno desea ayudando a los demás a conseguir lo que ellos desean; domar el teléfono; hacer planes y prepararse para triunfar; convertir la experiencia en experimento; imponerse un programa de trabajo y concertar una cita consigo mismo para encontrarse con un cliente potencial a la misma hora todos los días.

CAPÍTULO 5: VENDER A PROPÓSITO, NO POR CASUALIDAD 96
La fórmula para aprender técnicas eficaces

Fórmula para aprender métodos conducentes al éxito en las ventas. Una fórmula concomitante. Las cuatro etapas que *debe* cubrir todo vendedor de éxito. *Análisis de las necesidades:* hacer la radiografía del cliente ("lo que cuenta es lo de adentro"); sondear con tres tipos de preguntas ("¿Adónde se va el color blanco cuando se derrite la nieve?"). *Tomar conciencia de las necesidades,* tanto el vendedor como el cliente potencial; ayudar a los clientes potenciales a saber en dónde radica el "desequilibrio". *Solución de las necesidades:* la necesidad debe ir por delante (todo el mundo sintoniza la emisora QHPM [¿Qué Hay Para Mí?]). *Satisfacción de las necesidades:* T.S.E.P. (¡Tome siempre el pedido!)

CAPÍTULO 6: LA RESPUESTA ESTÁ EN LAS PREGUNTAS 121
Lo primero es analizar las necesidades

Generar confianza a través de las preguntas. Estímulo frente a manipulación. Preguntas lógicas y emotivas. Combinar la emoción y la lógica. Pintar cuadros vívidos con palabras. Preguntas de puertas abiertas: "abra la puerta y deje que el cliente potencial vaya adonde quiera". Preguntas de puertas cerradas: "cierre la puerta y mantenga al cliente potencial en un sitio concreto". La más olvidada herramienta de ventas: la voz del vendedor. Preguntas de "sí" o "no": "confirme los aspectos concretos por medio de preguntas de sí o no".

CAPÍTULO 7: EL "INTERROGATORIO" CONVERSADO 145
Una entrevista agradable

La "intravista": mirar al interior del cliente. La fórmula P.O.M.O. para realizar una entrevista agradable: averiguar cómo es el cliente potencial como *persona;* averiguar cómo es la *organización;* descubrir las *metas* del cliente potencial; comprender los *obstáculos* que le impiden lograr las metas personales y profesionales. Cuatro tipos de personalidad: determine su personalidad como vendedor y después la del cliente potencial.

CAPÍTULO 8: CÓMO ENCENDER LAS LUCES   173
Tanto el vendedor como el cliente potencial deben tomar conciencia de las necesidades

El profesional de las ventas debe conocer la necesidad. Cerciórese de que el cliente potencial conozca y comprenda que existe una necesidad. Necesidad verdadera frente a síntomas de la necesidad. La ley de las homeostasis. Aspectos importantes que deben conocerse: el producto, la industria, los precios, la aplicación, la competencia. Descubrir las zonas de desequilibrio; crear equilibrio.

CAPÍTULO 9: VENTA DE SOLUCIONES PARA LOS PROBLEMAS DE LA GENTE   196
La necesidad va por delante

El producto frente a la necesidad del cliente potencial. Una buena presentación de ventas. Testimonios para asegurar la venta. ¿Qué vende usted? ¿Qué compra el cliente potencial? *Característica,* comprender lo que es el producto. *Función,* comprender lo que hace el producto. *Beneficio,* comprender por qué el cliente potencial desea el producto. Los triunfadores venden beneficios.

CAPÍTULO 10: EL ABC DEL CIERRE DE LA VENTA   218
P.S.E.P. = proponga siempre el pedido

Los que no piden no comen. Un vendedor que logra la venta realmente se interesa por el cliente potencial. El 4% de los vendedores se llevan el 60% de las comisiones. Cómo puede usted formar parte de ese grupo. Distinguir entre rechazo personal y deseo de no comprar. Validar y ensayar el cierre de la venta. Adaptar el cierre al producto o servicio. Tres formas de cerrar la venta (garantizadas).

CAPÍTULO 11: MÁS VENTAS CON MÁS FRECUENCIA 243
El método P.C.I.E.P. para superar las objeciones

Las objeciones son las mejores aliadas del profesional de las ventas. Cambiar la negativa por el conocimiento. El método P.C.I.E.P. para superar las objeciones. Formular una pregunta. Comprender la objeción. Identificar la verdadera objeción. Empatía en vez de simpatía para superar las objeciones. Someter las objeciones a prueba para cerciorarse de que son las "auténticas". Vencer las objeciones que son sólo "polvo de gorila". La prueba de las "suposiciones", que ayuda a vencer la negativa. Aislar y validar las objeciones concretas para hacer la venta. Superar las objeciones telefónicas para hacer la venta. Objeciones comunes y cómo manejarlas. Cómo manejar las objeciones relacionadas con el precio.

CAPÍTULO 12: DESPUÉS DEL SERVICIO VIENE LA SATISFACCIÓN DEL CLIENTE 263
¿Qué hace usted: renunciar, rectificar o proseguir?

Reemplazar el servicio al cliente por la satisfacción del cliente. Medicina preventiva para evitar el descontento del cliente. La venta *comienza* en el momento del cierre. Los "sobreprecios" y el servicio. Dar ese "algo más" para garantizar la satisfacción del cliente. El servicio es el mejor producto. ¿Puede darse el lujo de tener clientes insatisfechos? ¿Permite que los clientes groseros lo descontrolen? Dominar las emociones. Escapar del "volcán" de la ira antes que estalle. Pasos concretos para tratar con el cliente airado. ¿Qué debe hacer si lo insultan? La única política de servicio.

CAPÍTULO 13: EL ENCANTO DEL CAMINO 285
Un mito sobre la profesión de vendedor

El punto de vista justo para el vendedor viajero. La verdad sobre los viajes: la variedad, la ventaja competitiva, las oportunidades de aprendizaje, el enriquecimiento cultural, el trato social, el buen estado físico, la soledad, el tiempo para crear. Peligros del camino: el doctor Jekyll y el señor Hyde. El síndrome del perezoso. Quien mucho abarca poco aprieta. La comunicación. El "desprendimiento": dejar a los seres queridos. La "descompresión": regresar a los seres queridos. El placer de viajar.

CAPÍTULO 14: UN SISTEMA INMEJORABLE DE APOYO A LAS VENTAS 308
Cómo pueden la compañía y la familia consolidar su carrera

Los clientes "internos": el personal de la oficina. Aprender a amar a quienes no nos agradan. ¿Es la integridad una opción? Haga que los demás participen en el éxito. Cuatro pasos hacia la libertad económica. La familia y el éxito en las ventas. Los hijos deben participar.

CAPÍTULO 15: ORGANIZACIÓN Y DISCIPLINA 330
La importancia de controlar el tiempo y la vida

Cómo llegar a ser un profesional "infalible". Comience temprano. La libreta de autoanálisis. Educarse para tener éxito en las ventas. Qué hacer cuando la compañía exige demasiado. Control de las actividades y los resultados. El "secreto" de todo profesional de las ventas: el "trabajo en proceso".

CAPÍTULO 16: LA PERSONA DEBE ESTAR BIEN 351
Mejore a la persona y luego mejore al vendedor

Cómo convertirse en la persona indicada con el punto de vista justo. Mejore a la persona para luego mejorar al vendedor. Cuidar la salud mental. Cuidar la salud emocional. Tres pasos para conservar la salud emocional. La salud física y pasos concretos que deben seguirse. Cómo manejar la tiranía de "lo urgente" en un mundo en el que se vive a la carrera. Eliminar los venenos que pueden arruinar la carrera del vendedor. Cómo mantener la actitud conveniente. Razones por las cuales la gente no compra. Razones por las cuales podrá seguir vendiendo en el futuro. El factor más importante del proceso de venta: la confianza. Todo en la vida es venta.

APÉNDICE 385

EPÍLOGO 391

AGRADECIMIENTO 399

EXPERTOS QUE CONTRIBUYERON A ESTA OBRA

Las personas cuyos nombres aparecen a continuación son mis "amigos en el campo de batalla", hombres y mujeres valerosos que aplican los principios y conceptos que se exponen en el presente libro. Las anécdotas y experiencias que tuvieron a bien relatarme, constituyen un aporte invaluable a esta obra.

Bob Alexander	Art Lamstein
Leonard Allen	Dennis Landrum
Lonnie Amirault	Dr. John M. Leddo
Marvin D. Anthony	Joe Lingle
Jerry Aull	Dave Liniger
Bruce Barbour	Angie Logan
Donald Benenson	Danielle Logan
Bill Callaway	Peter Lowe
Fred Cardinal	Randy Manning
Walt Clayton	P. C. Merrell
Gerry Clonaris	David A. Mezey
Connie Cox	Jim Norman
John Cummings	Julie Ziglar Norman
Jay P. Curry	Cindy Ziglar Oates
Nick Dalley	Louise Padgett
Robert Davis	Terrence Patton
Howard Donnelly	Roger Peet
Andrew Downie	David Ray
Dr. Ken Dychtwald	Cavett Robert
Tony Ferguson	Vince Robert
Bryan Flanagan	Rick Robinson
Joe Flower	Charles Rondeau
Gertrude Fogler	Janet Rush
Robert Forrest	Ed Sheftel
Robert Gibson	Fred Smith
Gerhard Gschwandtner	Larry Spevak
Walter Hailey	Deborah Tannen
David Halford	Dr. Forest S. Tennant, Jr.
Phil Harriman	Jill Tibbels
Jobie Harris	Tom Walsh
K. J. Hartley	Greg Watt
Leonard Harvison	Sheila West
Donald Henry	Susan Ziglar Witmeyer
Rex Hensley	W. Phil Wynn
Julie Huntington	Bob Zaloba
Don Jarrell	Tom Ziglar
J. Kevin Jenkins	Jean Ziglar
Tim Jones	

INTRODUCCIÓN

En Keithville (Luisiana) una multitud pasó buena parte de la noche tratando de rescatar a un oso negro atrapado en un pino, a una altura de dieciséis metros, para trasladarlo a un parque nacional. Entre las personas que trabajaron durante ocho horas para salvar al animal se contaban delegados del *sheriff*, guardabosques y biólogos. Para poder bajarlo, un veterinario le disparó dardos tranquilizantes. Se dispuso una red para recibirlo cuando cayera, atontado por la droga. Hasta que unos voluntarios cortaron el árbol, el jueves, no descubrieron que lo que habían estado tratando de rescatar era sólo una bolsa de basura acribillada con dardos tranquilizantes.

Muchos vendedores creen que tienen un "oso" en el árbol, cuando en realidad no es más que un montón de "basura". Son los que dicen cosas como éstas:

> La competencia para este producto es demasiado fuerte en esta zona del país... Estamos viviendo una recesión... A la gente sólo le interesa el precio, nada más, y sólo desea saber "quién vende más barato"... Ya la gente no está comprando productos nacionales (o extranjeros)... De nada serviría hacer la venta; el crédito está tan difícil, que la compañía financiera sencillamente nos rechazaría... La economía está muerta en esta ciudad... Con el nivel de desempleo que hay en este momento, no sé cómo esperan que pueda cumplir con mi cuota...

La cuestión es cómo manejar todas esas situaciones, tener éxito en la profesión que uno ha escogido, conservar la cordura, evitar las úlceras y los infartos, mantener buenas relaciones con el cónyuge y los hijos, cumplir con las obligaciones económicas, prepararse para los "años dorados" y contar a la vez con algo de tiempo para uno mismo. Por suerte para usted, el libro que ahora tiene en las manos está hecho para responder a cada una de esas inquietudes proporcionando información, inspiración, risas, lágrimas y orientación, todo ello para que usted pueda tomar las decisiones necesarias para llevar una vida "equilibrada" que le permita alcanzar el éxito personal y profesional.

VERDADES FUNDAMENTALES Y ETERNAS DE UN CAMPEONATO

El equipo de los Green Bay Packers ganó los dos primeros campeonatos mundiales de fútbol profesional, y consiguió un marcador mayor que el de sus oponentes en los Super Bowl I y II. El entrenador de los Packers era el gran fundamentalista Vince Lombardi. Cuando el equipo jugaba mal (lo cual no ocurría con frecuencia), Lombardi comenzaba el entrenamiento de la semana siguiente con los mismos comentarios básicos: "Caballeros, estuvimos por debajo de nuestra categoría de equipo campeón. Esta semana regresaremos a los fundamentos". Y levantando el balón por encima de la cabeza, para que todos pudieran verlo bien, Lombardi decía lenta y monótonamente, con esa voz profunda y enronquecida por los gritos: "Amigos, éste es un balón de fútbol". Y sin falta, Max McGee, el gracioso del equipo, gritaba desde el fondo del salón: "No tan rápido, entrenador, no tan rápido".

Las verdades fundamentales no cambian. Lombardi enseñó a los Green Bay Packers algunos de los mismos principios básicos que Bill Walsh había enseñado con anterioridad a los San Francisco 49ers para ayudarles a convertirse en el "equipo del decenio" de los 80. Tanto el equipo de mayor éxito de los años 90 como los vendedores de mayor éxito del decenio buscan HOY la manera de aprender y repasar los principios básicos, fundamentales.

LOS PRINCIPIOS BÁSICOS DE LAS VENTAS

Vender es más que una profesión: es una forma de vida. Y el profesional de las ventas en los años 90 debe preocuparse por tener fundamentos sólidos. Pero, además de los fundamentos, cualquier instrumento de consulta que se precie de ser algo así como el "Manual para llegar a ser el mejor vendedor profesional" debe referirse también a aquellos momentos de la vida distintos del tiempo dedicado específicamente a vender frente a frente (o "voz a voz"). Este libro está hecho precisamente para eso.

Hemos incluido no solamente técnicas y procedimientos de venta que le servirán para aumentar sus ingresos, sino también ideas y principios que acrecentarán sus ingresos "intangibles" (su calidad de vida). Cómo entrar en la "era de los computadores", en el campo de las ventas; cómo manejar los rigores y tentaciones del camino — desde dejar a la familia (desprendimiento) y regresar tras una ausencia prolongada (descompresión) hasta emplear de manera productiva el tiempo durante el cual no estamos vendiendo; cómo manejar las exigencias físicas de esta fabulosa profesión (los restaurantes de cómida rápida y la falta de tiempo para practicar deporte generan tensión y desgaste); cómo trabajar con la parte financiera de la empresa de manera que los esfuerzos se complementen y no haya duplicación. El libro trata de todos esos aspectos y de muchos más.

JUVENTUD Y DESARROLLO FRENTE A MADUREZ Y DECADENCIA

Una mirada retrospectiva a mi carrera como vendedor, gerente de ventas e instructor despeja en mí toda duda de que los vendedores de mayor éxito son aquéllos que conservan la actitud del principiante. El profesional de las ventas que llega a la cima y permanece en ella es un "novato experimentado". Lo que quiero decir con eso es que, cuando vemos las ventas

> **Vender es más que una profesión:
> es una forma de vida.**

como una experiencia de aprendizaje permanente, no perdemos ocasión para aprender esas "minucias" en las cuales radica la "gran diferencia" de nuestra carrera profesional (¡la venta que CASI se logra no genera utilidades!).

En VENDER: UNA FORMA DE VIDA he tratado de servirme de mis experiencias fundamentales como vendedor, que comenzaron en los años 40, para demostrar que, aunque los principios básicos permanecen inalterables, usted y yo no podemos permanecer lo mismo. Los dos (usted y yo) debemos continuar nuestra peregrinación APRENDIENDO, VIVIENDO Y OBSERVANDO: aprendiendo del pasado sin quedarnos en él; viviendo en el presente para aprovechar cada uno de los instantes vitales que nos ofrece cada día; y mirando al futuro con esperanza, optimismo y preparación.

Los más destacados hombres y mujeres en todos los campos del espectáculo han dedicado muchas horas diarias a practicar los fundamentos de su profesión. Desde Andrés Segovia hasta Eric Clapton, desde Enrico Caruso hasta Luciano Pavarotti, desde Mary Pickford hasta Meryl Streep, desde Jack Dempsey hasta Mike Tyson, desde Sammy Baugh hasta Joe Montana, el hábito de practicar diariamente entre cuatro y seis horas antes de presentarse ante el público puede parecernos algo increíble y a veces excesivo. Sin embargo, esas personas han sido o son campeones mundiales en su campo.

ALGO NUEVO

Cuando en 1984 apareció *Secrets of Closing the Sale*, muchas personas tuvieron la gentileza de decir que se trataba de lo último en libros sobre ventas que se había publicado en los años 80. Después de editarse más de 220 000 ejemplares en rústica y 250 000 en cartoné, seguimos recibiendo testimonios acerca de la eficacia de las técnicas, los conceptos y los principios que aparecen en la obra. ¿Entonces por qué otro libro de Ziglar sobre ventas? Las razones básicas son tres. En primer lugar, la profesión de vendedor y los procedimientos de venta se transforman a un ritmo cada vez mayor. ¡Éste es uno de los aspectos que hacen tan emocionante nuestro trabajo! Muchas cosas han cambiado desde 1984. Quienes hayan viajado últimamente en avión habrán observado por lo menos media docena de computadores portátiles y el doble de teléfonos celulares.

En un viaje que hice hace poco hubo una demora y, tan pronto como el piloto la notificó, todos los pasajeros se lanzaron a buscar sus maletines. Fui la única persona de la sección de primera clase que no tenía un teléfono para llamar a informar a mi cliente que tendría una demora. Para los "desvalidos" como yo, hay un teléfono público de GTE en la mayoría de los aviones. En esta sociedad, en la cual la información viaja aceleradamente y todo está orientado a servir a los clientes, es preciso mantenerse a tono con los cambios para no permitir que nuestros clientes se vayan con la competencia.

LA VIDA EQUILIBRADA

La segunda razón por la cual escribí este libro es que no he encontrado la primera obra que abarque TODOS los aspectos de la carrera de un vendedor profesional. Son tantos los desafíos que los vendedores de los años 90 deberán enfrentar que, sin cierta información vital, les será muy difícil continuar con su profesión. El profesional de las ventas debe preocuparse por aspectos que se han intensificado enormemente, como son los viajes, las relaciones familiares y la salud personal. Aparte de las habilidades básicas que requiere el vendedor, quiero hacerlo partícipe de algunas de mis ideas acerca de una "vida equilibrada" que le permitan alcanzar el verdadero éxito.

EL MAESTRO TAMBIÉN APRENDE

La tercera razón por la cual decidí escribir este libro es que enseñando es como más se aprende. La información que he aprendido desde 1984 a través de la lectura, de la investigación y de mis conversaciones con hombres y mujeres de toda condición ha sido enriquecedora y me ha llenado de satisfacción en mi vida personal, familiar y profesional. A mi vez he compartido esas lecciones con otros, proporcionándoles los medios para conseguir mayor éxito. Estoy totalmente convencido, basándome en los resultados obtenidos hasta ahora, de que estas ideas y técnicas ensayadas y comprobadas le serán de gran valor a usted también.

¿Y USTED QUÉ?

Incontables carreras en la digna profesión de las ventas se han truncado tempranamente porque a los nuevos vendedores, al ser contratados por individuos insensibles que apostaban con vidas humanas al juego de los "números", se les negó cualquier posibilidad de triunfar. La consigna de los gerentes de ventas era "contratar en masa y clasificar entrenando" y, si no "daban la talla", reclutar a otro contingente. No sorprende que muchos de los jóvenes más capaces e inteligentes optaran por rechazar la carrera de las ventas o se desanimaran antes de darse — o dar a esta maravillosa profesión — una oportunidad.

En la actualidad, las organizaciones de ventas reconocen la necesidad de proporcionar una capacitación más amplia para aumentar al máximo la menguada oferta de mano de obra. Hasta las compañías que cuentan con programas avanzados de capacitación comienzan a percatarse de la necesidad de capacitar por medio de la experiencia y de adoptar el enfoque de la "persona total" para impulsar el desarrollo de nuestra profesión.

Este libro ha sido concebido para que usted "sienta" las experiencias de la vida real en la seguridad de un ambiente controlado y para que pueda prepararse mejor para manejar los cambios sutiles que ocurren diariamente en el mundo de las ventas.

¡LA EXPERIENCIA DEL MAESTRO PARA *USTED!*

Algunas de las cosas a las que me he referido exigen un cambio en la forma de pensar de muchas personas, ¡entre las cuales puede estar USTED! Por tanto, permítame anotar que este libro fue escrito principalmente para cuatro grupos de personas. En el primero están aquéllas que acaban de ingresar en el mundo de las ventas y saben que un buen comienzo allanará el resto del camino. Esto se parece al juego que tanto me apasiona: el golf. Siempre que alguien me dice que desea aprender a jugar me tomo la libertad de aconsejarle que tome clases con un buen profesional antes de empezar a jugar en serio. Si el aspirante comienza bien y aprende lo básico, progresará infinitamente más rápido y llegará a ser mucho mejor jugador. La razón es que no adquirirá los malos hábitos que impiden a muchos golfistas alcanzar alguna vez un puntaje respetable. Lo mismo sucede en las ventas. Por tanto, si apenas está comenzando, en realidad lo felicito por tener este libro en sus manos.

Ahora que comienza su jornada, no olvide que un vendedor "novato" venderá más que uno "experimentado" pero sin ánimos.

HABLANDO EN TÉRMINOS FUNDAMENTALES

El libro también es para los profesionales que entienden claramente que "aunque el verdadero profesional no necesita que le digan lo que debe hacer, sabe que un recordatorio nunca sobra". Jack Nicklaus, aclamado como el golfista más sobresaliente del siglo, acudía periódicamente a su primer maestro, el profesional que le enseñó y trabajó con él en algunas de las

> **Un vendedor "novato" venderá más que uno "experimentado" pero sin ánimos.**

sutilezas fundamentales del juego, las cuales Jack había ido modificando sin darse cuenta. Lo mismo sucede en las ventas. Inclusive los profesionales más formados pueden desviarse lentamente hasta seguir modelos destructivos y adquirir malos hábitos. Los principios básicos que se enseñan aquí son recordatorios combinados con la información y los procedimientos más recientes para ayudar al "viejo profesional" a avanzar hacia nuevos horizontes en las ventas.

DESORIENTADOS Y CONFUNDIDOS

El tercer grupo está constituido por aquéllos que han repetido una y otra vez la experiencia del primer año en las ventas. La mayoría de estos vendedores son por lo general personas desorientadas que se preguntan, confundidas, por qué no han progresado más. El hecho de estar leyendo ahora mismo estas palabras indica que usted quizá no pertenece a este grupo. Pero si usted se reconoce como integrante (en realidad "ex integrante") de este grupo, es un verdadero placer para mí darle la bienvenida. El grupo es casi una legión, pero cuando se avive en usted la llama del entusiasmo hacia nuevos procedimientos y técnicas, sentirá usted un gusto y una confianza renovados y se le abrirán tantas puertas que todo su mundo — personal, familiar, profesional — mejorará radicalmente.

TODOS SOMOS VENDEDORES

Es una lástima que no todo el mundo se dé cuenta de que en realidad TODOS SOMOS VENDEDORES. El cuarto grupo al cual va dirigido este libro es aquél que sabe que todas las personas, cualquiera que sea su profesión (abogados, médicos, contadores, ingenieros, profesores, conductores de autobuses o de taxis, asesores, recepcionistas, ejecutivos, animadores, administradores, entrenadores, cocineros, etc.), son vendedoras. Si usted apenas comienza a comprender este concepto, entonces, independientemente de cuánto tiempo lleve en su trabajo, debe aceptar que es sólo un novato en el campo de las ventas. Este libro le ayudará mucho más a usted que a quienes se saben vendedores, pues, entre sus colegas, son muy pocos los que se habrán dado cuenta de que son vendedores y menos aún los que habrán iniciado "oficialmente" una capacitación en ventas. Por tanto, desde el punto de vista de la competencia, este libro le proporcionará grandes ventajas.

EL PRINCIPIO DEL FIN

En este momento usted está conmigo por una entre varias razones. Es probable que esté leyendo este libro porque apenas comienza su carrera en el negocio más antiguo (todo comienza con el comercio), más emocionante (¿acaso no se acelera su corazón al iniciar una visita de ventas?) y más rentable (sólo si uno es bueno) que haya concebido el hombre; es probable que esté leyendo este libro porque comprende la importancia de repasar los principios básicos; o es probable que esté leyendo este libro porque, como profesional de las ventas, sabe que para obtener el máximo beneficio de su carrera debe adoptar un enfoque "holístico"* y "esforzarse" para alcanzar el éxito en su vida personal, familiar y profesional. Cuanto más ahonde en este libro, mejor podrá comprender el concepto de que ES NECESARIO *SER* PARA PODER *HACER* Y *HACER* PARA PODER *TENER*.

Antes de seguir adelante, quisiera felicitarlo. Al adquirir este compromiso con usted mismo, acaba de dar el paso más importante hacia el éxito: ¡comenzar! Lleva kilómetros de ventaja con respecto a la mayoría de las personas que en la

---

*Holismo (del griego *holos* 'entero'): Término acuñado por J. C. Smuts, en 1926, para designar la tendencia del universo a construir unidades cada vez más complicadas pero formando cada una una totalidad (*Nota del editor*).

> **ES NECESARIO *SER* PARA PODER *HACER* Y *HACER* PARA PODER *TENER*.**

actualidad ingresan en esta profesión. En realidad éste es para usted el comienzo del fin de la mediocridad... o de la depresión de las ventas que no lo ha dejado avanzar.

UNA REALIDAD

En las ventas, una de las verdades fundamentales es que la "depresión" es inevitable en ocasiones. Es imposible escapar de épocas durante las cuales nada parece salir bien en el plano personal y profesional. Esto parece bastante negativo, pero voy a hacer como el niño que le dijo al padre que temía haber perdido un examen de aritmética. Cuando el padre le dijo, a su vez, que debía sentirse más seguro de sí mismo, el niño respondió: "Está bien, papá, estoy SEGURO de que perdí ese examen de aritmética". Estoy seguro de que hasta los mejores vendedores pasan por períodos de depresión.

No cabe duda de que la depresión ocurre por apartarse de los principios básicos. Durante más de cuarenta años de vender todo tipo de cosas, desde productos tangibles, como baterías de cocina y vajillas, hasta bienes intangibles, como valores, seguros y capacitación, además de enseñar a otros que han vendido prácticamente todos los productos que usted pueda imaginar (y algunos que no querría imaginar), he descubierto el remedio infalible contra la depresión: VOLVER A LOS PRINCIPIOS BÁSICOS CON LA ACTITUD APROPIADA.

La razón principal por la cual caemos en la depresión es porque no estamos dispuestos a volver a los principios básicos. En otras palabras, quedamos atrapados en la rutina y, como usted sabrá, la rutina no es otra cosa que una tumba abierta. Una cosa es caer en la rutina, pero otra muy distinta es quedar ATRAPADO en ella. ¿Cómo escapar? Regresando a los principios básicos. Este manual le será de mucha ayuda en ese sentido.

CÓMO UTILIZAR ESTE MANUAL

Para que usted pueda aprehender y aprovechar las ideas expuestas en este libro, permítame pedirle que mantenga siempre a mano el bolígrafo para anotar sus pensamientos directamente en cada página. A mí personalmente me gusta anotar los números de las páginas en la contraportada del libro, para fácil consulta. Otras personas prefieren tener cerca una libreta para anotar las ideas. Como este libro tiene por objeto servir de manual y material de consulta y ha sido escrito en estilo de conversación, le prometo que su aporte al libro será más valioso que lo que usted pueda sacar de él.

Trate de mantener este libro al alcance de la mano por lo menos durante un mes después de terminarlo. Tómelo y hojéelo para releer los párrafos que usted mismo señaló: se sorprenderá de la cantidad de ideas nuevas que le vendrán a la mente. También lo invito a esperar dos meses y volver a leerlo lentamente y con más cuidado, subrayando esta vez con un marcador de distinto color. Le aseguro que marcará muchas más cosas, hará más anotaciones y generará más ideas que la primera vez. Permítame repetirlo. No lea el libro con el objetivo de acabarlo lo más pronto posible sino pensando en extraer de él todo lo que tiene para ofrecerle y para convertirlo en un vendedor de éxito.

SU VEREDICTO

Usted es juez y jurado para decidir sobre el verdadero aporte que este libro haga a su vida; de manera que ahora, cuando comienza a formular su veredicto, concédame la oportunidad de hacer unos comentarios para la defensa. Durante años siempre nos han dicho que lo mejor que podemos hacer como vendedores es pedir a los que han alcanzado el éxito que compartan sus "secretos" con nosotros. Por esta razón encontrará intercalados en el libro algunos casos de la vida real: ejemplos e historias de personas que se han destacado en las ventas desde Nueva Inglaterra hasta Nueva Zelanda. Son historias de trabajadores de todos los estratos, de vendedores de éxito que están en el campo de batalla, enfrentando las ventas día tras día y cuya información es pertinente, actualizada y realmente válida.

ADVERTENCIA: Es peligroso juzgar los principios antes de estudiarlos detalladamente. El hecho de que se tome un ejemplo del mundo de la alta tecnología de los computadores o de las finanzas internacionales NO significa que no sea aplicable a quienes trabajan en ventas directas, o viceversa. La persona que vende acciones y productos básicos usa los mismos principios de persuasión que un padre amoroso querría utilizar. Como ya se dijo, el negocio de cada uno de nosotros es convencer a los demás. El objetivo principal de ¡VENDER! UNA FORMA DE VIDA es ayudarlo a usted a persuadir a más personas, con mayor frecuencia y de una manera más eficaz y ética. Eso significa que TENEMOS UNA CITA EN LA CIMA, EN EL MUNDO DE LAS VENTAS.

Zig Ziglar

P.D. En la parte final del libro he incluido un RESUMEN DE LAS HABILIDADES REQUERIDAS PARA TENER ÉXITO EN LAS VENTAS, a fin de que usted determine en qué condiciones se encuentra en la actualidad (véase el apéndice, página 384). Me gustaría que se sometiera a un examen antes de leer VENDER: UNA FORMA DE VIDA. El análisis le servirá para concentrarse en aquellos aspectos en los que desea mejorar. Si revisa sus respuestas después de leer los capítulos 5 y 11, verá que habrá progresado considerablemente, y si hace nuevamente el examen tras leer el capítulo 16, verá que el libro le habrá servido enormemente. Sin embargo, lo más importante es que ¡usted SABRÁ que ha aprendido mucho de SÍ MISMO!

CAPÍTULO 1

UNA DECISIÓN ACERTADA

Una carrera en la profesión más antigua del mundo

La reacción del vendedor ambulante de Biblias ante el cliente potencial que quiso deshacerse de él diciéndole "No tengo ni un centavo", no pudo ser más apropiada. Extendiendo la Biblia, dijo: "¿Querría poner su mano derecha aquí y repetir lo que acaba de afirmar?"

Vender puede y debe ser un trabajo divertido. Por tanto, permítame afirmar desde ahora que un buen sentido del humor combinado con la suficiente seguridad que le permita reírse de sí mismo le ayudarán mucho a alcanzar el éxito en esta profesión que ha escogido. Cuánto me hubiera gustado que alguien me hubiera aclarado eso cuando comencé. Si me hubiera reído y me hubiera sentido mejor conmigo mismo con más frecuencia, hubiera podido evitar muchas de las heridas contra mi frágil orgullo durante aquellos días difíciles en que daba los primeros pasos y trataba desesperadamente de sobrevivir.

EL COMIENZO

La primera visita de ventas que hice en mi vida fue en 1947. Tras solicitar un préstamo de $50* (suma considerable en aquella época) para comprar un vestido nuevo de $22, una buena camisa, un maletín y un sombrero (todos los vendedores usaban sombrero a finales de los años 40), me sentí listo para incursionar en el maravilloso mundo de las ventas.

Mi misión era buscar consumidores de mi línea de productos que pudieran servirme de "centros de influencia" para obtener "referencias" sobre posibles clientes. En realidad no sabía lo que eso significaba realmente, salvo que, si había personas que utilizaban el producto, éstas podrían darme nombres de otras personas que quisieran usarlo. Para mi gran placer y eterna gratitud, La Pelirroja (mi esposa, Jean) aceptó acompañarme en esa primera visita.

Tardé mucho tiempo conduciendo hasta encontrar el vecindario "indicado". Me aproximé, temblando y asustado, a la primera puerta. Hacía un calor sofocante ese día de julio en Columbia (Carolina del Sur), pero aun sin la ayuda de la naturaleza también habría estado bañado en sudor. Una anciana de apariencia bondadosa que hubiera podido ocupar el segundo o tercer puesto entre las personas menos intimidantes del mundo abrió la puerta. Sonrió amablemente y me saludó. Entonces comencé a repetir mi presentación "memorizada" (no planificada), pero no había terminado la primera frase cuando quedé mudo. No podía articular palabra. Después de tres horas (tres segundos pueden parecer horas en una situación como ésa) la gentil anciana me preguntó amablemente si deseaba un vaso de agua. De alguna manera logré que mi cabeza hiciera un ademán de asentimiento, y entonces me invitó a pasar.

Cuando finalmente descubrí que ella no tenía nuestro pro-

---

*Las cifras monetarias corresponden a dólares estadounidenses. *(Nota de la traductora.)*

ducto, en lugar de tratar de convencerla o de preguntarle si sabía de alguien que pudiera estar interesado en él, hice lo único sensato que podía hacer. Me apresuré a regresar al vehículo, donde me esperaba mi esposa. No cabía duda de que no era el vecindario indicado.

Durante los diez días siguientes, mi orgullo pisoteado, mi falta de confianza y unos hábitos mediocres de trabajo me llevaron a experiencias no menos desastrosas.

ME RINDO

No pasó mucho tiempo antes que se agotaran mis reservas tanto de dinero como de valentía. Un día caluroso de agosto me encontraba en Adelia Drive llamando a todas las puertas y, al ver una cuadra bastante larga con la cual terminaba la calle, me dije a mí mismo: "Si no logro entrar en una de estas casas antes de terminar la cuadra y al menos COMPLETAR una sola presentación, ¡me rindo!"

Habían pasado demasiados días sin poder *siquiera* terminar la historia para que pudieran rechazarme.

MI FUTURO EN OTRAS MANOS

En 1947 la gran mayoría de las esposas permanecían en casa, de manera que las probabilidades de hacer una presentación parecían bastante buenas en una cuadra tan larga como aquélla. Claro está que sabía que poner mi destino en manos de otros, sometiendo la decisión de continuar o de rendirme a un albur como ése, no era una determinación muy encomiable. Pero sabía que no podía soportar emocionalmente la idea de que siguieran cerrándome las puertas en la cara. No importa quiénes seamos o lo que hagamos, TODOS necesitamos lo que los psicólogos denominan "noción de logro": *algo* de éxito, por poco que sea. Sin embargo, hasta ese momento no había visto el mínimo indicio de estar aproximándome a alguna forma de éxito, y todo siguió igual hasta que me faltaban sólo dos casas.

Averigüé que en la penúltima vivía una viuda, la señora B. C. Dickert. Hice mi presentación en la puerta, y la dama me dijo que pasara a la casa siguiente para que hablara con su hermano, el señor J. O. Freeman, y su esposa. Eran las primeras palabras de esperanza que escuchaba en varios días. Literalmente corrí hasta la otra puerta y lleno de entusiasmo le comuniqué a la señora Freeman lo que su cuñada había dicho y que ésta quería estar presente si conseguía una cita para presentar mi producto. Obtuve la cita para después de la cena, cuando estuviera en casa el señor Freeman.

NOCIÓN DE LOGRO

Esa noche, con la boca reseca y el corazón palpitante, hice mi primera venta: ¡el producto número 541 por valor de $61.45! Terminé de tomar el pedido y olvidé por completo que la señora Dickert también estaba ahí. Finalmente, el señor Freeman dijo: "Señor Ziglar, creo que la señora Dickert también está interesada". Con todo el aplomo de un verdadero profesional, exclamé: "¿Y entonces qué, señora Dickert?" (mucho tacto, ¿no es cierto?) Ella dijo: "Bueno, no traje dinero". Y con igual tacto y diplomacia dije: "Bueno, y qué importa. ¿Acaso no vive al lado? ¡Vaya a traerlo!" La señora Dickert sonrió y dijo: "Bueno, eso haré". Dos ventas: no podía dar crédito a mi buena suerte.

Para celebrar, La Pelirroja y yo compramos una gran porción de helado y, si mal no recuerdo, al otro día no quedaba nada.

Decidí continuar en el negocio de las ventas.

¿Y USTED QUÉ?

Ahora, cuando nos disponemos a emprender este viaje por la obra VENDER: UNA FORMA DE VIDA, me gustaría comenzar de una manera que le parecerá extraña. Quisiera pedirle que abandone la profesión de las ventas, si puede. Sí, no crea que leyó mal. Zig Ziglar le pide que abandone las ventas...si puede. Estas últimas dos palabras son las más importantes en este punto de su carrera como vendedor: SI PUEDE. Quienes entran en el mundo de las ventas pensando en ganar más dinero o en ayudar a otros, permanecen poco tiempo en él. En las ventas es preciso ingresar cuando uno siente que ni el corazón ni la cabeza le permitirían hacer otra cosa.

El mundo de las ventas será rudo con usted. Habrá ocasiones en que le cerrarán la puerta en la cara. Le colgarán el teléfono sin que exista, al menos aparentemente, ninguna razón. Muchos tratarán de evitar su compañía en las reuniones sociales. Sus familiares (y hasta *usted mismo*) pondrán en tela de juicio su cordura. Cuando vea personas cuchicheando, SABRÁ que hablan de usted y de su nueva profesión. Cuando escuche risas en un restaurante, tendrá la certeza de que hablan de su última presentación de ventas.

Como dice el humorista y conferenciante Charles Jarvis: "El solo hecho de que usted sea paranoico no significa que no haya alguien que lo persiga". Sí, la paranoia puede ser uno de los efectos secundarios de la profesión de vendedor.

ENTRAR O SALIR

Mi buen amigo Walter Hailey es una de las personas de mayor éxito en el mundo. En mi libro *See You at the Top* me referí a su capacidad para ver lo bueno en las personas y en las situaciones. Además de buscar siempre lo bueno, Walter es vendedor por excelencia (con lo cual quiero decir que es realmente bueno) y un triunfador que se ha pasado la vida ayudando a otros a tener éxito.

A pesar de su éxito, Walter tuvo un comienzo muy difícil en el mundo de las ventas. Tuvo que soportar frustraciones, angustias, puertas cerradas, escasas ventas, nerviosismo y casi todos los síntomas que sufre toda persona cuyo futuro es incierto y no sabe si podrá sobrevivir en el mundo de las ventas. Fue tan grande su desaliento en cierto momento, que habló con el gerente para decirle que se daba por vencido y abandonaba el trabajo. La respuesta del gerente fue: "No se lo permito".

Walter insistió dogmáticamente en que era el fin, ante lo cual el gerente reiteró: "No puede darse por vencido". Walter comenzaba a sentir que le subía el calor al rostro y anunció con firmeza: "¡Pues VOY a renunciar!" Entonces el gerente aclaró: "Walter, no puedes abandonar el negocio de los seguros porque nunca has estado en él".

Walter me contaba que esas palabras le habían caído como el proverbial "balde de agua fría". Al reflexionar sobre cuán cierto era lo que le había dicho el gerente, se dio cuenta, quizá por primera vez en la vida, de que NO ES POSIBLE SALIRSE DE ALGO EN LO QUE NUNCA SE HA ESTADO. Hay muchas personas que "se vinculan" a una organización de ventas pero nunca entran en el negocio de vender.

¿POR QUÉ NO ENTRAN?

Uno de los motivos por los cuales hay vendedores nuevos que nunca "entran en el negocio" radica en la clase de información que reciben. ¿Se les dice a los vendedores nuevos la verdad sobre el trabajo que deben realizar? De acuerdo con un artículo titulado "Neuróticos de guerra en el campo de batalla de las ventas", aparecido en la edición de julio de 1990 de la revista *Sales and Marketing Management*, la respuesta a esta pregunta es un ¡No! rotundo. Para preparar el artículo, el redactor en jefe, Arthur Brigg, entrevistó a un gran número de vendedores que pasaban por su primer año de experiencia.

Los entrevistados dijeron que durante los primeros días en el "campo de batalla" habían sufrido más rigores de los que nunca habían imaginado y habían encontrado sorpresas para las cuales no estaban preparados. Si usted le permite una observación a alguien que estuvo en esa situación de vendedor nuevo y que posteriormente ha tenido que contratar y

---

NO ES POSIBLE SALIRSE DE ALGO EN LO QUE NUNCA SE HA ESTADO.

capacitar a un gran número de personas, debo decirle que los vendedores mal informados y mal preparados son la regla y no la excepción.

Es probable que la mala información y la mala preparación no desaparezcan nunca, pero de USTED depende tomar ciertas medidas para amortiguar el impacto.

EN LA VIDA NADA ES GRATIS

Primero: Piense que la mayoría de los veteranos que obtienen buenas ganancias en las ventas (o en cualquier otro campo) son personas que trabajan mucho. Observe a las personas que tienen éxito y hable con ellas; pregúnteles concretamente cuál es la ética que las rige. He presenciado entrevistas en las cuales cuanto más énfasis ponían los directores de personal en los rigurosos requisitos del trabajo, más se empeñaban los aspirantes en desconocer la realidad, insistiendo en que se desenvolverían a la perfección. Oían y "escuchaban" únicamente lo que deseaban escuchar. Posteriormente, cuando los clientes potenciales hacían lo mismo y se quejaban de que el vendedor no les "había advertido nada", los vendedores se sorprendían y hasta se enojaban. Solución: Ponga atención a todo el mensaje, no sólo a la parte relacionada con los "beneficios".

¡El trabajo más duro y mejor pagado del mundo es el de vender, y el trabajo más fácil y peor pagado del mundo es el de vender!

Segundo: Recuerde que si se aplica a su trabajo y asimila la capacitación que le ofrezcan, su productividad aumentará, y la fatiga y la tensión disminuirán. En un principio quizá se sienta agobiado por la cantidad de tiempo dedicado al trabajo y los diversos pormenores que debe atender. Le recomiendo que adopte un sistema para manejar el tiempo y la productividad y obtenga la capacitación necesaria para comprender y utilizar ese sistema (vea el capítulo 15, "Organización y disciplina").

Tercero: Esfuércese por mantenerse al día en aspectos de

> ¡El trabajo más duro y mejor pagado del mundo es el de vender, y el trabajo más fácil y peor pagado del mundo es el de vender!

vital importancia, como son el conocimiento del producto y los métodos de comunicación. Conocer el producto y saber cómo comunicar ese conocimiento es algo que brinda mucha seguridad al vendedor en cualquier situación. Es necesario estudiar permanentemente el producto y las mejoras que se le hagan. Algunas líneas de productos son tan extensas y complejas que es preciso estudiarlas a diario para no quedarse rezagado. Estamos en la era de la información, de manera que aproveche al máximo la tecnología de la comunicación para mantenerse adelante de la competencia.

Importante: Si su conocimiento técnico llega a un límite, no tema decir "No sé". Su empresa podrá proporcionarle todo el apoyo técnico que necesite y en el futuro usted se habrá convertido en una verdadera autoridad en la materia.

UN COMPROMISO REAL

Por favor, comprenda que es probable que lleve años presentando su producto o su servicio sin estar realmente "en la profesión" de vender. "¿Cómo sabré si estoy *en* el negocio?", preguntará usted. Respuesta: Cuando lleve la profesión tan *metida* en las venas que sienta no poder soportar la idea de *dejar* de vender.

La falta de compromiso es una de las razones principales por las que la profesión se ha ganado la fama de tener una tasa de renovación del personal muy alta. Por fortuna, eso está cambiando y los profesionales de las ventas comienzan a ganarse rápidamente el respeto del público. Los métodos de capacitación están mejorando y las ventas están atrayendo a candidatos de mayores aptitudes que antes. Las ventajas de vincularse a la profesión más fabulosa del mundo crecen día por día.

Sé que usted aprecia esta última frase; quiero que sepa que es una afirmación imparcial de un hombre que se enorgullece de decir que ha sido vendedor toda su vida. Siento un amor profundo por la profesión y por los profesionales de las ventas, creo sinceramente en el valor de nuestra profesión y siento una sed incesante de conocimientos que me permitan ser todavía más profesional.

EL CAMINO HACIA EL ÉXITO EN LAS VENTAS

Mi carrera como vendedor no comenzó en 1947. Ésa fue mi primera visita "oficial" a un posible cliente. En realidad comencé cuando era niño y vendía verduras en las calles de Yazoo City (Misisipí). También repartía periódicos y además tuve la buena suerte de trabajar durante muchos años en una tienda de comestibles.

Cuando estudiaba en la Universidad de Carolina del Sur, vendí emparedados en el dormitorio, para costear mi boda y mi educación. Posteriormente ingresé en el campo de las ventas directas, vendiendo todo tipo de cosas, como valores, seguros y productos de limpieza para el hogar. En 1964 ingresé en el mundo de la superación personal y del desarrollo corporativo, y desde entonces he estado vendiendo capacitación y motivación.

Es obvio que sus experiencias no serán exactamente iguales a las mías. Me aventuraría a adivinar que no muchos de los que ahora leen este libro irán acompañados de su cónyuge a las visitas de ventas. Es probable que usted no tenga que vender emparedados en un dormitorio y posiblemente pasará más tiempo en los ascensores que yendo de puerta en puerta. Pero antes que deseche mis experiencias, permítame recordarle que ambos estamos en una peregrinación. Usted y yo trabajamos juntos y, para repetir lo que dije en la introducción, nuestro desafío es aprender del pasado sin quedarnos en él, vivir y crecer en el presente, y mirar al futuro con esperanza y optimismo. Casi no pasa un día sin que aprenda algo nuevo que me ayude a ser un mejor profesional de las ventas en este decenio de los 90. Venga conmigo y aprendamos juntos durante este viaje.

¡EL BENEFICIADO SERÁ USTED!

Ahora que entra en el mundo de las ventas (bien se trate de su primera experiencia, o bien desee alcanzar un nivel más elevado de profesionalismo), es necesario que se detenga a pensar que elegir la profesión de las ventas entraña que deberá realizar una labor *diaria*. Permítame que sea yo quien haga la primera anotación en su lista de cosas por hacer: "Hoy tendré éxito como vendedor profesional Y aprenderé algo que mañana hará de mí un mejor profesional". Si usted comienza todos los días reafirmando este compromiso con nuestra maravillosa profesión, son MUCHOS los beneficios que le esperan a USTED: ¡éxitos como profesional de las ventas! Es más: este proceder le servirá para garantizarle que sus mañanas sean mejores que sus ayeres.

INDEPENDENCIA

Una de las MUCHAS ventajas de esta profesión es que uno es su propio jefe. Como se dice, usted está en esto "por sí mismo pero no sólo para sí mismo". Todas las mañanas, frente al espejo, podrá mirarse directamente a los ojos y decir: "¡Caramba, eres un profesional tan agradable, eficiente y trabajador que mereces un aumento!", y ésa habrá sido la reunión de la junta directiva. Déjeme agregar que el aumento se hará efectivo tan pronto como usted ponga manos a la obra.

OPORTUNIDAD

La realidad es que, como vendedor, usted es presidente de la junta, gerente de ventas, gerente financiero, vicepresidente ejecutivo y, claro, también portero, cocinero y factótum. En pocas palabras, la independencia que resulta de ser su propio jefe entraña una responsabilidad enorme, pero ahí reside lo emocionante de nuestra profesión. LA OPORTUNIDAD NACE DE LA INDEPENDENCIA MANEJADA CON RESPONSABILIDAD, y en la profesión de las ventas las oportunidades son inigualables.

Si bien es cierto que es necesario ser flexible, tesonero, organizado, disciplinado, entusiasta e incentivado, además de mantenerse en excelente disposición, todas estas cualidades se desprenden de las más importantes de todas las virtudes: ánimo de servicio, modestia y deseo de superación.

SOLUCIONADOR DE PROBLEMAS

Quizá a excepción de los médicos y los ministros de la Iglesia, nadie está en mejor situación que usted, el profesional de la persuasión, para solucionar los problemas de los demás. No hay prácticamente nada en la vida que produzca mayor satisfacción y complacencia que proporcionar a otro ser humano los medios para llegar a ser más eficiente y próspero gracias a los bienes, productos o servicios que uno le ofrece. ¿Cuánto significa poder ahorrarle a otro ser humano una considerable cantidad de tiempo, dinero, frustración o angustia? Nada hay tan satisfactorio como recibir las cartas de los clientes que ven en uno al "héroe" que cambió sustancialmente sus vidas.

SEGURIDAD

Claro que faltaría a la verdad si no confesara que el potencial de altos ingresos que ofrece la profesión es un atractivo enorme para quienes no están satisfechos con el tope estable-

---

LA OPORTUNIDAD NACE DE LA INDEPENDENCIA MANEJADA CON RESPONSABILIDAD.

cido para sus actividades y sus méritos personales. También debo confesar que esto hace que las ventas den más seguridad. Según el general Douglas MacArthur, la seguridad radica en la capacidad de producir; en otras palabras, es una tarea "interior". En las ventas no hay que esperar a que los acontecimientos ocurran; uno mismo debe actuar para que se produzcan. Cuando los negocios andan un poco mal, uno mismo puede activar el mercado.

Su actitud, disciplina, voluntad de trabajo y organización le proporcionarán una seguridad imposible de lograr cuando se depende de los caprichos de otras personas que muchas veces no aprecian objetivamente lo que usted vale. Como vendedor, usted podrá inclinar la balanza a su favor adquiriendo mayor profesionalismo y aprendiendo a convencer y a servir cada vez más a sus clientes. Todo eso significa sencillamente que estará en mejor situación de regular su vida y su futuro. ¡Eso es lo que yo llamo una sensación de seguridad!

LA FAMILIA

Los beneficios para la familia también son enormes. Como muchos de ustedes saben, mi esposa es pelirroja porque quiere, porque un día sencillamente "decidió" ser pelirroja. Por tanto, cuando me refiero a ella la llamo "La Pelirroja" (y ella me exige que lo haga). Cuando me dirijo a ella la llamo "mi terrón de azúcar", pero en realidad se llama Jean.

Desde que nos casamos y mientras crecían nuestros hijos — Suzy, Cindy, Julie y Tom — toda la familia ha participado a fondo en los distintos aspectos de mi carrera de vendedor. Ha compartido la emoción, la gloria, los beneficios, la diversión y también las frustraciones y angustias que forman parte de esta profesión. Mi familia ha gozado el privilegio de acompañarme a sitios hermosos donde se celebran las convenciones, de compartir las retribuciones cuando el desempeño ha sido extraordinario y de cosechar los beneficios de ser el centro de atención cuando he recibido trofeos y premios. También ha estado conmigo en los momentos de depresión, cuando he necesitado apoyo y aliento. En realidad, esos momentos nos han acercado mucho más que aquéllos en los cuales las cosas han marchado a la perfección.

Mensaje: Sea sincero con su familia. Ella desea "sentirse" y "ser" parte de las dificultades y los triunfos. En ella encontrará una fuente de fortaleza y ánimo, para no mencionar cuán benéfico es ese procedimiento para la superación y la madurez de los hijos. En nuestra familia, esta gran profesión nos ha servido para compartir más intereses, tener más amigos mutuos y ampliar nuestro ámbito vital al relacionarnos con otros entusiastas de las ventas y de sus productos y servicios.

Es enormemente satisfactorio poder disfrutar de una profesión en la cual el éxito se mide de acuerdo con valores concretos y el desempeño es reconocido según los resultados.

La superación, la capacitación y el desarrollo que se logran en la profesión de vendedor, combinados con la independencia, la confianza, la disciplina, la seguridad y el deseo de ayudar a otros, hacen que el verdadero vendedor profesional sea mejor esposo Y TAMBIÉN mejor padre.

COMUNICACIÓN

La profesión de vendedor no tarda en enseñarnos que la gente hace las cosas por sus propias razones, no por las nuestras. Este principio le ayudará a comunicarse mejor no solamente con los miembros de su familia sino también con los miembros de su comunidad. Los profesionales de las ventas aprenden a situarse en el lugar de los demás, y siempre se sienten a gusto.

La habilidad para comunicar y persuadir que se adquiere en esta carrera beneficia a la familia y a la comunidad en la medida en que uno va por la vida ayudando a los demás a ser lo que pueden ser.

LOS ASCENSOS

Los vendedores suelen llegar a puestos ejecutivos. Creo que esto será más común en el futuro, gracias a las habilidades que el vendedor emprendedor deberá adquirir en este decenio de los 90. Como grupo debemos pensar de manera creativa, abierta y flexible. Los vendedores siempre han tenido que buscar formas creativas de solucionar los problemas casi en el *momento mismo* de hacer la presentación de ventas, teniendo que adaptarse a las necesidades y deseos del cliente potencial. Este tipo de entrenamiento es perfecto para un ejecutivo.

Como vendedores encontramos a las personas en distintos estados de ánimo: cuando están felices, emocionadas y llenas de entusiasmo; y cuando están irritadas o deprimidas. Aprendemos a manejar a los extravertidos, los introvertidos, los incumplidos, los optimistas, los pesimistas, los minuciosos, los impetuosos, los habladores, los engreídos, los egocéntricos y muchos otros. No podría existir mejor escuela para un puesto de ejecutivo, y cuanto más aprendemos sobre la gente, mayor es nuestra posibilidad de llegar a los más altos cargos administrativos.

En ventas aprendemos a convencer de nuestras ideas a las personas en vez de obligarlas a hacer lo que queremos. Durante el decenio de los 90 habrá una enorme demanda de personas cuya gran capacidad de persuasión las haga aptas para ejercer funciones de liderazgo. Con el tiempo, la capacidad de persuasión y la creatividad se convierten en parte de uno mismo.

Claro está que para poder vender debemos saber persuadir, y esto es de gran utilidad para quienes desempeñen la dirección general de una empresa. Se necesita una gran dosis de habilidad para convencer a los empleados de que cooperen y trabajen con otras personas de la entidad, y para persuadirlos de que, aun cuando piensen que su idea es la mejor y sea rechazada en favor de la de otra persona, el empleado bueno y emprendedor debe dejar de lado los caprichos personales y cooperar en beneficio del equipo. Y créame que estoy en lo cierto cuando afirmo que es enorme la habilidad para persuadir que se necesita en esa tarea.

LA GERENCIA

Los vendedores de éxito de los años 90 también deberán ser gerentes excelentes para administrar su tiempo, su territorio, sus hábitos personales y su vida en general. Cuanto mejor administren su vida, mejor podrán administrar su negocio.

Los profesionales de las ventas aprenden a mantener el equilibrio. El nuestro es un campo en el cual muchas personas pierden el control porque piensan que equilibrar las cosas equivale a dar igual importancia y destinar el mismo tiempo a todo. No se trata de eso. Uno sabe que debe seguir una dieta equilibrada, pero para que sea equilibrada no es necesario, ni conveniente, ingerir la misma cantidad de grasas que de hidratos de carbono. Lo mismo sucede con el horario. Uno no dedica el mismo tiempo a comer que a dormir. Es necesario diferenciar las *prioridades* del *equilibrio:* las *prioridades* tienen que ver con el orden cronológico, mientras que el *equilibrio* se relaciona con la variedad.

A veces es fácil confundir las prioridades con el equilibrio. Por ejemplo, la mayoría de la gente dedica más tiempo al trabajo que a cualquier otra actividad. Si usted trabaja ocho horas al día, lo más seguro es que no aspire a tener ocho horas de esparcimiento, pero sí a hacer lo necesario para ocuparse en los aspectos físicos, mentales y espirituales de la vida. También es importante prestar atención a las relaciones sociales y familiares.

La clave está en comprender que, habiendo dicho y hecho todo esto, usted debe poder responder a la pregunta siguiente: ¿Disfruta de felicidad, salud, relativa prosperidad y seguridad, y además tiene amigos, paz y unas buenas relaciones familiares? Al examinar cada uno de esos puntos, me gustaría que considerara sus actividades y labores de todos los días. ¿Cree que los resultados de lo que hace en la vida son los que realmente desea? Si la respuesta es negativa, pregúntese por qué y qué piensa hacer al respecto. Éstas son preguntas que deben responder los individuos cuyos nombres figurarán mañana en las puertas de las oficinas de los ejecutivos.

Esto no significa que pueda haber un equilibrio total en las actividades de todos los días. En ocasiones hay proyectos urgentes que obligan a trabajar más intensamente. Sin embargo, finalmente es necesario recuperar un equilibrio razonable para evitar un corto circuito en algunos aspectos de la vida y terminar con menos de lo que se podría tener.

¿ESTÁ DE ACUERDO CONMIGO?

Si no he logrado "venderle" el concepto de que vender es una carrera magníficamente remunerativa, además de emocionante Y exigente — y no una ocupación provisional mientras consigue algo mejor — y usted cree sinceramente poder vivir sin vender, entonces aquí no ha pasado nada.

Pero si no puede imaginarse la vida sin gozar de todos los beneficios maravillosos de nuestra gran profesión, ¡FELICITACIONES! Acaba de unirse a la profesión que tiene el poder de cambiar y afectar a nuestra sociedad de una manera que muchas otras profesiones no pueden hacerlo. La nueva meta que los vendedores de los años 90 deberán alcanzar es el reconocimiento de la verdadera importancia de las ventas como profesión.

EL VENDEDOR

Los vendedores son un serio problema para los jefes, los clientes, las esposas, los gerentes de crédito, los hoteles y, a veces, para ellos mismos. Como individuos y como colectividad son objeto de discusiones e imprecaciones vehementes en reuniones y convenciones de ventas, en reuniones privadas, en los bares y aun en sus propias narices.

Hacen más ruido, cometen más errores, crean más regocijo, corrigen más errores, concilian más diferencias, esparcen más rumores, escuchan más quejas, apaciguan más beligerancias y desperdician más tiempo cuando están bajo presión, todo ello sin perder la compostura, que cualquier otra clase de gente, incluidos los ministros de la Iglesia. Viven en hoteles, taxis, trenes, autobuses y bancos de los parques; comen todo tipo de comida; beben toda clase de líquidos (buenos y malos); duermen antes, durante y después del trabajo, sin otro horario que el del centro de meteorología y sin que la oficina les haga llegar muestra alguna de solidaridad.

Sin embargo, los vendedores son uno de los poderes de la sociedad y de la economía pública. Son un tributo a sí mismos en muchos sentidos. Ganan y gastan más dinero con menos esfuerzo y menos rendimiento que cualquier otro grupo de la empresa. Llegan a las horas más inoportunas, con cualquier pretexto, y cuanto más se opongan los clientes más insisten en hacer preguntas personales y comentarios, soportar más inconvenientes y dar más cosas por hechas en condiciones de mayor resistencia que cualquier otro grupo o cuerpo oficial. Introducen más productos nuevos, se deshacen de más productos viejos, mueven o cargan más vehículos de transporte, descargan más barcos, construyen más fábricas, inician más empresas y anotan más créditos y débitos en los libros de contabilidad que cualquier otro grupo de personas. Pese a todas sus fallas, mantienen activos los engranajes del comercio y palpitantes las corrientes de las emociones humanas. No se podría decir más de una persona. Tenga cuidado de saber a quién le dice VENDEDOR, *NO VAYA A HACERLE UN ELOGIO.*

Esta descripción del vendedor me la envió Donald Benenson, de Levittown (Nueva York), y creo que dice muchísimo acerca de nuestra gloriosa profesión.

CAPÍTULO 2

LAS VENTAS EN EL MERCADO MODERNO

El decenio de la tecnología

"Mi esposo, Joe, es agente de policía de una ciudad pequeña. Como recibe muchas llamadas de trabajo en la casa, decidió conectar un contestador para filtrarlas, en especial las de amenaza u hostigamiento. Éste fue el mensaje que grabó:

"'Le contestan de la casa de un agente de la policía. Tiene derecho a guardar silencio. Si desea renunciar a ese derecho, deje su mensaje cuando escuche la señal. Todo lo que diga puede ser utilizado en su contra'. Con eso, las llamadas comenzaron a ser mucho más amables".

Sí, las llamadas comenzaron a ser más amables porque en esta época, el "decenio de la tecnología", el agente utilizó métodos modernos para "vender" la importancia de la cortesía.

¡LA "TECNOLOGÍA DE LAS VENTAS" COMIENZA *VENDIENDO!*

En 1943 yo cursaba los primeros años de la escuela secundaria. La Segunda Guerra Mundial estaba en su punto más crítico, y

---

*Tomado, con autorización, de la revista *Reader's Digest* de abril de 1991. Derechos de autor: 1991 por The Reader's Digest Assn., Inc. Enviado por Susan Escujuri.

en los Estados Unidos se vivía un patriotismo desbordante. Mi meta era llegar a ser aviador naval, ayudar a ganar la guerra y regresar a Yazoo City (Misisipí) coronado de laureles.

Consciente de que incluso con las materias que debería tomar durante los dos últimos años no tendría las bases necesarias en matemáticas y ciencias naturales para sobresalir en el cuerpo de aviadores de la marina, decidí matricularme en el curso de verano de Hinds Junior College, en Raymond (Misisipí). Así podría terminar la secundaria con los conocimientos necesarios para ser aceptado en el programa de entrenamiento para pilotar los aviones V-5. A pesar de que era una de mis primeras incursiones en el campo de la fijación de metas, el plan parecía bastante sólido.

Bueno, como una de las tantas cosas absurdas que suelen ocurrir, en la escuela me exigieron tomar un curso de historia. ¿De qué me serviría saber lo sucedido hacía cien años? Necesitaba las matemáticas y las ciencias naturales para entrar en la marina, pilotar esos aviones, aniquilar al enemigo y regresar a mi hogar y ser recibido con los honores debidos a un héroe.

Sin embargo, necesitaba el certificado de estudios para solicitar mi ingreso en la marina; de manera que decidí "hacer de tripas corazón y aguantar". Como era de esperarse, llegué a esa clase de historia con todas las intenciones de buscar camorra, dando a entender que no era hueso fácil de roer. Mi actitud era: "Está bien, aquí estoy. Ahora enséñenme lo que necesito para salir de aquí y déjenme en paz. Me acomodaré a sus absurdas normas sólo el tiempo necesario para obtener mi diploma; de manera que comencemos, para terminar lo más pronto posible".

El maestro era el entrenador Joby Harris, quien resultó ser uno de los vendedores más fabulosos que he conocido en mi vida. Dedicó casi toda la primera clase a "venderme" la razón de por qué debía saber historia. Seguramente hablaba para todos, pero a mí me pareció que hablaba directamente conmigo. Cumplió tan bien su tarea que salí de esa clase con la decisión de estudiar historia en la universidad — e historia fue la única materia en la cual saqué siempre la nota de excelente durante todo el tiempo que duraron mis estudios superiores. Además de "venderme" la idea de estudiar historia, ese día el entrenador Harris me "vendió" la idea de que si uno posee capacidades que le permiten ir más allá de ganar dinero para simplemente subsistir, uno tiene la obligación de emplear esas capacidades para ayudar a los que carecen de ellas. Creo que habló como un profeta cuando dijo: "En efecto, si uno no da la mano a los menos afortunados para ayudarles a subir, llegará el día en que ellos serán tan numerosos que les bastará estirar la mano para derribarlo a uno del pedestal". La presente generación de bachilleres es la primera con un nivel de educación menor que el de la anterior; también es la primera generación con un nivel de vida más bajo. Es necesario que todos pongamos atención a las palabras del entrenador Harris.

Una de las razones principales por las cuales he luchado para que la Corporación Zig Ziglar llegue a ser una empresa de capacitación respetada en todo el mundo es la de poder VENDER la importancia de construir la vida sobre los cimientos de la rectitud, la firmeza, la integridad, la fe, el amor y la lealtad. Cuando construimos sobre esos pilares, a la vez que forjamos una empresa, una vida, una familia, una amistad y una carrera en las ventas, dejamos una huella positiva en este mundo en que vivimos.

"Si uno no da la mano a los menos afortunados para ayudarles a subir, llegará el día en que ellos serán tan numerosos que les bastará estirar la mano para derribarlo a uno del pedestal". La presente generación de bachilleres es la primera con un nivel de educación menor que el de la anterior; también es la primera generación con un nivel de vida más bajo.

EL ENTRENADOR ES UN VENDEDOR PROFESIONAL

El entrenador Harris no solamente ratificó mi afirmación de que todos ESTAMOS en el negocio de las ventas, cualquiera que sea nuestra actividad; también demostró que para formar un buen vendedor debemos primero formar un buen ser humano.

De niño, Joby Harris perteneció al escultismo. Su jefe de tropa era Thomas B. Abernathy. El señor Abernathy fue el primer jefe de una tropa de exploradores en el estado de Misisipí. Aunque Joby tenía papá, el señor Abernathy se interesó mucho por él y se convirtió en su mentor y maestro. Joby no se limitó a aprender las técnicas del escultismo. Adquirió también un sentido de la responsabilidad y la rectitud que posteriormente se convirtieron en firmeza de carácter e integridad, gracias a que Thomas Abernathy se tomó el tiempo necesario para ayudar a un niño de nombre Joby Harris.

Dicho sea de paso, el señor Abernathy tenía cuatro hijos: tres niñas y un varón. La menor de las hijas era Jean Abernathy. Desde hace más de cuarenta años se ha llamado Jean Abernathy Ziglar. El señor Abernathy no tenía forma de saber que el tiempo que dedicaba al niño Joby Harris lo estaba dedicando a quien más adelante sería el hombre que ejercería decisiva influencia en la vida de su futuro yerno. El hombre que ayudaría a Zig Ziglar a superarse no sólo como ser humano, sino también como esposo de la hija y como padre de los nietos de Thomas Abernathy.

Punto importante: Cuando uno efectúa una "venta" y brinda el servicio adecuado, no hay forma de saber qué podrá suceder como consecuencia directa E indirecta de esa venta. Los profesionales que se preocupan por su carrera hacen un esfuerzo deliberado por "llegar al fondo" CADA VEZ que tienen una oportunidad de vender y de proporcionar servicio.

Aunque la guerra terminó antes que yo pudiera comenzar los vuelos de entrenamiento, Joby Harris influyó en la persona cuyos programas de capacitación son utilizados por los aviadores navales (y también por muchas otras personas) en la base aérea de Corpus Christi (Texas) y otras bases de los Estados Unidos.

RECTITUD E INTEGRIDAD EN LAS VENTAS

Una de las palabras más repetidas en los años 90 es *ética*. Ha adquirido importancia a causa de su falta de popularidad.

El punto que quiero destacar en el "Manual para llegar a ser el mejor vendedor profesional" es precisamente éste: Proceder con ética no solamente es la forma DEBIDA sino también la más práctica de vivir. Los verdaderos profesionales de las ventas no se limitan a hablar de ética: ¡LA PRACTICAN!

LA INTEGRIDAD, LA RECTITUD Y LA ÉTICA TIENEN SU RECOMPENSA

Robert Davis es un destacado vendedor y gerente de ventas de Baton Rouge (Luisiana). Trabaja con Terminix Pest Control, y cuando le preguntan qué hace, responde sencillamente: "Acabo con los insectos". Su sano amor propio y su fe en los servicios de la compañía le han permitido sobresalir como persona y como profesional.

Hace poco, Robert tuvo un vendedor que exageró su celo profesional. Un viernes por la tarde llamó un cliente con un problema serio. Había un enjambre de abejas alrededor de la casa y la familia estaba bastante asustada. Robert asignó la labor al vendedor nuevo, pero éste, en el momento de cruzar la puerta, preguntó: "¿Alguien ha vendido antes un 'exterminio de abejas' por $200?" Los otros se rieron de su "jactancia" y contestaron que no.

> **Proceder con ética no solamente es la forma DEBIDA sino también la más práctica de vivir. Los verdaderos profesionales de las ventas no se limitan a hablar de ética: ¡LA PRACTICAN!**

Cuando el hombre regresó en menos de media hora con un cheque por $225, todos quedaron asombrados. El sonido del teléfono interrumpió la algarabía que había producido el cheque por el "exterminio de abejas" mejor pagado hasta el momento. Robert atendió la llamada. Era el cliente que había girado el cheque.

— Sólo quería agradecerles por acudir con tanta prontitud y poner fin a mi problema — comenzó diciendo el cliente —. Esas abejas nos tenían realmente preocupados y la persona que usted envió hizo un buen trabajo. Pero me preguntaba — continuó — si $225 es la tarifa normal por un trabajo que duró sólo quince minutos.

La respuesta inmediata de Robert fue:

— ¿Va a estar en su casa los próximos minutos?

Apenas escuchó la respuesta afirmativa, Robert metió en su automóvil al vendedor con todo y cheque. Al llegar a la casa del cliente, Robert le dijo sin dilación:

— Señor, creo que nos excedimos un poco en nuestro entusiasmo. Como no le había explicado claramente a nuestro nuevo vendedor las características del trabajo y la forma como lo debía facturar, me temo que hemos cobrado más de la cuenta [obsérvese que no dijo nada que avergonzara al vendedor, aunque en realidad sí le había explicado cómo hacer el trabajo y que podía cobrar $125 como máximo]. Por eso, esta vez no le cuesta nada — y diciendo esto devolvió el cheque.

— Bueno, es usted muy gentil — dijo el cliente —, pero también me molestan las cucarachas y las hormigas. ¿Podrían exterminarlas gratis también?

Todos rieron, inclusive mientras Robert elaboraba el contrato por $300, producto de su ética, su integridad y su rectitud. Si hubiesen conservado el cheque por una suma sin precedentes en materia de exterminio de abejas, sólo hubieran logrado que el cliente quedara convencido de haber sido "robado". Al reintegrar el dinero, obrando como es debido, Terminix obtuvo la recompensa de una venta más grande Y de un cliente permanente.

Cuando se procede con rectitud, integridad y ética, las recompensas son seguras. Es probable que no se obtengan con la prontitud con que obtuvo la suya Robert Davis, pero así como depositar el dinero en una cuenta de ahorros es garantía de obtener un rendimiento, actuar con rectitud, integridad y ética es garantía de buenos rendimientos en la vida profesional.

El presente libro ha sido concebido para guiar a los lectores hacia una vida equilibrada y ética que les ayude a ser todo lo que deseen en el plano personal y profesional. Cada una de las técnicas, conceptos, fórmulas y principios de ventas les servirán para construir su carrera sobre cimientos de ética y apoyarla en los pilares de la rectitud, la firmeza de carácter, la integridad, la fe, el amor y la lealtad.

EL NUEVO TIPO DE PROFESIONAL DE LAS VENTAS

El vendedor de hoy no es el pregonero de feria, con saco de tartán y cinturón blanco, que anunciaba aceite de culebra, ni tampoco el estereotipo anticuado del vendedor de automóviles con su verbosidad, chistes malos y palmaditas en la espalda. Hoy, el profesional de las ventas parece un administrador de empresas graduado en Harvard, aunque no haya

---

Construya su carrera sobre cimientos de ética y apóyela en los pilares de la rectitud, la firmeza de carácter, la integridad, la fe, el amor y la lealtad.

terminado siquiera la secundaria. Es un profesional conocedor de lo que necesita para tener éxito en el mundo moderno: desde los computadores hasta el mercado.

El vendedor de hoy sabe a ciencia cierta que la escuela termina pero la educación no. Es posible terminar los estudios sin mayor dificultad, pero continuar educándose no es siempre fácil. La educación es una experiencia de toda la vida. Hay muchos hombres y mujeres que no han obtenido diploma alguno y sin embargo poseen una educación admirable porque nunca abandonaron realmente la escuela.

Es interesante traer a cuento una idea bastante curiosa que les escuché a dos de mis amigos doctores con quienes he trabajado muchísimo. Ambos están convencidos, aunque no tienen datos científicos para corroborarlo, de que menos del 1% de los conocimientos de un individuo que tiene un doctorado han sido aprendidos en una institución educativa formal. El resto de conocimientos ha sido adquirido en el regazo materno; a través de las lecciones de la vida; intercambiando ideas con los demás; observando; leyendo libros, revistas y periódicos; tomando cursos por correspondencia; asistiendo a seminarios; escuchando grabaciones; viendo vídeos de capacitación; y aprovechando otras miles de oportunidades de aprender. Para mí esta afirmación es completamente cierta, puesto que son muchos los estudios que han demostrado que los niños adquieren entre el 60 y el 65% de su vocabulario útil antes de los tres años.

LA EDUCACIÓN FORMAL

Con esto no pretendo restarle importancia a la educación formal. Una de las grandes alegrías de mi vida es saber, por conducto de las cartas que recibo y de comunicaciones perso-

---

La escuela termina pero la educación no.

nales, de gente que regresó al estudio y obtuvo su diploma después de leer uno de mis libros o escuchar alguna de mis conferencias. Soy un defensor de la importancia de adquirir tanta educación formal como sea posible. Precisamente deseo que usted comprenda que, si no tiene un título, aún está a tiempo de obtenerlo y de alcanzar ELEVADAS CIMAS en el mundo de las ventas... SIEMPRE Y CUANDO esté dispuesto a aprovechar las oportunidades de aprendizaje (como leer este libro y aplicar los principios que en él se plantean) que surgen a su alrededor.

En realidad, algunas de las personas más cultas que conozco tuvieron poca educación formal, pero su curiosidad infinita, su empuje y su ambición las llevaron a adquirir un gran acervo de conocimientos y cultura general. La persona culta se distingue por su deseo de progresar y mantenerse a tono con los cambios tecnológicos acelerados de nuestra época. Las palabras que más se escuchan en el mundo de las ventas son *cambio* y *tecnología*. El vendedor que rehúse adaptarse a los cambios y sacar provecho de la tecnología de hoy se quedará en el punto de partida o tendrá una carrera limitada, que nunca será tan productiva como podría ser.

UN EJEMPLO INCREÍBLE DE CAMBIO Y TECNOLOGÍA

Tal vez uno de los artículos más sorprendentes que haya leído es el que apareció el 5 de enero de 1991 en el *Dallas Morning News*. Desde hace mucho tiempo hemos oído hablar del mundo "sin papel", en el cual podremos vivir algún día gracias al advenimiento de los computadores y otras máquinas de oficina. Sin embargo, a pesar de la proliferación de los computadores, el 95% de la información de la nación está almacenado en papel y no en discos magnéticos, microfichas o algún otro dispositivo. Pero el cambio se está gestando.

En Irving (Texas), en la División de Sistemas de Seguridad de la Westinghouse Electric Corporation no es posible encontrar un pedazo de papel ni cosa alguna que indique la existencia de éste. No hay clipes, papeleras, grapadoras ni tijeras. No hay fotocopiadora. Los empleados tienen escritorios, pero sin cajones. Hay salas de conferencias, pero sin mesas. No se ven cartas, facturas, revistas ni ninguna otra publicación. Sencillamente, no hay papel. Lo que sí hay es un gran número de computadores y distintos equipos electrónicos.

EL *SHOCK* DEL FUTURO

Para la mayoría de nosotros sería muy incómodo y realmente difícil aceptar ese tipo de ambiente y trabajar en él. Estoy seguro de que el choque cultural sería considerable. Sin embargo, como dije antes, el vendedor profesional de los años 90 tiene que ser una persona en extremo productiva, con capacidad para adaptarse al cambio y usar la tecnología moderna. Nuestra capacidad de adaptación depende directamente de nuestra actitud, y cuando pienso en la noción de adaptabilidad, cambio y tecnología basada en una actitud adecuada, el primer nombre que me viene a la mente es el de Louise Padgett, de Forest City (Carolina del Norte).

Louise y su hoy difunto esposo, "Fifty", trabaron amistad conmigo por allá a principios de los años 50, cuando trabajábamos en la misma división de una organización de ventas directas. Hace poco nos carteamos, y debo decir que Louise es una fuente maravillosa de inspiración.

Louise se vinculó a la organización Avon hace más de veintiséis años. En 1990, a los 84 años de edad, formaba parte del Club del Presidente, recibió un premio (un espejo biselado de dos metros de altura enmarcado en oro y una mesa de mármol y oro) por su labor de reclutamiento, y seguía estando entre las primeras diez vendedoras de su división. Durante los últimos veinticinco años se ha sometido a tres reemplazos de cadera y ha sufrido dos ataques cardíacos, sin que por ello dejara de atender un solo pedido. Como dice Louise, "querer es poder". Y viniendo de una persona altamente productiva como Louise Padgett, la cita es mucho más que una frase de cajón.

¿"NUEVA" TECNOLOGÍA?

En este momento usted se estará preguntando qué tiene que ver esto con la nueva tecnología que mencioné inicialmente. Pues bien: la compañía Avon ha sido durante muchos años sinónimo de las damas que venden de puerta en puerta. Pero si una de ellas tiene 84 años y vive en este decenio de los 90, es natural que deba efectuar ciertos cambios. Por tanto, Louise Padgett aprendió a usar un aparato electrónico para manejar sus ventas. Ese aparato es conocido con el nombre de teléfono. Hasta donde sé, es la única mujer del país que vende los productos Avon de esta manera pero, en vista de su situación, ¡qué otra cosa puede hacer! Louise llega incluso a convencer a la mayoría de sus clientas para que vayan hasta su casa a recoger los pedidos.

Muchas empresas de venta directa como Avon están aprovechando la tecnología y haciendo lo necesario para que los computadores de la sede puedan comunicarse directamente con los computadores de los vendedores locales, a fin de facilitar los pedidos, todo ello a través del teléfono.

ALGO PARA RECORDAR

Viendo el ejemplo de personas como Louise Padgett, nos damos cuenta de que todos podemos tener éxito si combinamos la tecnología moderna con ciertos atributos "tradicionales" como el optimismo, el encanto personal, la persuasión, la persistencia y el compromiso.

Para mí, las personas como Louise son ejemplo viviente del aspecto más emocionante de nuestra gran profesión. El cambio y la tecnología no pueden dejarnos atrás a menos que nosotros lo permitamos, puesto que lo único que nos limita son nuestras actitudes mentales y emocionales. Mientras controlemos nuestras actitudes podremos ser tan productivos como queramos... en lo que sea. Louise me dijo alguna vez: "Zig, tú sabes que se necesita entusiasmo, esfuerzo y, como suele decirse, 'una buena dosis de agallas'. Por mi parte, nunca me olvido de dar cuerda al reloj del entusiasmo y trato de ser positiva en todo momento". Creo que éste es un magnífico modo de pensar para todos los que tenemos que habérnoslas con el cambio y la tecnología.

TELETECNOLOGÍA

En 1990, la compañía J. C. Penney trasladó su sede social de Nueva York a Dallas (Texas). Mientras trabajaban en un programa de capacitación de la compañía, algunos de nuestros empleados hicieron una visita a las instalaciones. En toda la nación los almacenes Penney toman decisiones sobre reposición de existencias basándose en la información recibida por la red de televisión de la compañía. En 1985, en el departamento de compras pensaban que era imposible comprar sin "tocar el material" y "ver los artículos" personalmente. En la actualidad, con la teletecnología pueden hacer los pedidos directamente a los fabricantes, ahorrando tiempo (los envíos llegan directamente a los almacenes sin pasar por las bodegas donde se guardan las existencias) y aumentando los márgenes de utilidad. Una consecuencia de esta actividad ha sido la red de capacitación de Penney, a través de la cual el personal experto capacita a sus "asociados" (así se llaman los empleados) que trabajan en el territorio de los Estados Unidos y en el resto del mundo.

Los ejecutivos de contabilidad de Mobil Oil en Dallas también solicitaron nuestros servicios de capacitación y, mientras elaborábamos un programa específicamente para ellos, nos dieron a conocer que los ejecutivos más importantes de la compañía tienen un computador portátil que conectan al sistema del edificio durante el día y pueden llevar a casa durante la noche. Si necesitan conectarlo al sistema principal, lo único que tienen que hacer es llamar a las líneas telefónicas especiales. El acceso instantáneo a la información es imprescindible en la profesión de ventas.

Cuando terminábamos el manuscrito de este libro, el personal de ventas de Oliver Nelson Books y de Thomas Nelson, bajo la dirección del editor Bruce Barbour y del gerente de ventas Bob Zaloba, realizaba un estudio de factibilidad para averiguar cuán práctico era dar computadores portátiles a sus representantes de ventas. En este momento, los vendedores envían los informes diarios de ventas a través de una máquina portátil de facsímil.

LA OFICINA DE VENTAS DE LOS AÑOS 90

La revista *Success* publica un número al año dedicado únicamente a las ventas. En mayo de 1991 (cuando apareció el cuarto número dedicado a ese tema), el escritor Dan Gutman, que no se para en pelillos para utilizar lo último en tecnología, y cuya columna "No sabía que se pudiera hacer ESO con un computador" vale la pena leer, escribió sobre una oficina del futuro, a la vez extraña e interesante.

El vendedor Perry Solomon (que también es director de High Technology Distributing en Van Nuys, California) concierta una cita a través del teléfono celular de su automóvil, se estaciona momentáneamente para escribir la propuesta en su computador portátil, envía la propuesta por telefax desde su automóvil, recibe la respuesta de su cliente por la misma vía y luego se presenta en la oficina del cliente, con todo listo para que éste firme el contrato. Si tiene que esperar unos minutos antes de ser recibido, se ocupa en mantenerse en contacto con otros clientes a través del teléfono portátil que lleva en el maletín.

"La oficina del futuro", dice Solomon, "tiene cuatro ruedas en lugar de cuatro paredes".

¿CIENCIA FICCIÓN O REALIDAD CIENTÍFICA?

Realidad: Los computadores portátiles pesan menos de ocho libras y son más pequeños que la mayoría de los maletines. Tienen más capacidad que las máquinas diez veces más grandes de hace cinco años, y cuestan menos de $1 500. Los organizadores de bolsillo (para almacenar números telefónicos, notas, asuntos pendientes, cálculos y fechas), los computadores que caben en la palma de la mano (y pueden llevarse en la cartera o en el bolsillo de la chaqueta, y tienen capacidad para archivar datos mediante el programa Lotus 1-2-3) y los computadores tipo libreta (del tamaño de este libro, con disco duro y pantalla de fácil lectura) ya existen.

Realidad: Las impresoras acoplables a los computadores portátiles son pequeñas, imprimen con una calidad casi idéntica a la de las impresoras láser, y su costo es comparativamente bajo, pues valen menos de $800.

Realidad: La recepción de los teléfonos celulares es tan clara como la de los teléfonos fijos. La unidad es cada vez más pequeña, y el costo por minuto está bajando.

Realidad: Las máquinas de facsímil se han convertido no sólo en nuestras inseparables compañeras de oficina sino también de viaje. "Envíemelo por fax al teléfono de mi automóvil" ya no es una frase graciosa sino una realidad necesaria.

Realidad: El buscapersonas se ha mantenido a tono con los avances de la tecnología. Ahora, además de ser más pequeño y liviano, cada vez cuesta menos. El buscapersonas sirve para ahorrar en las cuentas del teléfono celular, pues ayuda a determinar cuáles llamadas se deben responder y en qué orden. Además, este sistema de organización ahorra mucho tiempo.

CUANTO MÁS CAMBIAN LAS COSAS...

La vieja paradoja que dice: "Cuanto más cambian las cosas, menos cambian" sigue siendo válida. Aunque es preciso asimilar los permanentes cambios y los avances tecnológicos, no hay que olvidar algunas verdades fundamentales.

Para ser una estrella de las ventas en los años 90, es NECESARIO (no hay alternativa) comprender los cambios y la tecnología moderna. También es necesario comprender que, en cierta forma, la "vieja" fuerza laboral es semejante a la "nueva".

LA NUEVA FUERZA LABORAL

En el mundo de las ventas, lo que los clientes SIEMPRE han valorado más es la CONFIANZA, que equivale también a confiabilidad, puesto que refleja directamente la integridad del individuo. La principal razón por la cual las personas SE ABSTIENEN de comprar es la falta de CONFIANZA. Cuando usted le hace al cliente potencial una promesa formal o un "comentario al desgaire" que contenga una promesa, para él ambos son como el evangelio. Esto es especialmente cierto si hay alguna dificultad durante el proceso de venta e incluso después de hacer el negocio. Si la persona ha tenido alguna dificultad durante alguna fase de la relación o con el uso del producto, existe la posibilidad de que cualquier "falta de respuesta" adquiera dimensiones totalmente desproporcionadas. Hasta la ínfima contrariedad puede destruir completamente la relación.

Como parte de la fuerza laboral de los años 90, las mujeres comienzan a llevarse una tajada cada vez mayor de las ventas, en desproporción con el número de personas de sexo femenino que se dedican a esta profesión. Hay varias razones excelentes para explicar este fenómeno. La primera es que las mujeres son más confiables. Claro está que eso no significa que todas las vendedoras sean totalmente confiables o que no se pueda confiar en ningún vendedor varón. Sin embargo, sí significa, en términos generales, que cuando una mujer dice que el informe de ventas estará listo el jueves, así será. Cuando

---

La principal razón por la cual las personas SE ABSTIENEN de comprar es la falta de CONFIANZA.

un vendedor dice que enviará el informe el jueves, hay menos probabilidades de que cumpla. Es más factible creer en la vendedora que se compromete a hacer revisar la maquinaria el viernes, que en el vendedor que hace la misma promesa.

Antes que se me acuse de atacar a los hombres y de favorecer a las mujeres, permítaseme decir que lo cierto es cierto, que la verdad es la verdad y que el éxito es el éxito. Cualquier observador objetivo podrá verificar lo que he dicho, y muchos observadores sensatos dirán que quienes no aprenden las lecciones de la historia están condenados a repetir los errores en que antes incurrieron. Si estudiamos las razones del éxito en la profesión de las ventas, podremos "aprender de quienes han tenido éxito y aplicar los mismos principios que los han conducido a él": Debemos analizar el CÓMO y el POR QUÉ para poder aprender de los fracasos y aprovechar los éxitos.

EL PUNTO DE VISTA FEMENINO

Sheila West (autora de *Beyond Chaos*, un libro clásico en su género que les recomiendo leer) ha tenido gran éxito como empresaria y vendedora profesional. Como ejecutiva del hogar y madre de familia adquirió mucha pericia para dirigir y administrar. También aprendió a conocer muy bien la naturaleza humana (habilidad para relacionarse con las personas). Durante esa parte de su carrera tomó miles de decisiones de tipo administrativo y mostró múltiples dotes de liderazgo y persuasión. En 1981 entró de lleno en el negocio de arcos para tiro al blanco. Su esposo, John, maneja las ventas al por menor y ella se encarga del aspecto mayorista de Archery Center International en Monroe (Michigan).

Durante una conversación con ella, le manifesté que en los Estados Unidos la gente tiende a confiar más en las mujeres que en los hombres, a aceptar lo que ellas dicen y a actuar basándose en sus sugerencias. Los clientes potenciales, tanto hombres como mujeres, están dispuestos a "confiar" más en las vendedoras que en los vendedores y a obrar siguiendo sus recomendaciones.

Sheila estuvo de acuerdo conmigo y me preguntó si sabía por qué ocurría eso. Le confesé que no, por lo que ella procedió a darme la siguiente explicación: "Bueno, las mujeres son mucho más abiertas que los hombres. Aunque eso las hace más vulnerables, genera confianza en las personas con quienes tratan. Los clientes potenciales no se sienten presionados y menos aún 'manejados'".

Profundizando en su análisis, dijo que la mujer es menos susceptible de dejarse arrastrar por su amor propio. Mientras un vendedor puede caer en la tentación de hablar de sí mismo, las vendedoras tienden a dejar que los *clientes potenciales* sean el centro de atención y a escuchar todo lo que éstos dicen. Ello se debe en parte a la capacidad que tiene la mujer para escuchar. Los vendedores de más éxito son los que practican al máximo la aptitud de saber escuchar. En toda mi carrera no he conocido a la primera persona que pierda una venta por escuchar las necesidades, deseos y carencias de un cliente potencial. Al contrario, es importante anotar que cuanto más saben los vendedores acerca de las necesidades del cliente potencial mejores son sus posibilidades de satisfacer dichas necesidades. Y no sólo eso, sino que el factor de confianza aumenta progresivamente cuando los clientes potenciales ven un vendedor atento a sus necesidades y deseos.

Escuchar *no* es tan difícil como se cree. Podemos escuchar mientras NO estamos hablando o PREPARÁNDONOS para hacerlo. Hay muchos pasos y hasta cursos de toda una semana para aprender a escuchar. Sin embargo, por ahora basta con recordar el viejo dicho: "Hablar es compartir, pero escuchar es interesarse".

ESCUCHAR CON LOS OJOS

Cuando escuche no lo haga únicamente con los oídos. De ser humanamente posible, mire de frente a su interlocutor y olvídese de los formularios, los datos, las muestras y todo lo demás. Mire a su cliente potencial a los ojos y tome nota de las

> **Hablar es compartir, pero escuchar es interesarse.**

claves no verbales que le permitan deducir cómo es interiormente su interlocutor. Observe los gestos, la forma de sentarse y de ponerse de pie, la sonrisa o el ceño arrugado... todo lo que indique el estado de ánimo de la persona en ese momento.

Escuche "el modo" como habla la persona: la velocidad, el tono y la intensidad de la voz. Escuche con empatía, pensando siempre cómo se sentiría si estuviera en el lugar del cliente potencial. Y escuche con el corazón abierto, sin dejar de "observar" el contenido emocional que se trasluce en las palabras que su interlocutor escoge.

Lo más importante es NO INTERRUMPIR y NUNCA TERMINAR UNA FRASE, PENSAMIENTO U ORACIÓN del cliente potencial cuando éste hace una pausa.

RECIPROCIDAD

Otro factor importante de saber escuchar es la "ley de la reciprocidad". Cuando "escuchamos" con atención lo que tenga que decir el cliente potencial acerca de sus intereses, deseos, pasatiempos y demás aspectos, éste adquiere una deuda con nosotros. Tendrá la sensación de que nos "debe" algo y, por consiguiente, se mostrará más dispuesto a "escuchar" nuestras palabras, puesto que hemos tenido la gentileza de escucharlo antes. Debo apresurarme a agregar que esta habilidad no es del dominio exclusivo de las mujeres vendedoras y que cualquiera puede adquirirla. El verdadero profesional de las ventas — ya sea hombre o mujer — sabrá cultivar esa habilidad y conseguir, como resultado, un volumen mayor de ventas.

ASPECTOS ESPECÍFICOS DE LA COMUNICACIÓN

La mayoría de las personas prefieren que se les hable con la misma rapidez o lentitud con que ellas hablan; de manera que, hasta donde sea posible, el vendedor debe acomodar el ritmo de su voz al del cliente potencial. Algunas excepciones a esta regla general son las siguientes:

1. Cuando el cliente potencial "pierde el control", alza la voz y se vuelve ofensivo. Cuando la ira entra en escena usted debe bajar la voz y hablar más lentamente.
2. Cuando el cliente potencial utiliza un lenguaje vulgar o inculto. En ese caso, utilice un lenguaje impecable y profesional. Lo más seguro es que el cliente potencial lo juzgue a usted mejor que a sí mismo. Cuanto más elevado sea el nivel de dignidad moral e integridad, mayor será el nivel de confianza y respeto. Cuanto más elevado sea el nivel de confianza y respeto, mayor será la probabilidad de hacer la venta.
3. Cuando el cliente potencial habla tan bajo que es necesario esforzarse para oír lo que dice. Mantenga su tono de voz en un nivel adecuado para estar seguro de que él lo está oyendo. Así el cliente potencial no tendrá que esforzarse para oírlo a usted, aunque usted sí deba hacerlo para oírlo a él.
4. Cuando el cliente potencial habla con tanta lentitud o rapidez que, si usted se acomoda a ese ritmo, pondrá al descubierto su táctica. En tal caso, ajuste sólo un poco el ritmo al de su interlocutor.
5. Nunca trate de imitar el acento, las incorrecciones gramaticales, la jerga callejera o algún defecto de pronunciación.

CONFIABILIDAD Y CREDIBILIDAD

Sheila West me ayudó a entender mejor aún el punto de vista de la mujer acerca de las ventas, cuando me dijo: "La parte más difícil para una mujer en las ventas (o en muchos otros campos) es ganar credibilidad. Eso es algo imposible de lograr si una no es confiable. Por tanto, las mujeres que no tienen esa cualidad fracasan rápidamente. En otras palabras, la confiabilidad da credibilidad. La credibilidad hace que lo que se dice sea tomado como la verdad. Con la credibilidad viene la confianza, y con la confianza el éxito".

LOS CLIENTES POTENCIALES

Además de ejercer un profundo influjo en la profesión de las ventas, las mujeres son un factor de vital importancia entre los consumidores. Algunos expertos creen que las mujeres constituyen el grupo con mayor control (directo e indirecto) sobre el "poder de compra" que haya existido en la historia del mundo. Las mujeres compran el 40% de las videograbadoras, al igual que el 41% de los aparatos para tocar discos compactos y el 58% de los equipos estereofónicos. Durante años, las mujeres han comprado más libros y ropa que los hombres. Compran la ropa no solamente para ellas sino también para los hijos y, en muchos casos, para los maridos. Además, la palabra de la mujer pesa mucho más que la del hombre en la decisión de comprar una casa y de comprar la gran mayoría de los bienes de consumo que hay dentro de la casa. Por tal motivo, las mujeres merecen que se les dedique mayor atención.

Infortunadamente, muchos abusos se han cometido con las consumidoras. No son pocos los hombres que faltan al respeto a las mujeres cuando se trata de compras que implican grandes sumas de dinero o cierto grado de conocimiento técnico. Las bromas pesadas abundan, la mujer es puesta en ridículo, hay manifestaciones de desdén y sutiles rechazos. Y si cree que estas actitudes son sólo de los hombres, se equivoca. Muchas mujeres se quejan de ser tratadas con menos cortesía y respeto por las vendedoras que por los vendedores.

Uno de los campos en los cuales se ha tratado muy mal a la mujer es en el de la industria automovilística. Hablando con franqueza, muchas personas se aprovechan de la mujer en ciertas situaciones. Esto les ocurre especialmente a las solteras jóvenes, las viudas, las divorciadas y las integrantes de las minorías étnicas.

Por fortuna, las cosas están cambiando... y rápidamente. Para las cada vez más numerosas mujeres solas y que deben trabajar, la ampliación de sus conocimientos se ha impuesto como una necesidad. Las mujeres están incursionando e incluso dominando en campos considerados por los machistas como "sólo para hombres" (mecánica, finanzas, fuerzas del orden, electrónica y construcción, para citar sólo algunos ejemplos). Las mujeres comienzan a sobresalir en todas las industrias. En esta era de los computadores, las mujeres entienden con claridad que poseer la información apropiada es una necesidad vital para sobrevivir y progresar. El hecho es que en el mundo de hoy cualquier vendedor incompetente y falto de profesionalismo que pretenda abusar o aprovecharse de una mujer en una transacción no volverá a ver a esa clienta jamás.

Primera predicción: Vendedores de ese tipo están condenados a extinguirse; en realidad, personas así no han debido dedicarse a las ventas.

Segunda predicción: El vendedor de éxito sabrá reconocer y aprovechar ese increíble segmento del mercado, precisamente el de mayor crecimiento, y tratará de satisfacer sus necesidades.

Las mismas cualidades que han ayudado a sobresalir a las representantes de ventas son las que las convierten en excelentes compradoras de bienes y servicios. Esas cualidades son: la confianza, el saber escuchar, la confiabilidad, la integridad, una creciente seguridad en sí mismas, exactamente lo que el representante de ventas de los años 90 espera encontrar en todos los compradores. Al tratar a las mujeres con respeto estamos prestando un mejor servicio a todo el mundo.

EL VENDEDOR PROFESIONAL DE HOY

El vendedor de hoy debe ser un profesional consumado en todo el sentido de la palabra. El profesional de las ventas comprende la importancia de un equilibrio entre el hogar y la carrera, y sabe que tener éxito solamente en un aspecto de la vida constituye el mayor de los fracasos. El vendedor profesional de éxito en el presente decenio sabe que la felicidad no reside en el placer sino en la victoria; que cuando uno hace lo necesario en el momento necesario, podrá con el tiempo hacer lo que DESEE cuando lo desee. Y lo que es más importante: el vendedor profesional de éxito de los años 90 CONOCE y COMPRENDE el credo del vendedor: ES POSIBLE TENER TODO LO QUE SE DESEA EN LA VIDA CON SÓLO AYUDAR A OTROS EXACTAMENTE LO NECESARIO PARA QUE TAMBIÉN PUEDAN OBTENER LO QUE DESEAN.

Por favor, entienda que el credo del vendedor es una cuestión de principios y no una táctica. Para ayudar a otros a conseguir lo que desean, es necesario ante todo comprender lo que desean. ¿Y qué es lo que las personas desean? La respuesta es simple. De usted, amigo vendedor, las personas desean la mejor solución para el "problema" que tienen. Y usted puede proporcionarles esa solución convenciéndolas de que utilicen los bienes, productos o servicios que usted les ofrece. Hágalo con la debida frecuencia y realizará una carrera maravillosa en el campo de las ventas.

CAPÍTULO 3

CÓMO ENCONTRAR A ALGUIEN DISPUESTO A COMPRAR

Cómo permanecer dentro de la profesión

"Una vez, después de hacer varias llamadas infructuosas para pedir que vinieran a tapar un bache dentro del cual se había deslizado una rueda de su automóvil, Sheila acabó por pintar un enorme círculo blanco alrededor del bache, escribió la palabra *hoyo* y debajo de ésta colocó una flecha gigante. En seguida llamó a los periódicos para comunicarles que se les presentaba la oportunidad de conseguir una buena fotografía en la vía 22, cerca de la calle Sun Valley. El bache fue tapado el mismo día en que la fotografía apareció en la prensa".[*]

EL GRAN DEBATE

Una pregunta que sale a flote cada vez que hay una reunión de ventas (es decir, cuando dos vendedores se encuentran) es la

---

[*]Tomado, con autorización, de "Unforgettable Sheila Petersen" de Barbara W. MacInnes, *Reader's Digest*, febrero de 1991. Derechos de autor de 1991 por The Reader's Digest Assn., Inc.

siguiente: "¿Cuál es la fase más importante en el proceso de la venta?" Innumerables vendedores creen que todos sus problemas se resolverían si fuesen más eficaces en "cerrar el trato"; algunos dicen que la única forma de asegurar el éxito es vendiendo el producto apropiado; otros opinan que la clave está en saber manejar las objeciones; hay un grupo que afirma que una presentación convincente es lo más importante; y hay otros que creen que el aspecto primordial es determinar los deseos y las necesidades específicas del cliente potencial. La verdad es que el vendedor debe ser capaz de manejar todas las fases del proceso de ventas, si desea permanecer en la profesión.

LA BÚSQUEDA DE CLIENTES

Sin embargo, de nada sirven la habilidad para cerrar el trato, las bondades del producto, la capacidad para manejar objeciones, la presentación convincente, la aptitud para determinar las necesidades y deseos del comprador, si no se tiene un cliente potencial. Los vendedores e instructores más destacados coinciden casi unánimemente en que la búsqueda de clientes es la clave del éxito. Sin clientes potenciales, el vendedor habrá muerto para la profesión antes de empezar. Si bien es cierto que un viaje de mil leguas comienza con el primer paso, no es menos cierto que mientras no haya un cliente potencial no existe ni la más remota posibilidad de efectuar la venta.

Alguien dijo jocosamente una vez que "lo único malo de efectuar la venta es que uno pierde a su mejor cliente potencial". No cabe duda de que eso es cierto, pero cuando ese cliente potencial se reemplaza por muchos otros, la ganancia es múltiple.

Sin clientes potenciales no hay negocio. El profesional de las ventas que cuenta con clientes potenciales tiene la oportunidad de cambiar el mundo... comenzando por la parte que de ese mundo le corresponde. Por tanto, analicemos juntos este aspecto fundamental de las ventas: la búsqueda de clientes.

¿QUÉ?

¿Qué es un cliente potencial? Es una persona o un grupo de personas con capacidad para decidir la compra del producto o del servicio que el vendedor ofrece. Hay una diferencia clara entre un "cliente potencial" y un "posible cliente". Un posible cliente es alguien que *podría llegar a ser* un cliente potencial, de manera que el solo hecho de llegar a conocerlo representa una esperanza. Pero a menos que esa esperanza tenga un fundamento sólido, el posible cliente no pasará de ser más que eso. El cliente potencial es alguien que necesita el producto, que probablemente desea poseerlo y que tiene la capacidad económica para ejecutar la decisión de compra. Con los posibles clientes apenas se "gasta" tiempo, mientras que con los clientes potenciales cualquier tiempo que se les dedique es una "inversión".

¿CUÁNDO?

La pregunta entonces es: ¿cuándo se deben buscar los clientes potenciales? La respuesta es: EN TODO MOMENTO. La búsqueda de clientes potenciales es una labor de todo el día. Además, si se realiza con tacto, es una labor que tiene cabida en cualquier situación: en reuniones sociales, en un avión, en un aeropuerto, en el club, durante un almuerzo o DONDEQUIERA QUE HAYA GENTE.

LA ACTITUD DE BÚSQUEDA

Debo reiterar que el trabajo más duro y mejor pagado del mundo es vender, y que el trabajo más fácil y peor pagado del mundo es vender. El campo que usted ha escogido no permite "vadear en aguas someras". Cuando entre de lleno en la profesión de las ventas — o mejor aún: cuando ella entre de lleno en usted — descubrirá que buscar clientes potenciales no es una tarea: es una forma muy emocionante de alcanzar el éxito.

Mi amigo Cavett Robert tiene un dicho: "Hay que agitar antes de colar". ¡Cuánta verdad hay en eso! No hay duda de que la ACTIVIDAD (relacionarse con los clientes y visitarlos) en el mundo de las ventas es decisiva. Los vendedores despiertos están siempre al "acecho", con oídos y ojos atentos a cualquier oportunidad de hacer una venta. Esto no significa necesariamente que arrinconan a la gente en todas las reuniones sociales, en el club o en el campo de golf; tampoco significa que tratan de venderle a todo el que encuentran en la oficina de correos o en el supermercado. Sin embargo, la actitud de búsqueda implica que cuando un buen buscador de clientela lee el periódico, está sintonizado con los acontecimientos locales o las noticias que puedan contener pistas o nombres de clientes potenciales. La actitud de búsqueda que conduce al éxito implica orientar la conversación de manera que llegue directa o indirectamente al uso de los bienes y servicios que el vendedor ofrece.

Para tener éxito en la búsqueda de compradores es necesario estar informado de cuándo abre sus puertas una nueva empresa o cuándo llega una familia nueva al vecindario y comportarse como buen vecino y ciudadano dándole la bienvenida. Muchas veces relaciones de este tipo generan negocios. Como suele decirse, "ayúdate que yo te ayudaré".

¿CÓMO?

La mejor forma de empezar a buscar clientes es mostrando verdadero interés por ellos, lo cual nos lleva de nuevo a un aspecto tratado anteriormente. Si usted es la persona indicada, las posibilidades de que llegue a ser un buen vendedor son mucho mayores. Voy a darle un ejemplo. Ni mi madre ni mi esposa contemplarían siquiera la idea de poder ser vendedoras de éxito, puesto que nunca han "vendido oficialmente" ningún producto o servicio. Sin embargo, las dos habrían sido magníficas vendedoras porque "hacen amigos" con una facilidad nunca vista.

Mi madre se cuenta entre aquellas personas que, al viajar en autobús, antes de llegar a su destino ya han entablado amistad con el vecino de asiento, con quien desde entonces mantienen correspondencia durante años. Su INTERÉS y PREOCUPACIÓN por los demás son *auténticos*. Lo mismo le sucede a La Pelirroja. Cuando vamos en un avión o mientras hacemos cola en el aeropuerto para subir a él, o en el hotel para registrarnos o en un restaurante mientras desocupan una mesa, siempre sucede ALGO: se abren las puertas de la conversación y, antes de treinta segundos, La Pelirroja está sosteniendo una charla de ésas que hacen pensar en una amistad para toda la vida. Esto es algo que siempre me ha dejado perplejo y maravillado.

¿QUIÉN?

En circunstancias normales, cuando existe un auténtico interés por la gente, es natural que en medio de la conversación uno se refiera a sus ocupaciones y que pregunte al interlocutor acerca de las suyas. Como usted está entrenado para eso y además le conviene hacerlo, puede orientar con sutileza la conversación hacia el tema que le interesa. Muchas veces, aunque su interlocutor no sea un cliente potencial, la sinceridad y preocupación por la gente mostradas por usted harán no sólo que esa persona le dé referencias de un cliente potencial, sino que se ofrezca a hacer una llamada de recomendación, por ser usted tan buena persona.

Lo que quiero decir es muy sencillo. Si usted mantiene en todo momento una actitud de búsqueda, le sorprenderá ver aparecer compradores potenciales en los sitios más inesperados del mundo. Es como cuando uno compra un automóvil azul, rojo, verde, negro, púrpura, anaranjado o de cualquier otro color y de pronto siente como si el resto de los habitantes de la ciudad hubiesen escogido exactamente el mismo modelo y el mismo color.

LOS CLIENTES POTENCIALES SE PRESENTAN *C.O.D.*

La mayoría de la gente piensa que *C.O.D.* significa 'pago contra entrega', pero en la actividad de la búsqueda de clientes la sigla tiene un significado completamente distinto.

La C significa 'comunicación'. Cada vez que uno habla con alguien que se parezca, aunque sea remotamente, a un cliente potencial o que conozca a alguien que quizá pueda serlo, uno se las arregla para comunicarle en qué se ocupa y el interés por compartir con él los aspectos maravillosos de lo que uno ofrece.

La O significa 'observación'. Uno observa y escucha todo lo que sucede alrededor, ya sea en un ascensor, en un autobús, en un almacén atestado de gente, en un club o en una reunión social.

La D significa 'dedicación'. Se debe comprender la necesidad de una total dedicación a establecer contactos y obtener referencias.

Analicemos más a fondo la noción de C.O.D. y veamos lo que se puede aprender sobre la búsqueda de clientes potenciales.

COMUNICACIÓN

Permítame hacerle unas cuantas preguntas. ¿Con quién se comunica usted con más frecuencia? ¿Con quién se comunica mejor? ¿Por qué dedica tanto tiempo a venderle a todo tipo de gente menos a la que mejor conoce?

La primera vez que me hicieron esta última pregunta no supe qué responder. Tras reflexionar un poco, reaccioné y dije: "Bueno, no me gustaría que mis amigos y mi familia pensaran que trato de obligarlos a comprar mi producto".

La pregunta que tuve que responder entonces, y que usted debe contestar ahora, es la siguiente: si cree que su producto es lo suficientemente bueno para los extraños, ¿por qué no habría de ser lo suficientemente bueno para sus amigos y su familia?

Si lo que vende no es lo suficientemente bueno para sus

amigos y su familia, ¿entonces por qué lo vende? Si es bueno, ¿por qué privar de él a las personas que más le interesan? Sé que hay entidades que alientan a los vendedores a buscar clientes entre los familiares y amigos y después se deshacen de ellos como de la proverbial "papa caliente". Pero usted tiene la madurez suficiente (o de lo contrario no estaría leyendo este libro) para estar seguro de no querer trabajar para una entidad de ese tipo.

¿QUÉ DEBO HACER?

Con frecuencia recibo cartas de vendedores que no saben a qué clase de empresa deben vincularse. Muchas personas que tienen la intención de ingresar en la profesión de las ventas me escriben preguntándome qué deben hacer para estar seguros de no equivocarse. La respuesta se debe buscar pensando en la familia y los amigos. ¿Qué producto o servicio querría usted ofrecer a sus padres, hermanos, amigos, conocidos y demás personas con las cuales tiene usted alguna relación? Mi consejo a quienes ingresan en el mundo de las ventas es que escojan un producto o un servicio DEL CUAL NO PUEDAN DEJAR DE HABLAR. Para los grandes vendedores, el producto o el servicio que ofrecen se convierte en una especie de obsesión, y en vez de que alguien tenga que recordarles que deben hablar de él, tienen que esforzarse para "controlar" sus ímpetus. Aman tanto lo que hacen, que SIEMPRE están vendiendo y buscando clientes.

Creo que lo que voy a decir se cae de su peso, pero es importante no aprovecharse de la amistad con objeto de vender. Recuérdeles a sus amigos y parientes que desea ofrecerles su producto o su servicio porque está convencido de que con ello les hace un favor. Esto es algo que debe hacer con tacto, y la clave está en la convicción de que la oferta es realmente buena y contribuirá a fortalecer los vínculos de amistad o de cariño.

Además, al ofrecer los servicios a sus parientes y amigos, éstos se interesarán por su éxito y se sentirán encantados de recomendarlo a otros clientes potenciales.

> **Mi consejo a quienes ingresan en el mundo de las ventas es que escojan un producto o un servicio DEL CUAL NO PUEDAN DEJAR DE HABLAR.**

PARA SU CREDIBILIDAD

Faltan palabras para destacar la importancia de lo que voy a decir, de manera que PRESTE MUCHA ATENCIÓN. Ofrezca su producto una sola vez — repito: una sola vez — a sus amigos y parientes. Al terminar la presentación diga sencillamente: "Bueno, Pablo [o Marta o Juan o quienquiera que sea], te advierto que la próxima vez que salga a relucir este producto [o servicio] será porque tú lo menciones, no yo. En otras palabras, no quiero que pienses que cada vez que nos encontremos en alguna reunión social o de familia voy a hablarte de mis servicios. Es algo que sencillamente no sucederá".

Ésta es la mejor forma de eliminar la tensión, en caso de que la haya, y de asegurarles a sus clientes potenciales que no tendrán que soportarlo por el resto de sus vidas. Cuide de cumplir su palabra y espere a que sean *ellos* quienes mencionen el producto.

Usted les ofrece el producto en razón de la amistad. Sin embargo, no pretenda que sus amigos compren (y no permita que lo hagan) para "ayudarle". Ésa no es forma de hacer una carrera pero *sí* de acabar con la amistad. La razón para pretender que sus amigos compren debe ser la misma por la cual deben comprar los demás clientes: porque les conviene.

CENTROS DE INFLUENCIA

La familia y los amigos pueden llegar a convertirse en "centros de influencia", pero trate de no limitarse a ellos cuando utilice esta técnica para buscar clientes. Durante muchos años los vendedores han utilizado el centro de influencia como fuente preferida de clientes potenciales. El profesional de las ventas siempre trata de buscar, encontrar y cultivar relaciones con personas influyentes en determinada población, zona, mercado u organización. Con el tiempo, los amigos y conocidos de esas personas se convierten en fuente excelente de clientes potenciales.

Cuando vendía baterías de cocina conseguí que una señora organizara once comidas para presentar mi producto a sus amistades, y todas las veces obtuvo resultados excelentes. Primero: la señora creía fervientemente en el producto (y con el tiempo llegó a ser buena amiga mía). Segundo: conocía a casi todo el mundo a veinte kilómetros a la redonda de la pequeña localidad en que vivía. Tercero: era viuda y entrada en años, y la complacía enormemente estar rodeada de amigos. Cuarto: aprovechaba las veladas al máximo para cultivar el trato social. Quinto: gozaba agasajando a la gente pero, como sencillamente no tenía suficiente dinero para invitar a todos sus amigos, se limitaba a invitar a cenar cada vez a unos cuantos amigos: seis u ocho parejas. Sexto: pudo conseguir varios artículos hermosos para el hogar y la cocina, gracias a los obsequios de cortesía de nuestra empresa, que de otra manera no hubiera podido adquirir. No sólo efectué esas once presentaciones, sino que el círculo de interesados se amplió casi interminablemente, puesto que las personas que asistían a las demostraciones solicitaban que se realizara otra para sus amistades. De ese modo, mediante el "efecto multiplicador", mi consecución de clientes marchó viento en popa.

Un amigo me contó la historia de un señor que vende fotocopiadoras en Chicago sin moverse jamás de la avenida Michigan. En un sector de tan sólo seis manzanas ha creado centros de influencia a través de los cuales efectúa ventas por más de un millón de dólares y atiende a más de 350 clientes.

ADVERTENCIA

Con el tiempo, el proceso de remisión en cadena se debilita. Alguien lo envía a un amigo, que a su vez lo envía a otro amigo, que a su vez lo envía a otro más... Esto sucede en todos los campos de la actividad económica, por una razón muy sencilla: los clientes o clientes potenciales remiten al vendedor a otras personas del mismo nivel social o empresarial o quizá de uno inferior. Es raro que un obrero pueda remitirlo a una persona perteneciente a las altas esferas administrativas... a menos que se trate de un pariente o de un amigo muy especial. Es obvio que hay excepciones pero, en general, el efecto de la remisión en cadena disminuye con el tiempo.

¿Qué hacer entonces? No olvide su lema: "Buscar en *todo* momento". Sálgase periódicamente del círculo en que se encuentra e inicie otro círculo u otra cadena. Válgase de todos sus recursos para mantener siempre una lista larga y variada de posibles clientes, de manera que su actividad no dependa de una sola persona o de un grupo de personas.

PISTAS CONCRETAS

Los vendedores llevan muchos años haciendo esta pregunta: "Señor Pérez, ¿si su mejor amigo entrara en este momento, usted nos presentaría?" Las probabilidades de que la respuesta sea afirmativa son de cuatro mil a una. "Entonces, señor Pérez, ¿usted querría presentarme a su mejor amigo, quien necesita de nuestros servicios, dándome el nombre y cierta información sobre él?" Ése es el primer paso para crear un centro de influencia.

Segundo paso: Si la persona que constituye su centro de influencia está convencida de que usted vende un buen artículo y se ha beneficiado de sus servicios, pídale que mediante una llamada telefónica lo relacione con un amigo. Un buen sustituto de la llamada es una nota corta que diga algo de este estilo: "Juan, mi amigo Guillermo tiene algo que le servirá mucho".

Tercer paso: La experiencia me ha enseñado que, en la búsqueda de nuevos clientes, nunca se debe poner frente al cliente que nos relaciona con clientes potenciales el formulario para que él anote personalmente los datos (nombres, direcciones, etc.). Muchas veces el cliente sufre un bloqueo mental.

Comience siempre pidiendo el nombre de un cliente potencial, y anótelo *usted mismo* en la ficha, sin solicitar ninguna información adicional en ese momento. Pida el segundo, tercero, cuarto y quinto nombres. Cuando advierta que la memoria del cliente no da más, tome el primer nombre y llene la información correspondiente (dirección, ocupación, teléfono, responsabilidades, intereses generales y actividades).

Muchas veces, mientras suministra los datos sobre el cliente potencial, el informante puede recordar otros nombres de personas que trabajan en el mismo sitio, que van a la misma iglesia o que viven en el mismo barrio. De esa manera, su lista crecerá considerablemente.

ADVERTENCIA: No abuse del tiempo de su cliente. El proceso de recopilar nombres puede alargar demasiado la entrevista; de manera que al menor gesto de impaciencia (mirar el reloj, hojear los papeles del escritorio) ponga fin a la entrevista y regrese otro día por más información.

Cuarto paso: Durante la búsqueda de clientes no olvide que todo el mundo necesita un poco de estímulo para la memoria. Por tanto, ayude a su cliente con unas cuantas preguntas: "¿Con quién practica deporte, juega bridge, trabaja, va al club o a la iglesia? ¿Quiénes son sus vecinos, compañeros de estudio, etc.?"

Quinto paso: Cuando tenga la lista de posibles clientes, pregunte al "remitente" a quién debe visitar primero y establezca conjuntamente con él un orden de prioridades. De esta manera conseguirá información para "valorar" a los clientes potenciales (conocer su capacidad de compra).

UN CONSEJO PARA EL VENDEDOR INTELIGENTE

ADVERTENCIA: Muchas veces los vendedores piensan que el hecho de haber conseguido una buena lista de nombres significa que se agotó la información. En realidad, la persona que suministra unas buenas pistas probablemente estará dispuesta a dar *más* que el cliente que nunca ha suministrado un nombre. Mensaje: No dé por hecho que el manantial se ha secado.

ALGO IMPORTANTE PARA RECORDAR: La clave para que los clientes satisfechos continúen dando nombres de clientes potenciales es mantenerlos informados sobre los resultados de las gestiones. No deje de contarles lo sucedido, sean los resultados positivos, negativos o estén pendientes. Mantener a los clientes informados es una buena forma de hacer relaciones públicas y de vender, para no decir que es de simple sentido común. La mayoría de las veces, al minuto de uno haberse ido, los clientes recuerdan más nombres, pero normalmente no llaman para darlos. Por lo tanto, si usted muestra verdadero profesionalismo comunicándose con ellos para informarles de los resultados obtenidos con los primeros nombres, seguramente tendrán mucho gusto en proporcionarle otros.

LOS CLIENTES SATISFECHOS

Mi amigo Walter Hailey dice que la mejor lista de clientes potenciales que uno puede conseguir es la de los clientes de los clientes. Utilice un poco la imaginación. Usted visita a uno de los clientes más importantes de la persona a quien acaba de hacerle una venta. A este cliente potencial le interesa mantener buenas relaciones con ese cliente que usted acaba de conseguir; de manera que, cuando usted mencione ese nombre, lo menos que obtendrá será una acogida amable. Si el cliente potencial compra o no dependerá de las necesidades concretas de él y de las habilidades de usted como vendedor. Sin embargo, la puerta se abrirá y usted habrá dado el primer paso en el proceso de venta.

EL "VALOR" DE SU SERVICIO

Un aspecto clave de la búsqueda de clientes es recordar que la persona con quien usted ya ha establecido una relación será seguramente su mejor cliente potencial para otros bienes, productos o servicios. Si la compañía que usted representa tiene una línea extensa de productos o si ha lanzado productos nuevos, no olvide ofrecerlos a sus clientes, puesto que con ellos ya ha superado los principales obstáculos del proceso de ventas. Ya tiene una relación, ha creado un clima de confianza y amabilidad, ha demostrado ser una persona seria y ha convencido al cliente potencial de que el producto o el servicio que usted ofrece tiene valor. En esas circunstancias, es apenas natural que sus clientes representen su mejor oportunidad de vender productos o servicios adicionales.

Al regresar adonde las personas que ya ha ganado como clientes lo valorarán aún más, pues podrá ofrecerles otros medios para solucionar sus problemas o ahorrarles dinero, además de evitarles tener que recurrir a algún vendedor desconocido. Después de todo, el proceso de venta (suponiendo que el vendedor es una persona íntegra y que ofrece un buen producto) es algo que se hace *por* o *con* el cliente potencial, no *a expensas* de él.

OBSERVACIÓN

Suponga que usted es novato y que acaba de tomar en sus manos este libro el mismo día en que ha recibido su maletín de muestras y no tiene ni siquiera el primer cliente potencial. ¿Por dónde comienza? Respuesta: Comience abriendo los ojos para observar *todo* lo que sucede a su alrededor. Notará que en su oficina hay archivos de datos sobre clientes, datos con los cuales puede comenzar a trabajar. Lo más seguro es que su instructor y la compañía estén deseosos de compartir esa información con usted para que pueda comenzar a poner en práctica los conceptos de 'servicio' y 'remisión' como punto de partida.

Pero cuidado con el error más común del principiante:

El proceso de venta es algo que se hace *por* o *con* el cliente potencial, no *a expensas* de él.

---

realizar una actividad en el momento y el sitio equivocados. Por importante que sea leer este libro, si lo hace en un período durante el cual puede estar hablando frente a frente (o "de voz a voz") con un cliente potencial, estará cometiendo un error de criterio. "Observando" a los mejores profesionales de las ventas, he visto que todos distribuyen muy bien el tiempo. Cada actividad produce determinado resultado. Si su principal objetivo es vender, entonces busque un cliente potencial. Lea en su tiempo libre, escuche cintas magnéticas entre una y otra visita o mientras viaja, pero cuando escoja una actividad concentre su atención en lo que desea obtener a través de ella.

MANTÉNGASE CON EL OJO AVIZOR

Los profesionales de las ventas, sean principiantes o veteranos, utilizan la técnica de "buscar con ojo de águila". Una forma de "avizorar" clientes potenciales es grabando en una cinta las impresiones durante los recorridos: las vallas, los anuncios de los almacenes, la publicidad de los vehículos... todo aquello que se considere válido para conseguir clientes potenciales. Más adelante podrá averiguar los detalles (direcciones, teléfonos, etc.).

Hay fuentes de información en las cuales podrá hallar datos sobre las principales empresas, su razón social, el nombre del dueño o del gerente, el número de empleados y el volumen aproximado de negocios.

Las cámaras de comercio también constituyen fuentes de información. Si usted vende electrodomésticos, recurra a las empresas de energía eléctrica para averiguar qué instalaciones han hecho recientemente. En los periódicos aparecen anuncios de los cuales, si lee con atención, podrá extraer nombres de clientes potenciales. Los anuncios de nacimientos indican la necesidad de productos para bebé y nuevos seguros. Las bodas abren la puerta a los servicios de banquetes, ropa, muebles, seguros, viajes y hoteles para el acontecimiento. Los ejecutivos ascendidos son clientes potenciales para casas más grandes, ropa nueva, acciones en un club, programas de inversión, automóviles, computadores personales y muchos otros bienes. El límite lo impone la imaginación... y su poder de observación.

INDUSTRIAS AFINES

No olvide que las industrias afines son compañeras de los productos que usted vende y compradoras potenciales de ellos. Una magnífica fuente de nombres de clientes potenciales para los vendedores de computadores son los ingenieros de servicio y mantenimiento. Indagando un poco, el vendedor puede enterarse de frustraciones, equipos obsoletos, problemas, necesidades y muchas otras cosas que llevan directamente a la venta.

Muchos vendedores pueden trabajar también asociados con otros profesionales de las ventas. Mientras unas compañías se especializan en vender computadores, otras venden los programas y aplicaciones de éstos o *software*. Es una relación natural, y formar un equipo de marketing para intercambiar nombres de clientes potenciales es ventajoso para ambas empresas. Un colega que vendía sistemas de comunicaciones comenzó a trabajar conjuntamente con otra persona que estaba también en el campo de las comunicaciones pero ofrecía un servicio completamente distinto. Se complementaban a las mil maravillas, independientemente de cuál de los dos visitara al cliente primero. Resultado: El método les permitió duplicar las ventas en sólo seis meses. Es un ejemplo perfecto de profesionalismo y trabajo en equipo.

LOS VENDEDORES PROFESIONALES SON BUENOS CIUDADANOS

Cuando ponga en práctica sus poderes de observación, notará que muchos vendedores profesionales se hallan estrechamente comprometidos con la sociedad. Me refiero a profesionales como arquitectos, comerciantes, gerentes de hoteles, médicos, maestros y otros que reconocen que en sus profesiones, tradicionalmente no consideradas como parte de la rama de las ventas, es importante saber vender.

Dave Liniger, fundador de Re/Max, cree firmemente que los vendedores deben participar en actividades cívicas. Sin embargo, Dave aclara que el propósito de vincularse a las organizaciones cívicas debe ser el de servir. Si lo que el vendedor busca al vincularse a una organización cívica es conseguir un mercado, lo único que logrará será ahuyentar a muchas de las personas sobre las que desea influir. Personalmente estoy de acuerdo con este planteamiento, porque en el fondo tal actitud es manipulación y no incentivo. Si usted ingresa en un grupo, organización o club buscando beneficiarse en vez de ayudar a los demás, no le hará ningún favor al grupo ni tampoco se lo hará a usted mismo.

Si usted ama la ciudad en la cual trabaja y desea ayudarla a mejorar, es necesario que se comprometa a servirla. Dave señala que el espíritu y la actitud de servicio crean una impresión favorable. El resultado será que usted podrá hacer amistades y sus conciudadanos querrán hacer negocios con usted.

Una vez que haya entablado buenas relaciones, cuando en medio de la conversación sus amigos se interesen por sus actividades, podrá contarles qué tiene para ofrecer y hacerles saber que los bienes y servicios que vende pueden serles útiles. Es la forma de crear una atmósfera de cordialidad en la que todos los interesados se benefician. En este caso las palabras decisivas son *compromiso* e *integridad*.

DEDICACIÓN

El "apremio" de vender (cuando el vendedor DEBE hacer la venta para sobrevivir) es producto de la falta de clientes potenciales. En esa situación, cuando el vendedor visita al último cliente potencial, en vez de transmitir la idea del mérito del producto o del servicio tan sólo proyecta desesperación y necesidad personal. A esto se agrega la idea de que si no vende será el fin de su carrera. No cabe duda de que esa presión es enorme y acaba por malograr y finalmente destruir cualquier carrera de vendedor. Esto es especialmente cierto cuando la despensa está vacía, cuando no hay una moneda en el banco y el medidor de la gasolina está en cero.

EL "PECADO DEL DESIERTO"

La persona que sabe dónde hay agua en el desierto pero no se lo dice a nadie comete el "pecado del desierto". El vendedor de éxito aprende que el cliente que está convencido de las bondades de un producto pero no desea dar nombres de otros clientes potenciales también comete el "pecado del desierto".

En cuanto al profesional de las ventas, el "pecado del desierto" es no buscar clientes activamente todos los días, desaprovechando en particular a las personas a las cuales les presenta el producto. Vender es transmitir un sentimiento, y para lograrlo es preciso albergar sentimientos intensos. Cuando usted como vendedor se haya convencido de la verdad del "pecado del desierto", estará en situación de convencer a sus clientes y clientes potenciales de la necesidad de compartir con usted los nombres de otras personas que puedan beneficiarse de sus artículos o servicios.

LOS CLIENTES POTENCIALES SON PERECEDEROS: TRÁTELOS CON CUIDADO

¿Qué debe hacer usted cuando obtenga el nombre de un cliente potencial por intermedio de un cliente, del correo directo, de la publicidad o de un amigo? ¿Cuánto podrá esperar antes de visitar a ese cliente potencial? Desde el punto de vista psicológico, el instante mismo en que obtiene el nombre, por conducto de un cliente o por cualquier otro medio, es el mejor momento. Un nombre nuevo, especialmente si ha sido suministrado por un cliente entusiasta, tiene algo especial. Le aconsejo que vaya a visitar a ese cliente potencial lo antes posible. Si deja transcurrir una semana, ya no sentirá tanto entusiasmo como al principio. Aunque las

> **Los clientes potenciales son perecederos: trátelos con cuidado.**

necesidades de ese cliente potencial no hayan cambiado y éste no tenga ni la más remota idea de que está en su lista, la verdad es que usted sentirá menos entusiasmo, lo cual significa que la presentación será menos eficaz.

El mensaje es conciso y claro. Cuando obtenga el nombre de un cliente potencial, apresúrese a comunicarse con él. Por supuesto, estoy suponiendo que usted lleva tiempo suficiente en la profesión como para obtener toda la información sobre el cliente potencial, a fin de prepararse como es debido para efectuar la presentación con base en unas necesidades claramente establecidas.

¿Qué hacer con el cliente potencial que llega espontáneamente? En ese caso es todavía más importante responder en el acto. El primer puente hacia la venta ha sido cruzado: hay una persona interesada en sus bienes o servicios. Por tanto, lo único que usted tiene que hacer es manejar convenientemente el resto de la presentación y, si sus servicios satisfacen las necesidades del cliente y se llega a un acuerdo con respecto al precio, todo estará listo. El hecho de que el cliente potencial se haya presentado indica que en ese momento tiene interés, pero eso no es garantía de que no lo pierda. Además, un vendedor que tenga un producto semejante (pero obviamente inferior) podría llegar primero y arrebatarle SU cliente potencial. Hubo un campesino que habló por todos los vendedores cuando dijo: "Si alguien quiere leche no debe sentarse en una banqueta en la mitad de un potrero a la espera de que una vaca se ponga delante de él para que la ordeñe". Es algo que no sucederá, como tampoco los clientes potenciales, así abunden, irán en busca de los vendedores para comprarles.

PARA CONCLUIR

¿Qué piensa hacer ahora que sabe cómo encontrar a esos "compradores voluntarios"? Si su respuesta es "visitarlos", habrá pensado como es debido. Sin embargo, hay quienes no pasan del dicho al hecho. El siguiente capítulo, que trata acerca de cómo vencer el desánimo para visitar a los clientes, le ayudará a poner en práctica sus "buenas intenciones".

METODOLOGÍA PARA BUSCAR CLIENTES

1. **Mantener una actitud de búsqueda.** La búsqueda de clientes es una forma de vida y es algo que debe hacerse constantemente.

2. **Mantener un INTERÉS VERDADERO por los demás.**

3. **Comunicar.**
   A. Compartir con la familia y los amigos.
   B. Encontrar "centros de influencia".
   C. Pedir a los clientes de usted una lista de los clientes de ellos.
   D. Regresar adonde sus clientes actuales.

4. **Observar.**
   A. Aprender a buscar clientes con "ojo de águila".
   B. Utilizar las fuentes de información: los libros, las cámaras de comercio, los periódicos, la empresa de energía eléctrica, y su imaginación.
   C. Observar las industrias afines.
   D. Trabajar en colaboración con otros vendedores.
   E. Participar en los proyectos de la comunidad, manteniendo una actitud de servicio.

5. **Consagrarse a triunfar.**
   A. No cometer nunca el "pecado del desierto".
   B. Tratar solícitamente a los clientes potenciales.
   C. Salir a poner "manos a la obra".

CAPÍTULO 4

CÓMO VENDER EN EL MUNDO REAL

Cómo vencer el desánimo para visitar a los clientes

Pregunta: ¿Cree honrada y sinceramente que en las próximas veinticuatro horas podrá hacer algo que empeore todavía más su vida personal y familiar y su trabajo como vendedor?

Siguiente pregunta: ¿Cree honrada y sinceramente que en las próximas veinticuatro horas (y cada veinticuatro horas de ahí en adelante) podrá hacer algo que mejore todavía más su vida personal y familiar y su trabajo como vendedor?

Es obvio que la respuesta a ambas preguntas es afirmativa y, puesto que está muy ocupado leyendo, es aún más obvio que ya ESTÁ haciendo algo para mejorar todavía más su vida personal y familiar y su trabajo como vendedor. ¡Felicitaciones! (Y gracias al psicólogo Bob Wubbolding por esas dos preguntas.)

ALICIA MEJORA

Alicia comenzaba a trabajar en ventas. Había trabajado durante unos cuantos años y había visto que otras personas con menos talento estaban mejor que ella. Su primer puesto había sido el de auxiliar de contabilidad en una de las cien filiales de Fortune, empresa especializada en computadores. Allí observó que el personal de ventas ganaba cuatro, cinco y hasta seis veces más que ella. En los puestos que desempeñó posteriormente observó lo mismo. Fue así como decidió "ensayar las ventas".

Delante de la puerta de la primera empresa que intentó visitar sintió que le faltaba valor para entrar y comenzó a pensar: "¿Cómo pude cometer la estupidez de entrar en el negocio de las ventas?...El dinero extra que voy a ganar tendré que gastarlo en una operación del corazón, pues siento que me va a estallar...Podría regresar cuando estas personas estén menos ocupadas...Después de todo, mi sueldo anterior no era tan malo...Quizá pueda recuperar mi antiguo trabajo".

Alicia se encuentra ante una encrucijada. Está en la misma situación en que me encontré yo (según relaté en el capítulo 1) cuando llegué al final de la calle Adelia Drive, en Columbia (Carolina del Sur). Seguramente no se impondrá un ultimátum basado en la forma como actúe y se comporte el cliente potencial, pero ¿qué debe hacer? ¿Qué haría usted? Antes que responda, permítame decirle una verdad: LOS QUE SABEN EL "QUÉ" Y EL "CÓMO" SIEMPRE SERÁN SUBALTERNOS DE LOS QUE SABEN EL "POR QUÉ". A medida que analice cada uno de los ejemplos y anécdotas de este manual, busque siempre la respuesta a la pregunta "¿por qué?" Después piense en la forma de adaptar y adoptar las ideas y los principios de modo que le sean de utilidad cuando tenga que persuadir a alguien acerca de un aspecto específico.

UN FENÓMENO NATURAL

Las dudas de Alicia no son insólitas. Los profesionales de la persuasión, como son los actores de teatro y de cine, los oradores, los gerentes, los maestros, los médicos y los vendedores, tienen muchas cosas en común, y una de las más importantes es la ansiedad que sienten cuando llega el "momento de la verdad". Bien se encuentren ante un público, una multitud, el personal de la oficina, los estudiantes, los pacientes, o bien ante los clientes potenciales, la ansiedad es real.

CÓMO EVITAR LA ANSIEDAD

En esta maravillosa profesión de vender son pocas las personas que pueden evitar los sentimientos de ansiedad y emoción que acompañan la visita de ventas. En efecto, según un estudio de George W. Dudley y Shannon L. Goodson (coautores de *The Psychology of Selling*), que han estudiado desde 1970 el tema del "temor al actuar":

> En 1986 los vendedores que luchaban por vencer el desánimo para visitar clientes obtuvieron en promedio $40 000 en comisiones, mientras que los que habían superado el problema obtuvieron en promedio más de $200 000, pese al hecho de que los integrantes de ambos grupos tenían igual talento, habilidad, estímulo, inteligencia, preparación y experiencia. Para ahondar más la herida, el grupo de quienes se mostraban desanimados para hacer las visitas habían invertido más tiempo y dinero aprendiendo lo que debían hacer. Sencillamente no tenían la capacidad emocional para poner en práctica lo que sabían.

EL FACTOR MÁS IMPORTANTE DEL DESÁNIMO

La buena noticia es que USTED puede formar parte del grupo de los vendedores sobresalientes que superaron el desánimo aprovechando la ansiedad en *beneficio* de ellos. Le aseguro que los que ganaron $200 000 en comisiones también sentían temor. La diferencia estuvo en que supieron encauzar el nerviosismo.

De hecho, cuando no hay sensación de ansiedad las probabilidades de culminar con éxito la visita de ventas disminuyen considerablemente. El sistema endocrino de un organismo sano y en buen estado de funcionamiento proporciona todas las sustancias químicas necesarias para tener éxito en la vida. La ansiedad que sentimos al hacer la visita de ventas es la respuesta biológica a una situación llena de tensiones. La hipófisis secreta adrenalina, la cual aumenta nuestra capacidad física y mental. Los científicos han demostrado con pruebas concluyentes que cuando la adrenalina fluye correctamente respondemos con mayor rapidez, precisión y entusiasmo a cualquier situación. Reconocer que la ansiedad es un factor positivo y no negativo le ayudará a concentrarse en el factor más importante del desánimo para realizar la visita de ventas: ¡USTED!

ALICIA NO ESTÁ SOLA

De acuerdo con los expertos en ventas, el 84% de todos los vendedores siente algún grado de desánimo para visitar a los clientes. Aunque el temor se manifiesta de muchas maneras, la tendencia a POSTERGAR lo que se tiene que hacer es el primer indicio de que se está incubando un problema. Cuando el vendedor inventa ocupaciones tontas antes de salir a enfrentar al público es porque está comenzando a descorazonarse.

En muchos sentidos, el temor de enfrentar al público tiene mucho que ver con la imagen que la persona tiene de sí misma. Si el posible cliente le infunde temor o respeto desmesurado al vendedor, a éste le será muy difícil hacer una buena presentación. El vendedor que piensa: "¿Quién soy yo para decirle a esta persona que necesita mi producto [o un servicio]?" no tendrá la enteraza, la confianza y el entusiasmo necesarios para tener éxito.

El temor prevalecerá hasta que el vendedor aprenda a no "reverenciar", como tampoco a "despreciar", a las personas. En lo que se refiere a su producto o servicio, USTED ES EL EXPERTO. En su campo usted tiene más experiencia y conocimientos que los que puede llegar a tener el cliente potencial. El vendedor hará un trabajo mediocre hasta cuando se convierta en profesional y se dé cuenta de que todo el mundo tiene puntos fuertes.

CÓMO ADQUIRIR CONFIANZA

Una de las mejores formas de reconocer sus puntos fuertes consiste en volver a ver en la "videograbadora de la mente" las ocasiones en que ha tenido éxito. Recuerde cada una de sus experiencias positivas: una venta grande; una buena nota en la universidad; un triunfo en la orquesta, la banda o la pista atlética; un tiro excelente en el campo de golf o en la cancha de tenis; un momento de intenso cariño y unión en la familia; un momento de reconocimiento por un desempeño sobresaliente. Concéntrese en uno de esos momentos y trate de revivir las imágenes y los sentimientos que acompañaron el éxito. La próxima vez que sienta perder la fe, traiga a la memoria esa grabación vívida y positiva.

Lo siguiente consiste en reconocer que por muy encumbrado, rico o poderoso que pueda ser su cliente potencial, es tan humano como usted y también comete errores. Nadie tiene éxito total en la vida. La experiencia me ha enseñado que, por regla general, cuanto mayor sea el éxito, mayor habrá sido el número de obstáculos, errores y heridas que la persona ha tenido que superar. Cuando usted se dé cuenta de que el cliente potencial es humano, no se sentirá intimidado tan fácilmente.

Averigüe todo lo que pueda sobre su cliente potencial. Cuanto más sepa sobre él, mayor respeto le inspirará. Además, su conocimiento sobre el cliente potencial se traduce en un sentimiento bueno de él hacia usted Y hacia su empresa. El respeto del cliente potencial es un refuerzo inmejorable para la imagen que usted tiene de sí mismo.

UNA SANA IMAGEN DE SÍ MISMO

Tener un alto grado de amor propio y un buen concepto de sí mismo es de vital importancia, porque los vendedores que poseen esas cualidades siempre se sentirán y actuarán como empresarios independientes. Los profesionales que tienen un elevado concepto de sí mismos responden por los resultados de sus ventas y jamás se escudan en la vieja explicación de que "fue un golpe de suerte". Saben que LOS RESULTADOS SON PRODUCTO DEL ESFUERZO cuando éste es realizado por un vendedor competente y seguro de sí mismo. La suerte rara vez visita al que la espera sentado.

La persona que tiene un alto grado de amor propio disfruta vendiendo y no ve la hora de estar frente a frente con el cliente potencial para servirle de "auxiliar de compras" y garantizar su satisfacción, porque sabe que en el mercado actual no basta con "tratar de agradar". Cuando uno "da en el blanco" proporcionando satisfacción a los clientes, mejora el concepto que uno tiene de sí mismo, con lo cual aumenta la eficacia en el trabajo, la cual refuerza el amor propio, que a su vez... ¡Creo que ya me entiende!

Los profesionales de las ventas que se respetan a sí mismos están a gusto y se llevan bien consigo mismos. Están plenamente convencidos de su profesión, su producto y su empresa.

Usted puede comenzar a canalizar la ansiedad en favor suyo concentrándose en un factor que está en capacidad de controlar: ¡USTED! Acepte su obligación de adquirir confianza y acrecentar su amor propio y habrá dado el primer paso para combatir el desánimo para visitar clientes.

EL ENFOQUE APROPIADO

El segundo paso para aliviar la ansiedad consiste en comprender que VENDER ES TRANSFERIR SENTIMIENTOS. Después de aprender a concentrarse en mejorar el concepto que

---

LOS RESULTADOS SON PRODUCTO DEL ESFUERZO cuando éste es realizado por un vendedor competente y seguro de sí mismo. La suerte rara vez visita al que la espera sentado.

usted tiene de SÍ MISMO, debe aprender que los vendedores de más éxito enfocan la visita de ventas en el CLIENTE POTENCIAL. He leído libros que enseñan (e incluso un hermano mío también lo enseñaba) que sólo hay una razón para hacer una visita de ventas: ganar dinero. No quisiera que piense que el dinero no es un incentivo (además de ser necesario). Después de todo, sin dinero ninguna empresa sobrevive. Pero si usted efectúa la visita pensando exclusivamente en el dinero, es probable que salga repetidas veces con las manos vacías.

Hasta mi hermano, quien era muy firme al decir que los clientes potenciales tenían el dinero "de él" en los bolsillos "de ellos", aclaraba su aseveración diciendo que era apenas justo, puesto que él tenía el producto de "ellos" en el inventario "de él". Y nunca vendió un producto en el cual no creyera un mil por ciento.

Sin embargo, he ahí el peligro. Cuando usted se concentra ÚNICAMENTE en el dinero o cuando se ve OBLIGADO a hacer la venta a causa de su situación enconómica, instintivamente ejerce excesiva presión o se deja abrumar por la necesidad, con lo cual aumentan en usted el apremio y la ansiedad.

LA CARGA DEL APREMIO ECONÓMICO

El apremio económico acaba por afectar hasta a los más fuertes; de manera que, sin temor a equivocarme, le diré que, si desea alcanzar la cima como vendedor profesional, es necesario que aprenda a administrar bien su dinero. Como dice mi amigo Fred Smith: "El dinero es oportunidad. El dinero abre oportunidades. Sin dinero hay muy pocas oportunidades". Personalmente podría agregar que sin dinero uno está en el negocio del "ojalá que no": "Ojalá que no se pinche el neumático; ojalá que no se descomponga este automóvil nuevamente; ojalá que los niños no enfermen; ojalá que este vestido no se descosa..." Todos debemos esperar que ocurran hechos positivos, en vez de esperar que *no* ocurran hechos negativos, pues ésta es una forma lamentable de vivir y un obstáculo serio para la eficacia en el trabajo.

Para quienes atraviesan dificultades económicas he concebido algunas medidas e ideas concretas que les ayudarán a superar esa situación. Estos principios y procedimientos aparecen en el capítulo 14, "Un sistema inmejorable de apoyo a las ventas". Mientras llega al capítulo 14 tengo dos secretos para usted. Primero: Abra una cuenta de ahorros inmediatamente. Aunque tenga que comenzar con una cantidad mínima, hágalo ya. Y aunque mañana mismo tenga que retirar el dinero, se trata de crear el hábito del ahorro comenzando cuanto antes. Segundo: Use las tarjetas de crédito sólo cuando sea imprescindible. El viejo dicho de que "el prestatario es esclavo del prestamista" es muy cierto. Y aquí debo citar nuevamente a Fred Smith: "El que no tiene ahorros acaba siendo esclavo económico del jefe". Y en el mundo de las ventas el jefe es el cliente potencial.

LAS BUENAS NOTICIAS

Se sorprenderá de la tranquilidad con la cual podrá actuar cuando no esté en juego su futuro económico y pueda concentrarse en el cliente potencial y no en sus problemas. Vender es en realidad una transmisión de sentimientos. Si transmite la sensación de que TIENE que vender para beneficiarse USTED, las probabilidades de hacer la venta se reducen considerablemente. Si transmite la sensación de que desea hacer la venta para beneficio del cliente potencial, las posibilidades de éxito aumentan sustancialmente.

LA VENTA BAJO APREMIO

Claro está que hay ocasiones en las cuales es necesario vender en situación de apremio. Cuando nació nuestra primera hija, la cuenta del hospital fue de $64. Lo malo era que no tenía los $64. Tuve que vender dos baterías de cocina para poder sacar a mi hija y a mi esposa del hospital. ¡A eso lo llamo yo vender en situación de apremio!

> **Fred Smith:** "El que no tiene ahorros acaba siendo esclavo económico del jefe". Y en el mundo de las ventas el jefe es el cliente potencial.

Tengo un amigo que, por una serie de circunstancias inmanejables (entre ellas un fracaso empresarial y una quiebra personal), se atrasó en el pago de los impuestos y acabó debiendo $80 000 al fisco. Al recibir la cuenta pudo haberse hundido. En vez de eso pasó dos años vendiendo con más éxito que nunca. Debo recalcar que en las dos situaciones descritas, ambos vendedores se olvidaron de sus circunstancias y se concentraron en las necesidades y deseos del cliente potencial y no en sus problemas personales.

Los vendedores de éxito hacen visitas de venta para beneficio del cliente potencial Y para ganar dinero: EN ESE ORDEN. Recuerde: USTED PODRÁ TENER TODO LO QUE DESEE EN LA VIDA SI TAN SÓLO AYUDA A LOS DEMÁS APENAS LO NECESARIO PARA QUE CONSIGAN LO QUE DESEAN. Tener presente siempre este principio es el tercer paso para vencer la ansiedad.

EL TERROR AL TELÉFONO

El vendedor que comprende la importancia del teléfono y lo utiliza de manera ADECUADA, y además ESTÁ SEGURO de que lo utiliza adecuadamente, será mucho más EFICIENTE en su trabajo que el vendedor que le tiene "miedo" al teléfono. Permítame explicarle. En la historia de las ventas por teléfono no se ha registrado el primer caso de muerte por usar el teléfono para acordar una cita o efectuar una venta. Puesto que son millones de llamadas telefónicas las que se han hecho en nuestra profesión, puede tener absoluta confianza en que el teléfono es un instrumento completamente inofensivo para los vendedores.

Una de las causas principales del temor al teléfono es no

saber claramente para qué se llama. ¿Se trata de una encuesta de mercado, de concertar una cita o de hacer una venta? Mientras usted no tenga una idea precisa del propósito de su llamada, le será muy difícil "sonreír y disponerse a marcar". Por favor, no haga caso omiso de este punto que, aunque simple en apariencia, es de vital importancia: ESTABLEZCA EL PROPÓSITO DE LA LLAMADA. Comience por preguntarse: "¿Qué diré? ¿Por quién preguntaré? ¿Cuál es el propósito de la llamada? ¿Tengo un procedimiento al cual ceñirme, cualquiera que sea la persona que responda a la llamada?"

Cuando sepa si lo que desea es buscar clientes, confirmar la información, acordar una cita o efectuar la venta, podrá telefonear con mayor confianza.

DIVIÉRTASE TELEFONEANDO

En todos los años que llevo dedicado a las ventas no recuerdo jamás haber estado impaciente por hacer lo que muchos denominan la visita o la llamada "en frío". Casi todas las personas que conozco (que han sobresalido en la profesión) han sentido algo de temor y angustia ante la idea de llegar a una puerta o alzar el teléfono para hacer la primera visita o llamada del día... y yo no soy la excepción. Sin embargo, yo sabía que una vez que entraba en calor y hacía varias visitas me acercaba cada vez más a la venta. Seguro de eso, me olvidaba de la angustia de la primera visita, me fijaba la hora de comenzar y comenzaba puntual.

Por favor, haga usted exactamente lo mismo. Verá que después de la tercera, cuarta o quinta visita o llamada se sentirá muy a gusto; sabrá que cada visita implica una retribución, pues es un paso adelante hacia el cierre del trato.

> **Una de las causas principales del temor al teléfono es no saber claramente para qué se llama.**

En el caso del teléfono, diviértase calculando exactamente cuánto le representa cada llamada. Al final de su semana o su mes de ventas, tome el total vendido y divídalo por el total de llamadas realizadas, comprendidas aquéllas en que encontró el teléfono ocupado, desconectado o en que no hayan respondido. Divida el total en dinero por el total de llamadas y sabrá cuánto recibió por cada marcación.

Una de nuestras gestoras comerciales tuvo un mes excelente en mayo de 1991, con un total de ventas de $58 500. Durante el mes hizo 682 llamadas; es decir, marcó 682 números de clientes potenciales (31 por día durante 22 días hábiles). Así, por cada vez que levantó el auricular y marcó un número obtuvo $85.77. Logró hablar (hacer la presentación) con 264 clientes potenciales (12 al día durante los 22 días hábiles), lo cual significa que cada vez que *habló* con alguien ganó $221.59. Es obvio que no vendió todas las veces, pero con una sola venta de $5 000 compensó los demás intentos fallidos. Gracias al juego de los números no perdió en ningún momento el entusiasmo por marcar, y ya imaginará usted la emoción que sentía cada vez que alguien respondía.

Dicho sea de paso, si encuentra resistencia — y a veces una respuesta grosera — recuerde que es más fácil manejar el rechazo por teléfono que una reacción ofensiva cara a cara. Después de todo, piense que si los clientes potenciales pudiesen apreciar cuán buena persona es usted, le abrirían la puerta de la casa y la oficina y lo acogerían con gran cordialidad. Comprenda que cuando un cliente potencial se muestra poco amable y lo "rechaza" por teléfono, realmente no es a usted a quien rechaza. En realidad se está negando a escuchar. Es muy probable que tampoco hubiese querido escuchar a otra persona; de manera que no se sienta mal. Sea realista. Después de todo, nadie que lo conozca de verdad pensaría rechazarlo. Y aunque esto no sea totalmente cierto en este momento, lo será si usted aplica todos los principios defendidos en este libro.

EL OBSTÁCULO DE LA RECEPCIONISTA

Cuando se vende por teléfono, muchas veces es necesario comunicarse con el cliente por intermedio de una telefonista o de un auxiliar administrativo. No vea en esa persona un "filtro" o un "cancerbero". Piense que se trata de alguien que puede ejercer INFLUENCIA y válgase de todos los medios a su alcance para hacer que esa persona se sienta importante, puesto que lo es. Si esa persona que puede ejercer influencia lo ve a usted con buenos ojos, seguramente le dirá a la persona con quien usted desea hablar: "Lo llama alguien a quien le dará gusto escuchar".

Es necesario conocer y usar el nombre de esa persona influyente. Si usted comienza la conversación diciendo: "Buenos días, Beatriz. Le habla Patricia, de la Corporación Zig Ziglar", estará mostrando interés por la persona y a la vez por la responsabilidad que ella tiene de anotar su nombre y su compañía. En seguida, sin ninguna vacilación en la voz, agregue: "¿Podría hablar con el señor Martínez?" La persona que contesta al teléfono pregunta por lo general: "¿Quién llama?" y "¿De qué empresa?" Si usted proporciona la información antes que la pidan, tendrá mayor oportunidad de ser atendido sin demora.

Cuando pase al teléfono la persona que toma las decisiones, háblele de un beneficio general o directo. Éste es un ejemplo: "Buenos días, Eduardo. Le habla Patricia. La semana pasada conversamos sobre un nuevo seminario de ventas. Como le dije en esa ocasión, hemos podido aumentar el cupo a 27 participantes, y la fecha de cierre de inscripción será el próximo 20 de abril. ¿Cuándo podríamos reunirnos para tratar de esto con más detalle?" Y otro ejemplo: "Como usted recordará, hablamos de disminuir el cambio de personal, y ya tengo el artículo que le prometí". Y otro: "Llamo con relación al artículo que ustedes publicaron sobre la forma de reducir los gastos generales y tengo una idea no sólo sobre eso sino sobre otro beneficio adicional. ¿Cuándo podríamos reunirnos para hablar de eso?" En los capítulos 9 y 10 encontrará las pautas para hablar sobre los beneficios y poder cerrar tratos con más frecuencia.

VENCIENDO LAS OBJECIONES

Es necesario anticiparse a las objeciones, en la medida de lo posible. Hay ciertas frases que sirven para vencer las principales objeciones antes que ocurran. Además, tengo una buena noticia para quienes apenas se inician en las ventas: casi siempre se pueden prever las objeciones. Si lleva en este negocio más de seis meses, habrá aprendido, a través de la capacitación recibida en su empresa y la experiencia personal, que en un trimestre no surgen más de una o dos objeciones "nuevas". Encontrará las objeciones "corrientes", pero no muchas que no haya oído antes. Por consiguiente, con un buen plan y la debida preparación tendrá las respuestas a flor de labios. En el capítulo 11 encontrará un análisis más detallado sobre la forma de vencer las objeciones.

Las tres razones que suele dar la persona influyente para no pasar la llamada al cliente potencial son: "Está hablando por teléfono", "Está ocupada", o "Está en una reunión". Cuando reciba una de esas respuestas, pregunte: "¿Cuál es la mejor hora para llamar de nuevo?" La mayoría de las veces la respuesta será: "Ella permanece siempre en la oficina entre las dos y las cuatro". Al recibir esa información, usted puede responder: "¿Sería tan amable en decirle que llamé y que volveré a llamar a las 2:35 de la tarde?" Dar una hora exacta generalmente es la clave para conseguir el objetivo, puesto que la persona que contestó al teléfono siente que ha dado su palabra y que está en la obligación de pasar la llamada.

Otra pregunta útil es: "¿A qué hora se encuentra menos ocupada?" Esto refleja consideración de su parte y le permite ganar puntos con la persona influyente.

Una buena idea cuando ha sido muy difícil conseguir comunicación es llamar a tempranas horas de la mañana. Muchas veces, las personas que toman las decisiones contestan al teléfono a las 6:30, las 7:00 o las 7:30 de la mañana. A esa hora están llenas de energía y, en términos generales, se sienten más dispuestas a escuchar y a ser amables. Además, verán con respeto — e incluso admiración — a otra persona con sus mismos hábitos de trabajo.

EL TIEMPO

Habrá ocasiones en que a su pregunta de "¿Tiene usted un minuto para hablar conmigo?" recibirá la siguiente respuesta: "No, pero diga". En esos casos no se apresure a hacer la presentación, porque seguramente tendrá que hacerla en poco tiempo y dejar por fuera algunos detalles importantes. Esto conduce a una decisión apresurada que, en muchos casos, no será la que usted desea. Si la persona manifiesta estar ocupada pero dispuesta a escuchar, dígale lo siguiente: "En realidad creo que sería mejor para los dos si hablamos más tarde, porque no sería justo darle una información incompleta y no aprovecharíamos bien nuestro tiempo. Teniendo eso en cuenta, ¿cuál sería la mejor hora para llamar nuevamente?"

Lo que usted tiene que decir y el valor que su producto representa para el cliente potencial son tan importantes que usted no querrá contentarse con proporcionar una información incompleta que no le sirva al cliente potencial para tomar una decisión acertada.

Dentro de esta misma línea de conducta, si escucha mucho ruido de papeles mientras hace la presentación, sabrá que su interlocutor tiene puesta la atención en otro asunto. Piense que es imposible hacer una presentación seria en el vestíbulo de un hotel o de un teatro y esperar un resultado óptimo. Lo mismo sucede por teléfono. Esté atento a lo que su cliente potencial dice y *no* dice. Los primeros segundos de la llamada son definitivos para marcar la pauta y establecer una atmósfera para la presentación; de ahí la importancia de tener un plan.

VÍSTASE PARA EL ÉXITO...¡POR TELÉFONO!

Aunque esté trabajando desde su casa o desde un punto donde nadie pueda verlo, ¿está bien vestido? ¿Se bañó esta mañana? ¿Se afeitó? ¿Se arregló? En pocas palabras, ¿está físicamente listo para la llamada? Hay pruebas abrumadoras de que para tener la mente lúcida se necesita bienestar físico. El aspecto, la sensación y la actitud van de la mano. Aunque no esté frente a su cliente potencial, el vestido influirá sobre su disposición para comenzar a hacer llamadas. También se reflejará en la expresión de su rostro, la agilidad de su mente y, por ende, en el tono de su voz.

¿Está listo para hacer las llamadas? Cuando digo listo me refiero a si ya conversó consigo mismo acerca de las ventas. ¿Ya se dijo a sí mismo que usted es un campeón, que su misión es importante y que las personas con quienes piensa comunicarse están ansiosas por recibir su llamada? ¿Las ha imaginado respondiendo favorablemente a lo que usted les va a proponer? ¿Tiene idea clara de si va a pedir una cita o a efectuar una venta? Si usted hace todo esto, sus resultados serán espectaculares.

UNA GRAN HERRAMIENTA PARA LAS VENTAS

Hay un aspecto práctico, y es que los gastos de desplazamiento y los crecientes problemas de tránsito hacen que el costo de cada venta y el tiempo requerido para hacerla aumentan día a día. Por tanto, usar el teléfono con eficiencia redunda en más eficacia y mayores ingresos netos por concepto del trabajo de venta. Aunque no me considero un experto en el uso del teléfono, he tenido mucha experiencia utilizando esta importante herramienta a lo largo de los años. En este libro, VENDER: UNA FORMA DE VIDA, usted encontrará sugerencias sobre el uso del teléfono. He tratado de anotar esas ideas y conceptos en los capítulos más pertinentes a cada tema.

El cuarto paso conducente a superar el desánimo para

visitar al cliente consiste en "DOMAR EL TELÉFONO" y obligarlo a trabajar en su favor y no en su contra.

¡CONOZCA A UN CAMPEÓN!

Estoy convencido sinceramente de que, quienquiera que sea usted, cualquiera que sea el lugar en donde viva o cuán buena (o mala) haya sido su carrera hasta este momento, USTED nació para triunfar en la profesión de vender. Seguramente se preguntará cómo puedo hacer esta afirmación sin saber quién leerá este libro. Hago la afirmación con toda seguridad, puesto que mi conocimiento y mi experiencia (mi cabeza y mi corazón) me han enseñado que cuando se comprende y aplica el principio que enuncio a continuación, el TRIUNFO llega por sí solo.

Para convertirse en el campeón que usted puede llegar a ser, debe hacer PLANES para triunfar y PREPARARSE para triunfar, a fin de adquirir todo el derecho de ASPIRAR a triunfar.

La proyección y la preparación comienzan con una idea simplísima. ¿Cómo comienza su día? ¿Está bien vestido? No me refiero al estilo de su vestido, sino a algo tan sencillo (e importante) como una SONRISA. Cualquiera que sea la liza en que como vendedor deba competir, nunca estará completamente equipado sin una sonrisa. Hay un proverbio judío que dice: "No puede ser mercader quien no posee una sonrisa".

Ahora debe pensar en su presentación. ¿Está bien "vestido" para el trabajo? Independientemente del género de artículos que venda, debe llevar un traje impecable, bien combinado, fino y de buen gusto. ¿Debe armonizar su modo de vestir con el de su clientela? Es natural que si usted vende fertilizantes a granjas y haciendas tendrá que vestir de acuerdo con el medio rural y con un estilo que no incomode a sus clientes potenciales. Pero si usted vende equipos de oficina o es asesor financiero, su vestido tendrá que ser muy distinto. Lo importante es que su presentación sea apropiada. En menos de tres segundos, el cliente potencial habrá tomado una decisión sobre usted basándose en tres elementos esenciales de su "apariencia":

> **Para convertirse en el campeón que usted puede llegar a ser, debe hacer PLANES para triunfar y PREPARARSE para triunfar, a fin de adquirir todo el derecho de ASPIRAR a triunfar.**

1. La sonrisa
2. La camisa y la corbata, o la blusa
3. Los zapatos

Conozco una vendedora que tiene más zapatos que Imelda Marcos. Según parece, tiene dos pares por cada vestido. Dice que los zapatos le infunden seguridad y cuando al mediodía se encuentra cerca de su casa va allí y se cambia de zapatos, "para darse ánimo". Uno de los vendedores con quienes trabajo se embola los zapatos todos los días. No es que lo necesite, pero emplea ese tiempo para remozar el estado de ánimo. Dice que siente unos deseos enormes de salir a "convencer y vender" con esa confianza adicional que adquiere después de detenerse a lustrar los zapatos.

EL PLAN

¿Tiene usted planes para el día, la semana, el mes, el año y toda su carrera? ¿Ha notado lo bien que se siente cuando tiene un plan de acción? Debe saber que la voluntad de triunfar no es nada sin la voluntad de prepararse para triunfar. Hasta ahora no he conocido al primer vendedor que no quiera vender más con menos tiempo y esfuerzo. La única forma de vender más es invirtiendo más esfuerzo en la preparación. Todos conocemos la historia del leñador cuya producción disminuía implacablemente porque no se detenía a afilar el hacha (es decir, a prepararse).

Prepararse para el día implica algo más que un simple repaso rápido de este libro (o de cualquier otro) o unos minutos dedicados a escuchar la grabación de un seminario sobre ventas. La preparación y la capacitación implican tomar la información recibida de una fuente externa y adaptarla a la situación particular para aprenderla tan a fondo que se convierta en algo propio y luego poder aplicar en el trabajo los procedimientos y las técnicas que se han asimilado.

En este libro he incluido ejemplos de personas que me escribieron para decirme que habían adoptado y adaptado las ideas de mis libros (y también las de otros autores). A medida que vaya leyendo, observe cómo estas personas pudieron transferir los principios a su campo de trabajo mediante una preparación a fondo.

El quinto paso conducente a vencer el desánimo para hacer la visita de ventas es éste: HAGA PLANES PARA TRIUNFAR, PREPÁRESE PARA TRIUNFAR Y ASPIRE A TRIUNFAR EN EL MUNDO DE LAS VENTAS.

EL SÍNDROME DEL EXPERIMENTO

Hace muchos años, cuando prestaba asesoría a una entidad de ventas directas, mi amigo Fred Smith averiguó que la tasa de renovación del personal de ventas era muy alta. La razón principal era el desánimo para visitar a los clientes, lo cual se debía a lo que los vendedores llamaban "rechazo". ¿Acaso le suena familiar?

La solución de Fred al problema de los vendedores que abandonaban el trabajo al sentirse rechazados fue CONVERTIR LA *EXPERIENCIA* EN *EXPERIMENTO*. Éste es el sexto paso. Por definición, un *experimento* ocurre en un tiempo limitado; y, de acuerdo con las *experiencias* de algunos de los vendedores, cuanto más limitado ese tiempo, mejor. La buena noticia para usted es que si decide hacer este experimento su vida como profesional de las ventas se alargará.

El concepto es válido para toda situación en que sea necesario establecer relación o comunicación con alguien; de manera que, independientemente de lo que usted venda o cómo lo venda, el principio funciona. No se deje engañar por la simplicidad de éste. ¡En realidad funciona!

He aquí cómo obra el "síndrome del experimento": siempre que aborde a un cliente potencial (ya sea por teléfono o en persona), recuérdese a sí mismo que está realizando un experimento para averiguar cómo actúa su cliente potencial con respecto a usted. Lleve un registro de todas las personas y sus reacciones. Por ejemplo, es posible que se encuentre con un "hombre joven que da portazos", o que su cliente potencial sea "una mujer de edad que acoge con amabilidad". Sus clientes potenciales siempre serán hombres o mujeres menores o mayores que usted. La respuesta (o reacción) puede ir desde "cerrar la puerta" hasta "dar un portazo". Por teléfono, puede encontrar un "hombre refunfuñador" o una "mujer caprichosa". En una visita personal usted puede encontrar, por ejemplo, un "hombre agrio" o "una mujer indiferente" (use su imaginación para categorizar a todos los clientes potenciales).

Cuando aborde al cliente potencial, en lugar de tomar la reacción negativa como un "rechazo personal", sencillamente anote en su registro exactamente lo que observó. Este sistema reduce al mínimo el efecto que la reacción del cliente potencial tiene sobre USTED. Usted estará concentrado en el "experimento" y no en la "experiencia". Al fin y al cabo, usted es una persona agradable, alegre, amable, optimista y servicial, cuya presentación de ventas es maravillosa y cuyo producto no tiene igual. Allá el "cliente desagradable" con su actitud, pues usted de todos modos continuará con su experimento.

MIRAR LOS TOROS DESDE LA BARRERA

Cuando visite al cliente potencial que "no tiene interés" y que "no demuestra tener curiosidad ni buen criterio", observe la situación como si usted fuera un tercero. Ese "experimento" le servirá para desprenderse de los sentimientos de rechazo o de "supuesto fracaso", porque podrá comprender que ese cliente potencial de todas maneras no hubiera mostrado ningún interés, quienquiera que fuese el vendedor.

Ahora viene la parte realmente interesante. A medida que

usted adapte, adopte y haga suyo este procedimiento, irá adquiriendo gran seguridad en sí mismo, con lo cual su presentación de ventas y la forma de abordar al cliente serán más eficaces. Con el tiempo verá que cada vez son menos las reacciones negativas y más las respuestas positivas. Pero ahí radica el peligro. Cuanto menos sean las reacciones negativas tanto mayor será la tendencia a suspender el procedimiento, con lo cual aumentarán de nuevo las experiencias negativas. Mantenga este libro al alcance de la mano para repasar este principio (y otros) cada tres o seis meses y mantener un alto nivel de eficacia.

Al final del día, haga un resumen de cada uno de sus "experimentos": Al repasar sus anotaciones observará que los resultados positivos aumentan constantemente, sobrepasando con creces los negativos. Además, al repasar los "experimentos" del día sentirá que no ve la hora de que llegue el día siguiente para continuar con otros.

LA CLAVE PARA SUPERAR EL DESÁNIMO PARA HACER LA VISITA DE VENTAS

He dejado para el final el paso más esencial para superar el desánimo. Basándome en mi experiencia personal y en mi observación profesional, puedo decir sin reservas que, si aplica las ideas descritas en las páginas que siguen, NO querrá postergar las cosas y no sufrirá ningún otro síntoma de desánimo para visitar a los clientes. En la vida pocas cosas están garantizadas. Lo que leerá a continuación es lo más parecido a una "cosa segura" que cualquier vendedor pueda llegar a experimentar.

Cuando era un novato en las ventas, mis mayores problemas se relacionaban con la organización y la disciplina. Antes de comenzar formalmente mi carrera como vendedor nunca había tenido complicaciones con los horarios. Hasta ese momento la organización y la disciplina me habían sido impuestas por otros.

Mientras cursaba la secundaria trabajaba, bajo estrecha supervisión, en una tienda de comestibles. De ahí pasé casi inmediatamente a la marina, en la cual serví también en condiciones de estrecha y directa supervisión. De la marina regresé a trabajar durante otros dos meses en la tienda hasta que comencé estudios universitarios. En la universidad tenía un horario estricto, por lo menos en lo que respecta a mi trabajo. Por las noches vendía emparedados en los dormitorios, y pronto me di cuenta de que no tenía necesidad de comenzar a vender antes de las nueve, cuando ya los alumnos llevaban un par de horas estudiando después de cenar y se disponían a hacer una pausa.

Cuando comencé mi carrera de vendedor de jornada completa nos fuimos a vivir a sesenta kilómetros de la compañía. Mi único contacto con el gerente era la reunión matutina de los lunes y una que otra llamada telefónica. En principio *todo* el tiempo me pertenecía. La sensación de ser libre era realmente increíble. NO tenía un horario fijo que cumplir, TAMPOCO una hora fija para suspender el trabajo y NINGUNA orden que obedecer durante el día. El único problema era que NO había ventas y TAMPOCO dinero.

Durante esos primeros años se vio seriamente afectada mi opinión sobre mí mismo, pues tomaba muy a pecho el desaire de quien no quisiera escuchar mi presentación de ventas. Ese rechazo personal (pues así entendía la resistencia del cliente potencial) me llevaba a perder tiempo pensando en mi situación y en lo que debía hacer de ahí en adelante, pasando repetidamente de la autoconmiseración a la reflexión. Todos estos errores de apreciación formaban una pésima combinación de desánimo y aplazamiento de la visita de ventas.

Cuánto me hubiera gustado que en ese entonces alguien me explicara que cuando las personas se negaban a escuchar mi presentación o rechazaban mi oferta maravillosa no lo hacían por tener algo en contra mía. Para ellos era sencillamente una decisión de *no comprar*, porque no les interesaba mi oferta o no contaban con los recursos económicos para hacer la compra. La respuesta hubiera sido la misma, cualquiera que fuese el vendedor.

Mi amigo Fred Smith, a quien tanto aprecio, dice que incluso las personas que se muestran ruines, groseras, ofensivas y desagradables no lo hacen por herir al vendedor sino porque *ellas mismas* viven heridas. Si hubiera sabido eso durante esos primeros años, mi rendimiento habría sido mucho mayor y más estable. Además, mi autovaloración no hubiera sufrido mengua.

LA IMPORTANCIA DE CUMPLIR UN HORARIO

Llevaba dos años y medio trabajando como vendedor profesional cuando tuve una experiencia con el señor P. C. Merrell que cambió radicalmente mi vida. El señor Merrell era un ejecutivo de ventas que había creado programas de capacitación y establecido muchas plusmarcas en materia de ventas. Ciertamente, constituía un gran ejemplo. Para resumir la historia, el señor Merrell me convenció de mis capacidades y valía como vendedor. Inclusive me convenció de que podía llegar a ser un campeón nacional. También me convenció de que para aprovechar todas mis potencialidades y estabilizar mi producción debía TRABAJAR CON DISCIPLINA Y SIGUIENDO UN PROGRAMA ORGANIZADO.

Fue muy concreto al indicarme que, cualquiera que fuera la hora a la cual terminara de trabajar por la tarde, debía concertar una cita conmigo mismo para visitar al primer cliente potencial a una hora exacta del día siguiente. Recalcó que la hora realmente no importaba (dentro de límites razonables), siempre y cuando fuera fiel a ese compromiso a pesar de los "obstáculos" y demás "interrupciones" que pudiesen atravesarse en mi camino. Me doy cuenta de que esto suena dema-

---

Las personas que se muestran ruines, groseras, ofensivas y desagradables no lo hacen por herir al vendedor sino porque *ellas mismas* viven heridas.

siado simple, pero la verdad es que el éxito en la vida y el éxito en las ventas no son otra cosa que cumplir con las cosas simples y pequeñas en las cuales radica la gran diferencia entre el triunfo o la derrota. Una de las razones principales por las cuales fracasan los vendedores que no están bajo la supervisión directa de la gerencia es no trabajar de acuerdo con un horario regular. La organización, la disciplina y el compromiso personal son la clave de un volumen alto y estable de producción.

Aunque esto sea lo único que conserve de este capítulo (y quizá de todo el libro), preste atención a este punto fundamental: EL SÉPTIMO PASO ENCAMINADO A SUPERAR EL DESÁNIMO PARA HACER VISITAS DE VENTA ES IMPONERSE UN PROGRAMA DE TRABAJO Y CONCERTAR UNA CITA CONSIGO MISMO PARA ENCONTRARSE CON UN CLIENTE POTENCIAL A LA MISMA HORA TODOS LOS DÍAS.

HÁGALO AHORA MISMO

Se dice que un acto de valor es algo que uno hace no porque no sienta miedo sino por la certeza de estar haciendo lo que es DEBIDO (y lo más conveniente, en la mayoría de los casos). Como ya lo he dicho muchas veces, a pesar de los años que llevo en el mundo de las ventas, nunca me ha producido emoción hacer la primera llamada telefónica o el primer contacto personal. Sin embargo, mediante el compromiso conmigo mismo de comenzar todos los días exactamente a la misma hora y de CUMPLIR CON ESA CITA, logré derrotar el deseo de postergar mis obligaciones y mi desánimo para visitar a los clientes. ¡Y usted puede hacer lo mismo!

Concierte la cita consigo mismo y, sin falta, cuando llegue la hora indicada, busque el teléfono o llame a la puerta de su cliente potencial. En mi caso, cuando logré hacer ese cambio en mi vida, los resultados fueron fenomenales. La razón, aunque simple, es de gran profundidad psicológica: LAS EMOCIONES NO SE PUEDEN CAMBIAR A BASE DE

> **Se dice que un acto de valor es algo que uno hace no porque no sienta miedo sino por la certeza de estar haciendo lo que es DEBIDO (y lo más conveniente, en la mayoría de los casos).**

LÓGICA, ¡PERO SÍ CON ACCIONES! El desánimo para visitar un cliente es una emoción, y no se puede vencer por medio de la lógica. Si desea tener éxito en las ventas, emprenda ahora mismo la acción y susténtela con lógica.

LISTO PARA VENDER

Ya está bien vestido y listo para vender. Tiene una sonrisa franca que sin duda alguna le da mayor "valor nominal"; está vestido de acuerdo con las circunstancias; se siente bien consigo mismo; tiene una idea clara de los puntos básicos de su producto o servicio y sabe a conciencia cuál es la mejor forma de presentar su información al cliente potencial indicado en el momento indicado.

Tiene el entusiasmo que le da la actitud mental apropiada y ha decidido construir su vida personal y profesional sobre los cimientos de la integridad. Está armado de la confianza que se deriva de su conocimiento del producto y de las personas. Lo guía la intención justa, cual es la de actuar en beneficio de su cliente potencial. Está convencido de que su producto satisface una necesidad real o un deseo del cliente potencial. Sabe que cada centavo del precio de lo que ofrece encierra verdadero valor para él. Tiene un celo de misionero para solucionar los problemas y ha aprendido a ENCAUZAR su ansiedad en favor suyo creyendo en sí mismo y saliendo a trabajar de acuerdo con un horario regular.

Efectivamente, usted está listo, dispuesto y armado para vender. Entonces, ¡adelante! Independientemente de que éste sea el primer día de su primer año o el último día de su vigésimo año, ahora es capaz de comprender a más del

90% de las personas que alguna vez hayan vendido un producto o servicio. Está listo para hacer una carrera en este decenio. ¡Está preparado para ejercer la profesión de persuadir en estos años 90!

RECUERDE: EL SECRETO PARA AVANZAR ESTÁ EN COMENZAR A CAMINAR.

PARA SUPERAR EL DESÁNIMO Y COMPRENDER QUE LA ANSIEDAD ES UN FACTOR POSITIVO EN LA PROFESIÓN DE VENDER, RECUERDE LO SIGUIENTE:

1. Asuma la responsabilidad de cultivar en usted la seguridad y el amor propio.

2. Vender es transferir sentimientos.

3. Podrá tener todo lo que desee en la vida si tan sólo ayuda suficientemente a los demás a obtener lo que desean.

4. Aprenda a "domar el teléfono". Póngalo a trabajar en su favor y no en contra suya.

5. A fin de ser el triunfador que puede llegar a ser, debe trazar planes para triunfar, prepararse para triunfar y aspirar a triunfar.

6. Válgase del "síndrome del experimento" para vencer los sentimientos de rechazo, convirtiendo cada visita o llamada en un "experimento" positivo y no en una "experiencia" negativa.

7. Adopte un horario regular y concierte una cita consigo mismo para encontrarse con un cliente potencial todos los días a la misma hora.

CAPÍTULO 5

VENDER A PROPÓSITO, NO POR CASUALIDAD

La fórmula para aprender técnicas eficaces

Los profesionales de las ventas tienen la mente abierta y son personas dispuestas a cambiar. Las personas que no son profesionales tienen la mente tan estrecha que pueden mirar por una cerradura con los dos ojos al mismo tiempo.

CONSTRUYA SOBRE CIMIENTOS SÓLIDOS

Cuando yo estaba en la secundaria, el tenis de mesa era uno de los deportes favoritos de los estudiantes. Yo jugaba sujetando la raqueta con tres dedos, como me lo había enseñado uno de mis compañeros. Como era buen jugador, pasaba ratos muy agradables. Además, solía competir con un amigo que tenía similares aptitudes físicas y el mismo espíritu de competencia, por lo cual alternábamos los triunfos y las derrotas.

Un día llegó un chico que sujetaba la raqueta con toda la mano y me hizo morder el polvo. Sobra decir que la experiencia me lastimó en mi orgullo, pero no por eso dejé de observar que la forma de sujetar la raqueta le permitía a él hacer cosas que yo nunca podría hacer de la manera como yo la sujetaba, por mucho que practicara.

Así que cambié inmediatamente mi estilo de sujetar la raqueta, y perdí mucha ventaja durante las primeras semanas. Efectivamente, durante unas seis semanas mi compañero de juego ganó prácticamente todos los partidos. Sin embargo, a medida que dominaba la nueva técnica fui recuperando ventaja, hasta que llegó el día en que lo vencí. De ahí en adelante mi destreza para jugar siguió mejorando considerablemente. Me enorgullece decir que gané el torneo de la escuela secundaria de Yazoo City. Y la hazaña no fue insignificante, considerando que había cuarenta y dos estudiantes (entre ellos el muchacho que me enseñó la nueva forma de sujetar la raqueta) en mi clase.

El punto que quiero destacar es éste: algunas veces, mientras uno cambia de método y lo aprende pierde terreno, pero si las bases son sólidas (y las de este libro lo son), puede estar seguro de que a medida que practique para adquirir mayor habilidad y aprenda a dominar los procedimientos, su carrera se remontará a superiores alturas (y lo mismo sucederá con su vida personal).

JUEGUE DE UNA NUEVA MANERA

En 1987, Bryan Flanagan y Jim Savage tomaron los conceptos de mi libro *Secrets of Closing the Sale* y también la información de mis colecciones de cintas magnetofónicas y videocintas para combinar mi experiencia e investigación con la de ellos y producir un seminario de ventas para nuestra compañía. El título del seminario era "Vender a propósito, no por casualidad". Bryan había sido instructor nacional de ventas de la IBM y había hecho una brillante carrera como vendedor y gerente de ventas antes de vincularse a nuestra compañía en calidad de conferenciante e instructor. Jim, vicepresidente de nuestra junta directiva y editor, tiene experiencia como educador y vendedor además de haber sido gerente de ventas, lo cual le permitió dar forma al programa y mantener la integridad educativa del mismo. El objetivo del seminario "Vender a propósito, no por casualidad" era organizar un programa de capacitación en ventas que sirviera de PAUTA ABSOLUTA para el éxito en el mundo de las ventas. Este libro ha evolucionado en buena parte a partir de ese programa.

UNA FÓRMULA CONCOMITANTE

La persona que desee tener éxito en el campo de la persuasión en esta época debe contar con un plan de acción concreto. Pero si tuviésemos que idear un plan para cada visita de ventas, pasaríamos más tiempo programando que vendiendo. Como existe una correlación directa entre el "dinero ganado" y el "tiempo dedicado a un cliente potencial", podemos eliminar la planificación innecesaria adoptando una "fórmula" de valor CONCOMITANTE.

Concomitante, en el presente contexto, es un adjetivo que significa 'transferible'. Por ejemplo, una persona que sabe jugar tenis de mesa seguramente posee cierta destreza que le servirá para jugar bádminton o *racquetball*. En el mundo de las ventas necesitamos un plan de acción que trascienda la línea de productos y las distintas situaciones.

Nuestro proceso planificado de ventas es una fórmula de cuatro etapas, la cual trataremos someramente en este capítulo para luego exponerla a fondo en los capítulos siguientes. El primer paso es analizar las necesidades; el segundo, tomar conciencia de las necesidades, el tercero, solucionar las necesidades; y el cuarto, satisfacer las necesidades.

VENDER AL ESTILO PAVLOVIANO

En 1904, el fisiólogo ruso Iván Petróvich Pávlov recibió el Premio Nobel de Medicina por sus investigaciones acerca de los reflejos condicionados. Pávlov investigó la relación entre la digestión y el sistema nervioso. Realizó experimentos con

> **Fórmula de cuatro etapas:**
> 1. **Analizar las necesidades**
> 2. **Tomar conciencia de las necesidades**
> 3. **Solucionar las necesidades**
> 4. **Satisfacer las necesidades**

perros, consistentes en hacer sonar una campanilla en el momento de servirles la comida. Posteriormente, cuando sonaba la campanilla, los perros salivaban, recibieran o no la comida.

Dada la complejidad del mercado actual, no basta con pararse frente a un cliente para recitarle un folleto y decirle: "Por favor, interrúmpame cuando haya algo que le interese". Es probable que ese método sirva para una venta ocasional, pero definitivamente no para ganarse la vida y menos aún para forjar una carrera.

Son muchos los vendedores que tocan la campanilla pensando que los posibles clientes comenzarán a salivar, cuando en realidad sucede todo lo contrario. Si lo que usted hace es percibido como el estereotipo de la "retahíla" de venta, el cliente potencial perderá todo interés.

A manera de ejemplo, en una época las cafeterías colocaban los postres al comienzo de la hilera de platos. En la actualidad lo hacen con menos frecuencia, porque el público ha "aprendido marketing" y sabe mucho más de lo que supo nunca durante la historia anterior de la humanidad. Al igual que los dinosaurios, también se han extinguido las esperanzas del vendedor que, al estilo del comerciante de vehículos usados, habla rápido, presiona al cliente y ofrece un modelo que su abuela solía sacar solamente para ir a la iglesia (lo cual seguramente hacía con mucha frecuencia, puesto que el odómetro ha dado la vuelta dos veces).

Claro está que todavía se ven artículos cerca de la caja registradora en algunas tiendas de comestibles y en almacenes minoristas, porque el impulso de comprar sigue siendo un factor importante de las ventas y la comercialización. Sin embargo, el conocimiento y la mentalidad del público actual se contraponen en gran medida a la pretensión de vender al estilo pavloviano. Esa técnica sirve para vender artículos complementarios porque es natural comprar una camisa o una blusa cuando uno compra un vestido. Sin embargo, vender al estilo pavloviano es vender por CASUALIDAD.

Los profesionales de éxito se valen de un programa de acción detallado. Y lo bueno es que un programa así es aplicable, con muy buenos resultados, a la venta de cualquier producto o servicio. Acaso esto sea difícil de creer, pero le ruego que siga leyendo.

EL PROCESO

A continuación encontrará una fórmula de cuatro etapas que podrá incorporar directamente a sus actividades de venta. El tiempo dedicado a cada etapa puede variar, pero si usted tiene éxito en las ventas, estará cumpliendo de una u otra manera cada una de estas etapas.

PRIMERA ETAPA: ANALIZAR LAS NECESIDADES

Las ventas orientadas a satisfacer los deseos y necesidades del cliente comienzan con un análisis de esas necesidades y deseos. Aunque sean los clientes potenciales quienes busquen al vendedor para solicitar un producto o servicio, es muy probable que lo hagan sin haber establecido debidamente lo que buscan.

Permítame darle un ejemplo concreto. Es una realidad de la vida que todo el que respira envejece. Y si contemplamos esa perspectiva, envejecer no es tan malo. Igualmente cierto es que nuestra población está integrada cada día más por personas de edad avanzada, y que durante los próximos treinta años el número de ellas aumentará considerablemente. Esas personas de edad constituyen un mercado enorme para bienes y servicios. Sin embargo, la mayor parte de los productos de

> **Las ventas orientadas a satisfacer los deseos y necesidades del cliente comienzan con un análisis de esas necesidades y deseos.**

hoy eran completamente desconocidos hace apenas unos años. Si a unas personas los contestadores telefónicos, los computadores y los teléfonos celulares les parecen aparatos sencillos, a otras pueden llegar a aterrarlas. El vendedor "sintonizado" de hoy haría bien en "ponerse a tono" con las ideas, los temores, las preocupaciones y los intereses de todos los clientes potenciales, entre ellos las personas de edad.

El pasaje siguiente, entresacado del libro *Agewave* de Ken Dychtwald y Joe Flower, ilustra, tomando a una persona de edad como ejemplo, la importancia de determinar exactamente las necesidades del cliente potencial.

Robert Beck desempeña actualmente el cargo de director ejecutivo del Bank of America y fue director de prestaciones y servicios de la IBM a fines de los años 70 y principios de los 80, cuando el crecimiento de la compañía fue fenomenal. Gracias a su activa participación en ese campo, Beck, que ha llegado ya a la edad madura, ha aprendido a manejar perfectamente una gran variedad de computadores y equipos electrónicos.

Seguramente no se sorprendió cuando su padre de 78 años comentó un día que le agradaría tener una videograbadora como la de su hijo.

— Puedes tenerla, papá; es sólo cuestión de salir a comprar una — dijo Beck.

— Para ti es fácil decirlo — replicó el padre. Ante todo, aunque me gustaría tener una, no sabría cuál comprar. Segundo, no sabría cómo transportarla hasta mi casa. Tercero, no sabría cómo instalarla. Y cuarto, no estoy seguro de poder seguir las instrucciones para manejarla y no me gustaría tener algo que no pueda usar.

Para Beck padre, el dinero no era el problema; lo que realmente le preocupaba era la dificultad para comprar, conectar y usar el aparato.

A fin de solucionar el problema, el hijo acompañó al padre a un almacén de aparatos electrónicos y le ayudó a comprar una videograbadora buena y fácil de manejar. Luego hicieron un arreglo con el gerente para que uno de los técnicos se encargara de llevar el aparato hasta la casa e instalarlo. Por $25 más acordaron que el técnico — convertido en el "representante personal de servicio" del señor Beck — le daría tres lecciones, una cada tercer día, sobre la forma de usar el aparato. Una vez que el señor Beck comprendió los principios de la nueva tecnología no tardó en convertirse en fanático de los vídeos y ahora hace alarde de tener la mayor colección de películas de la cuadra. Es más: organizó un club con los vecinos y sus amigos jubilados para ver películas una vez a la semana.

Es tanto lo que disfruta de su videograbadora que hace poco volvió al almacén para comprar, en los mismos términos, un equipo de sonido, un teléfono inalámbrico y una cafetera. El hecho de que le facilitaran la compra y le enseñaran a manejar el aparato era un aspecto tan importante de la compra como el producto mismo.

Espero que este punto quede suficientemente claro. El vocablo noruego del cual se deriva la palabra inglesa *sell* (vender) es *selje*, que significa 'servir'. Para poder servir a sus clientes potenciales, es preciso que usted, antes de proceder, comprenda claramente las necesidades que ELLOS tienen.

DESCUBRIENDO EL INTERIOR DEL CLIENTE POTENCIAL

El objetivo, al hacer el análisis de las necesidades, es obtener una radiografía del cliente potencial. Un profesional de las ventas cultiva las aptitudes y el talento necesarios para ver el interior del cliente y descubrir sus necesidades. Dichas necesidades pueden estar a flor de piel u ocultas, pero no cabe duda de que existen. Su deber (y oportunidad) como profesional de las ventas es sacar esas necesidades a la superficie, descubrirlas.

Durante su búsqueda de necesidades descubrirá también los "deseos". No cometa el error de descartar los deseos por considerarlos frívolos, puesto que los clientes potenciales actúan basándose tanto en lo que desean como en lo que necesitan.

Por favor, comprenda que no he dicho que usted deba INVENTAR o CREAR las necesidades y deseos. Eso no es vender. Su deber es descubrir una necesidad que ya existe y, después de hacerlo, prestar un verdadero servicio.

Hace poco tuve dificultades con un neumático de mi automóvil, por lo cual debí ir a la estación de servicio para cambiarlo. Para mi desconsuelo, el encargado encontró desperfectos en otro neumático, lo cual indicaba que la alineación del eje delantero estaba mal. Me explicó que si no corregía la alineación, muy pronto tendría que comprar otro neumático. Sobra decir que la alineación costó dinero, pero la *inversión* me ahorró un desembolso mayor en el futuro. El encargado de la estación (vendedor) no causó el problema; simplemente lo descubrió y ofreció una solución, que es exactamente lo que hace un profesional. No es nuestra misión crear problemas sino descubrirlos y ofrecer soluciones mediante nuestros productos y servicios.

NECESIDADES Y DESEOS. RAZONES Y EXCUSAS

El vendedor que sobresale en la actualidad TRABAJA PENSANDO EN LOS DESEOS Y LAS NECESIDADES DEL CLIENTE. Los días de las ventas orientadas hacia el producto han quedado atrás para siempre. Así, cualquiera que sea el producto o el servicio, es necesario satisfacer las necesidades y deseos del cliente. Si su producto o servicio satisface una necesidad o un deseo, tendrá una oportunidad de hacer la venta, pero si no es así, no habrá negocio.

Las personas compran básicamente porque NECESITAN o DESEAN algo. Nuestra oportunidad de vender aumenta considerablemente cuando podemos dar a las personas una razón para comprar y, ADEMÁS, una excusa para hacerlo.

Hace muchos años tuve el privilegio de formar parte de una entidad que logró recaudar más capital en el estado de Georgia que ninguna otra compañía había logrado antes. Vendiendo acciones mediante una campaña de comercialización directa recaudamos más de $40 millones para construir una fábrica de papel en Blakely (Georgia). Muchas veces, con sólo vender unas cuantas acciones a un miembro de una familia, acababa vendiéndoles a casi todos los demás integrantes de ella. Con frecuencia me hacían prometer que no diría cuántas acciones habían comprado (algunos invertían sólo $50 o $100), porque todos querían tener el gusto de decir que eran accionistas.

Esa misma pauta me dio muy buenos resultados cuando vendía baterías de cocina. Muchas se vendían porque los demás miembros de la familia no querían quedarse atrás. El orgullo familiar es un acicate muy fuerte. Las *razones* por las cuales compraban eran: 1) Que deseaban la batería de cocina, y 2) que otros miembros de la familia habían comprado. Las *excusas* para comprar las baterías de cocina eran: 1) Que podían ahorrar en energía, aceite y combustible, y 2) que los alimentos no perdían tanto volumen y su valor nutricional aumentaba. Ambas "excusas" eran auténticas, pero el factor de más peso (al igual que en el caso de las acciones) era el "deseo".

En la actualidad, la misma pauta sirve para vender computadores personales y teléfonos celulares. Las *razones* por las cuales la gente los compra son: 1) Que desea tener productos

---

Nuestra oportunidad de vender aumenta considerablemente cuando podemos dar a las personas una razón para comprar y, ADEMÁS, una excusa para hacerlo.

de alta tecnología, y 2) que los amigos y otros miembros de la familia los tienen. Las *excusas* para comprar computadores personales y teléfonos portátiles son: 1) La conveniencia, y 2) mejorar la comunicación. También en este caso ambas excusas son auténticas, pero el factor determinante es el "deseo" (reforzado por el hecho de que otros ya tienen los productos).

La gente siempre compra lo que desea, aun por encima de lo que necesita. ¿Cuántas veces hemos visto familias que viven literalmente en la pobreza y sin embargo todos sus miembros fuman, beben y ven televisión? ¿Cuántos abrigos de piel se necesitan de verdad en Dallas (Texas)? La gente en realidad no compra las pieles porque las necesite sino porque las desea. Hablando de nuestros propios deseos y necesidades, ¿cuántos trajes necesitamos realmente? ¿Cuán grande debe ser la casa que realmente necesitamos? ¿Cuántas camisas, vestidos, blusas, sacos o zapatos? Por suerte, nuestra labor como vendedores NO se limita a determinar *solamente* las necesidades (en el sentido más estricto de la palabra *necesidad*), gracias a que la gente compra más de lo que necesita.

Creo que si quisiéramos detener en las calles de cualquier ciudad a mil personas y preguntarles a bocajarro: "¿Necesita usted [un automóvil nuevo, un climatizador, un computador nuevo, más seguros de vida, o cualquier otro producto, bien o servicio]?", serían muy pero muy pocas las que dirían: "Bueno, en realidad yo...". También estoy todavía más convencido de que si pudiéramos hacerles una presentación persuasiva de ventas, por lo menos cincuenta de esas mil personas — y quizá trescientas o cuatrocientas (según el producto, naturalmente) — comprarían.

¿Entonces, en dónde estaban aquéllas que supuestamente no "necesitaban" nuestro producto? Permítame recordarle que las personas no tienen idea muchas veces de cuáles pueden ser sus necesidades porque no saben de la existencia de las cosas. Hace cincuenta años no sabíamos que necesitábamos climatizador para el automóvil, computadores personales para la casa, extensiones de la línea telefónica y mil cosas más. No crea que por el hecho de revelar a la gente unas "necesidades" nuevas estamos causando amargura. La verdad es que mediante nuestros productos podemos proporcionarles un mejor estilo de vida, facilitarles ciertas actividades o producirles ahorros. La pregunta de fondo no es: "¿Necesita usted un computador nuevo?", sino: "¿Quisiera reducir la cantidad de errores en sus cartas de promoción y ahorrar tiempo en la elaboración de las listas de direcciones?"

Si usted tiene la fortuna de vender un producto o servicio que la gente desea y además necesita — y usted cree que así es, aunque todavía no esté convencido — se halla en el camino del éxito.

Un vendedor ÍNTEGRO que CREE en el producto y DESEA ponerlo en tantas manos como sea posible es una FUERZA ARROLLADORA cuyo poder aumenta todavía más si a todo este arsenal se agregan los métodos de persuasión.

Para efectos de lo que buscamos con este libro, los términos *deseos* y *necesidades* se utilizan indistintamente.

HABLA LA EXPERIENCIA

Hace muchos años, cuando trabajaba en ventas directas vendiendo baterías de cocina, llegué a casa de una familia que NECESITABA desesperadamente mi batería de cocina. Pude hacer un inventario de los utensilios que tenían en la cocina mientras preparaba la comida de demostración y me di cuenta de que no tenían NADA. En vista de que la carencia era tan grande, pasé casi dos horas tratando de lograr la venta. La señora y su esposo tenían el mismo grado de perseverancia que yo, porque insistían una y otra vez en que no tenían dinero, que era demasiado cara y que no podían pagarla.

Mientras empacaba la caja de muestra para retirarme, alguien mencionó la palabra *porcelana*. Todavía recuerdo cómo se le iluminaron los ojos a la amable señora. Preguntó:

— ¿Porcelana? ¿Vende vajillas finas de porcelana?

— Sí, señora — respondí —. ¡Vendemos las vajillas de porcelana más *finas* del mundo!

Menos de media hora después salí de la casa con un pedido

que valía mucho más que toda la batería de cocina. Ahora bien, detengámonos a pensar: si no tenía dinero para comprar las ollas que necesitaba con tanta urgencia, ¿cómo pudo comprar la vajilla que no necesitaba? La respuesta es que *no* podía comprar una batería de cocina que no deseaba pero *sí* podía comprar una vajilla fina que deseaba.

El punto clave es éste: LAS PERSONAS COMPRAN LO QUE DESEAN CUANDO LO QUE DESEAN VALE MÁS QUE EL DINERO QUE LES CUESTA.

¿Cómo descubrir los deseos y las necesidades? Me alegra que haya preguntado.

SONDEAR

Sondeando como es debido usted podrá descubrir las necesidades del cliente potencial. Todos los seres humanos tenemos una serie de necesidades y deseos, pero muchas veces éstos permanecen ocultos detrás de ciertas apariencias. El vendedor que se guía por las apariencias no logra la venta o la pierde *en el último minuto, le hacen devoluciones,* o le ocurre cualquier otra cosa equivalente a perder ventas, comisiones y la oportunidad de ayudar al cliente potencial. Y lo peor de esto es que no entiende por qué.

Andrew Downie, de Nueva Gales del Sur (Australia), me contó la siguiente historia, que ilustra la forma como buscó la necesidad escondida del cliente potencial sin dejarse atrapar por las apariencias. También es ejemplo de una gran dosis de ingenio para adaptar a una situación muy concreta los principios que se han utilizado desde tiempos inmemoriales (¿recuerda el valor "concomitante"?).

LAS PERSONAS COMPRAN LO QUE DESEAN CUANDO LO QUE DESEAN VALE MÁS QUE EL DINERO QUE LES CUESTA.

Andrew terminó la presentación diciendo:
— La inversión total es una suma X y se puede pagar en efectivo, en cheque o con tarjeta de crédito. ¿Cuál procedimiento le convendría más a su familia?

El cliente potencial, con expresión de profundo abatimiento, respondió:
— El problema no es el dinero. ¡Hay tantas cosas que considerar!

Inmediatamente Andrew captó el mensaje que el cliente potencial no había puesto en palabras: TENGO DIFICULTADES Y NO PIENSO COMPRAR.

PSICOLOGÍA PARA SONDEAR

Andrew recurrió entonces a uno de los métodos más antiguos de nuestra profesión: el "balance de Ben Franklin", y puso manos a la obra. Quienes viven en Nueva Gales del Sur quizá no sepan quién fue Ben Franklin y, aunque así fuera, el nombre no ejercería tanto efecto como en los Estados Unidos. Por tanto, Andrew adaptó la idea pero usando la expresión "grandes estadistas".

— Señor Salazar — comenzó —, todos los grandes estadistas se han visto en situaciones semejantes a la suya. Lo que buscan es cerciorarse de que la decisión que tomen sea la justa. ¿Es eso lo que lo inquieta en este momento?

El cliente potencial asintió con la cabeza, aunque sin bajar la guardia. Entonces Andrew, con la desenvoltura de un verdadero maestro de su profesión, se situó del lado de la mesa del cliente potencial. No me refiero a que se haya movido físicamente arrimando su silla a la del cliente, aunque hay vendedores que lo hacen. Incluso hay maestros del ajedrez que se sitúan detrás de su oponente para observar el juego desde el otro lado y con distinta perspectiva. Lo que hizo Andrew fue ponerse del lado del cliente potencial para mirar la situación desde el punto de vista de éste.

— Lo que hacen los grandes estadistas en esta situación es trazar una línea sobre una hoja de papel para dividirla en dos columnas. En la de la izquierda anotan todas las razones en favor de la decisión, y en la de la derecha todas las razones en contra, y deciden basándose en el número de razones en contra y en favor. ¿Por qué no hacemos usted y yo lo mismo?

El cliente potencial asintió nuevamente con la cabeza, esta vez con más convencimiento.

Conjuntamente establecieron doce razones sobre las cuales basar la decisión. Al preguntar al cliente potencial qué era lo que no le agradaba del plan de venta, la respuesta fue concisa:

— El costo.

UNA COMEDIDA OBJECIÓN

— Entonces, señor Salazar, la única razón por la cual no quisiera llegar a un acuerdo hoy es la cuantía de la inversión. ¿No es así?

Esta vez un "sí" muy contundente acompañó al movimiento de cabeza. Recordemos, sin embargo, que el cliente potencial había dicho antes que el dinero no era el problema sino que había "muchas cosas que considerar". Por eso Andrew le ayudó a analizar la situación mediante "el balance de Ben Franklin", para que tuviera toda la información que necesitaba. Entonces aclaró:

— Pero usted dijo antes que el dinero no era el problema, ¿no es así?

Tras una pausa muy breve, el cliente potencial asintió, y entonces Andrew prosiguió:

— Por lo tanto no hay razón para no llenar los papeles hoy, ¿verdad?

A esto, el cliente potencial respondió con un "no" que complació enormemente a Andrew, pues era del tipo que significa: "Llene el pedido. ¡Compro!"

LECCIONES IMPORTANTES

Tanto Andrew como el cliente potencial quedaron enormemente complacidos una vez cerrado el trato, porque ambos habían conseguido lo que deseaban. Al salir, Andrew repasó todo lo que había hecho (los mejores profesionales de las ventas "hacen sonar constantemente las cintas" de las presentaciones productivas antes, durante y después de las visitas a los clientes).

Andrew vio que había muchas lecciones que aprender. Se había colocado del lado del cliente potencial; lo había integrado al proceso mediante el "balance de Ben Franklin"; había conseguido un compromiso valiéndose de unas preguntas hechas apropiadamente. Su acercamiento al cliente potencial había sido decisivo, obteniendo resultados provechosos tanto para éste como para él. Sin embargo, la venta no se hubiera efectuado si Andrew se hubiera rendido ante la primera negativa: "No, hoy no puedo comprar".

Los problemas de fondo eran la falta de información y la inclinación a dejar las cosas para después. Andrew los solucionó proporcionando la información (no sólo objetando las razones que el cliente potencial había aducido para no comprar) y formulando las preguntas indicadas para inducir al cliente a actuar.

¿A QUIÉN SONDEAR?

Muchas veces es posible descubrir las necesidades y deseos de los clientes seleccionando el mercado apropiado. Durante años, la Corporación Zig Ziglar ha trabajado con Dunn's Marketing para adquirir listas de direcciones que traen información específica sobre las distintas industrias, lo cual nos ha permitido penetrar en aquellos mercados con tendencia a tener necesidades específicas.

Los mejores profesionales de las ventas allegan y estudian desde su casa los datos esenciales sobre las compañías — generalmente antes de visitarlas — en especial si venden productos costosos o si están en el negocio de las ventas repetidas. Mi amigo Jerry Aull vende programas de capacitación y seminarios en la zona de Atlanta (Georgia). Jerry tiene un auxiliar que se encarga de contactar a las entidades para solicitar información, que va desde el informe anual hasta el nombre del subgerente administrativo o de la persona con autoridad para decidir... y lo hace a través del teléfono. Genera miles de dólares en ventas y el único contacto personal lo hace a manera de investigación.

Jerry Aull, orador e instructor sobresaliente, y además vendedor de enorme éxito, toma la información y visita personalmente a los clientes que requieren la visita. Jerry y su auxiliar forman un equipo maravilloso y, a la vez que superan las marcas de venta de la compañía, están ayudando a miles de personas a ser más eficientes en sus vidas.

Cualquiera que sea la forma como investigue y el volumen de lo que investigue por su propia cuenta, el sondeo se hace finalmente CON el cliente o cliente potencial. Y cualquiera que sea el tipo de producto o servicio, siempre se aplican los mismos "principios básicos de sondeo".

LA RESPUESTA ESTÁ EN LAS PREGUNTAS

El sondeo se comienza preguntando. Es necesario mantener una actitud de curiosidad e interés sincero por las respuestas. Deje que aflore el niño que lleva adentro. Los estudios han demostrado que los niños entre los dos y los doce años llegan a hacer hasta ochenta preguntas al día. Cuando llegan a la secundaria, ese número se reduce a treinta y cinco o cuarenta al día. En el mundo de los negocios se hacen sólo entre diez y quince preguntas al día. Es preciso que preguntemos como los niños.

Mi amigo Bryan Flanagan, a quien me referiré varias veces en este libro, no es sólo gran instructor y conferenciante sino también un ejemplo maravilloso de padre de familia. Sus presentaciones están llenas de ejemplos referentes a su hogar. Él y su esposa Cindy tienen dos hijos increíbles — Patrick y Quinn — y, como muchos de nosotros, también Bryan y Cyndi aprenden constantemente de los niños.

Hace varios años, cuando Patrick contaba siete, tuvimos uno de esos días raros en los cuales cae nieve en Dallas

(Texas). Bryan y Patrick salieron a hacer un muñeco de nieve mientras Cyndi y Quinn miraban felices (y prudentemente) desde la sala abrigada. Horas después salió el sol y cuando el muñeco comenzó a derretirse lentamente, Patrick le hizo a su papá una de esas preguntas fantásticas que sólo saben hacer los niños y que todos deberíamos imitar. Preguntó:

— Papá, ¿a dónde se va el color blanco cuando la nieve se derrite?

Bueno, conviene decir que Bryan ha dedicado su vida a enseñar la importancia de formular preguntas pertinentes y conoce muy bien los métodos para responder en forma pertinente. Tras una breve pausa, contestó con la única respuesta posible para una pregunta de tal magnitud:

— Pregúntale a tu mamá.

LAS PREGUNTAS APROPIADAS

Las preguntas deben formularse con el propósito de obtener información, no de averiguar hechos. Aunque los hechos son importantes, por sí solos no sirven para descubrir las necesidades del cliente potencial. En el capítulo 6, titulado "La respuesta está en las preguntas", se habla en detalle del carácter pertinente de las preguntas. La fórmula P.O.M.O. del capítulo 7 le ayudará a sostener una conversación agradable sin "acosar" al cliente potencial.

SEGUNDA ETAPA: TOMAR CONCIENCIA DE LAS NECESIDADES

La etapa de tomar conciencia de las necesidades consta de dos momentos diferentes. En primer lugar, el vendedor debe haber identificado una o más necesidades específicas que pueda enunciar con claridad. En segundo lugar, el cliente potencial debe comprender que tiene una necesidad y también los aspectos específicos de ésta. La "luz" se debe encender primero en la mente del vendedor y en seguida en la del cliente potencial.

UNA TAREA NADA FÁCIL

Se empieza a tomar conciencia de las necesidades de la misma manera que se comienzan a analizar las necesidades: haciendo preguntas. Pero tomar conciencia de las necesidades es difícil porque, a fin de formular preguntas que les ayuden tanto a usted como al cliente potencial a comprender las necesidades y los deseos, es necesario PENSAR. La razón por la cual esto es difícil es que nosotros, la "gente de ventas", a veces nos concentramos tanto en conseguir la venta que dejamos de pensar... o pensamos sólo en el resultado deseado, en perjuicio del proceso que debemos seguir para alcanzarlo.

Incluso cuando los clientes potenciales llegan a un almacén, pero especialmente cuando no vienen por sí mismos, es de vital importancia tomar conciencia de las necesidades. Sé que esto no es fácil de creer, pero hay clientes potenciales que dicen que desean comprar y luego cambian de opinión. Lo cierto es que, cuando usted pide un precio que (para el cliente potencial) se asemeja a la deuda nacional, hay quienes frenan en seco. Aunque su producto o servicio cueste sólo unos cuantos dólares, usted debe considerar el hecho de que la apreciación que usted tiene del precio puede ser enormemente distinta de la del cliente potencial. Si usted no ha determinado la necesidad exacta y no se la ha hecho ver claramente al cliente potencial, lo más probable es que no logre hacer la venta.

INQUIETUDES AUTÉNTICAS

El vendedor de éxito debe saber escuchar con atención lo que dice el cliente potencial. Por ejemplo, el cliente potencial de bienes inmuebles quizá diga: "No me gusta este sitio. Está demasiado lejos de mi trabajo, en un vecindario que no me agrada, demasiado cerca (o lejos) de la escuela; es la casa más costosa de la cuadra" o muchas otras cosas. Pero lo que realmente puede estar diciendo es: "No sé nada del mercado de bienes inmuebles. No sé qué tipo de financiación hay o francamente no sé si la casa está bien construida o es sólo apariencia". El vendedor sagaz y conocedor de su oficio indagará con mucho tacto para descubrir las objeciones obvias y las "menos obvias". El profesional proporcionará otros costos o precios de venta de casas semejantes vendidas en el vecindario durante los últimos meses. El profesional podrá comunicar al cliente potencial las formas de financiación y también las tasas de interés.

Quizá una de las mayores objeciones inexpresadas sea el "temor de perder" que asalta a la persona cuando contempla la posibilidad de una compra importante... y para muchas personas la de la casa es la compra más importante de toda su vida. El vendedor podrá tranquilizar al cliente potencial mostrándole el informe sobre la última inspección del inmueble o aconsejándole que solicite la opinión de otro perito.

La tranquilidad — que, dicho sea de paso, es una de las cosas que el cliente compra junto con la propiedad — ciertamente justifica una pequeña inversión en una inspección completa, considerando que la inversión en la compra del inmueble puede ascender a $100 000 o mucho más. En resumen, indague (formule preguntas que reflejen un interés sincero en el cliente) hasta averiguar lo que realmente preocupa al cliente potencial. Es terriblemente frustrante perder una venta y no saber por qué.

En el capítulo 8, "Cómo encender las luces", conocerá los detalles sobre la forma de alterar el "equilibrio homeostático"* para ayudar al cliente potencial a comprender que existe una necesidad real y concreta. Aprenderá también a restablecer el equilibrio antes que aparezca un competidor y logre la venta.

TERCERA ETAPA: SOLUCIONAR LAS NECESIDADES

La tercera etapa de la fórmula, que se adapta a la venta de todo tipo de productos y servicios, es solucionar las necesida-

---

Homeostático: Relativo a la *homeostasis,* término con que se designa la tendencia al equilibrio o estabilidad dentro del organismo (*Nota del editor*).

des. Corresponde al momento de presentar el producto y dejar de hacer preguntas para ofrecer soluciones a las necesidades.

Usted ha dedicado dos fases del proceso profesional de ventas a descubrir las necesidades y deseos del cliente potencial y a sintonizarse en su onda, de manera que no se apresure todavía a presentar el producto. Ya puedo oír su protesta: "Un momento, Ziglar. En el párrafo anterior dijo que era hora de presentar el producto. Llevo meses estudiando mi presentación de ventas. Leo este libro y usted dedica todas estas páginas a decirme que debo descubrir las necesidades del cliente potencial, tomar conciencia de ellas y hacer que el cliente también las reconozca. Cuando finalmente hemos llegado al punto en el cual puedo presentar mi producto (que, después de todo, es la razón por la cual visito al cliente potencial), usted me dice que no me apresure a presentar el producto. ¡Exijo una explicación!"

Descuide, le daré la explicación, pero permítame primero hacerle una serie de preguntas *capciosas*. Ya le advertí que deseo confundirlo, de manera que considérese avisado. ¿Alguna vez ha comprado una cama? ¿Un vestido? ¿Un automóvil? ¿Una póliza de seguros? ¿Una fotocopiadora para la oficina? ¿Un programa de capacitación? ¿Una colección de cintas magnetofónicas? ¿Un libro?

Déjeme decirle que nadie ha comprado nunca ninguno de esos artículos.

Lo que han comprado es la posibilidad de dormir cómodamente; la buena apariencia y la sensación de agrado que da el vestido; un medio de transporte; protección para la familia con las ventajas del ahorro y la inversión; mejor comunicación y organización en la oficina; mayor productividad; más información; un programa fundamental de ventas para conseguir todavía más éxito como vendedor.

Ninguno de nosotros compra productos. Compramos los productos del producto, o sea beneficios o soluciones a determinadas necesidades. En pocas palabras, no compramos el producto en sí mismo sino lo que HACE POR NOSOTROS.

PRESENTE LA NECESIDAD

Nunca presentamos el producto; presentamos la necesidad. Según mi amigo y colega instructor Don Hutson, todo el mundo escucha la misma estación de radio. Don dice, y yo estoy completamente de acuerdo, que todos escuchamos la estación QHPM. La sigla significa '¿Qué Hay Para Mí?' Debemos abordar al cliente potencial hablándole de necesidades, no de productos.

Nick Dalley, asesor en comunicaciones, trabaja por contrato con nuestra compañía. Hacía varios meses que no lo veíamos cuando volvió para ayudarnos en un trabajo especial. Varias personas observaron que Nick se veía distinto hasta que finalmente nos dimos cuenta de que llevaba aparatos de ortodoncia. Alguien no pudo resistir la curiosidad y decidió preguntar por qué necesitaba aparatos de ortodoncia.

La respuesta de Nick contiene una lección muy valiosa acerca de QHPM y de la importancia de presentar necesidades:

— No necesitaba aparatos de ortodoncia — respondió —. Necesitaba dientes rectos.

Por favor, no malgaste su tiempo y el del cliente potencial hablándole de lo que ES el producto. Háblele de lo que HACE el producto y de lo que puede hacer específicamente por él.

En el capítulo 9, "Venta de soluciones para los problemas de la gente", aprenderá cómo comunicar a las personas lo que usted vende, lo que hace y por qué será la mejor solución para el problema que tienen.

CUARTA ETAPA: SATISFACER LAS NECESIDADES

La cuarta etapa es satisfacer las necesidades. Éste es el paso más importante que puede dar un vendedor cuando se trata de ayudar a los demás. Si en realidad desea ayudar a otras personas, si cree sinceramente en su producto o servicio, si verdaderamente desea que el cliente potencial se beneficie, si en realidad desea sacar provecho económico de su trabajo y esfuerzo, entonces recuerde lo siguiente:

> **Nunca presentamos el producto; presentamos la necesidad.**

T.S.E.P.
¡¡TOME SIEMPRE EL PEDIDO!!

Por tonto que pueda parecerle, no olvide que algunas veces nos quedamos paralizados, o "vacíos", o sencillamente lo echamos todo a perder cuando se aproxima el momento de cerrar el trato. Es un error tan común que incluso escribí un libro titulado *Secrets of Closing the Sale* [Secretos para cerrar el trato]. De él se han vendido miles de ejemplares, sencillamente porque todos deseamos cerrar más tratos con más frecuencia.

UN "NOVATO" AL ATAQUE

Debo reconocer que he sido muy afortunado en mi carrera de vendedor. Sin embargo, para que usted no crea que todo ha sido un lecho de rosas, déjeme contarle una historia que le servirá para ver las cosas con más claridad (y espero que también para infundirle ánimo).

Cuando apenas comenzaba, decidí hacer algo que solamente unas pocas compañías acostumbraban en esa época: una demostración en grupo. ¿No cree que tiene lógica reunir a varios clientes potenciales para hacer una sola presentación en vez de seis u ocho? En todo caso, mi primera demostración ante un grupo fue algo que no olvidaré nunca. Los señores M. P. Gates y Clarence Spence y sus respectivas esposas se reunieron en la casa del señor B. C. Moore y su señora. El matrimonio Moore ya tenía el producto pero no sabía utilizarlo apropiadamente, de manera que, a cambio de invitar a sus amigos, les ofrecí darles algunas ideas sobre cómo usarlo. A riesgo de pasar por inmodesto, debo decir que la demostración fue magnífica. Cuando terminé, los dos clientes potenciales dieron un sinnúmero de razones por las cuales no debían ni podían comprar. Sin embargo, para mi deleite, ambos acabaron por decir: "Lo compro".

Ahora, amable lector, permítame preguntarle algo. Sabiendo que aunque hubiera costado tan sólo cincuenta centavos darle la vuelta al mundo, mi situación económica no me hubiera permitido dar siquiera el primer paso para desaparecer, y sabiendo que llevaba mucho tiempo sin lograr una venta, ¿qué hubiera hecho usted si hubiera estado en mi lugar? Debo creer que el 99.9% de los vendedores del mundo capaces de salir de una cabina telefónica sin necesidad de anotar las instrucciones hubiesen tomado el pedido. ¿Sabe qué hizo el "viejo Zig"? Pues miré el reloj y dije: "Amigos, aunque me encantaría quedarme a tomar el pedido, tengo otra cita y se me ha hecho tarde". Y diciendo eso, empaqué las muestras y salí.

Lo que en esencia les dije a dos clientes potenciales que tenían el dinero en la mano y que prácticamente me pedían que tomara el pedido fue: "No, tengo algo más importante que hacer". Por muy nuevo que sea USTED en esta profesión, no cometerá ese error. Yo lo cometí y se lo cuento para que sepa que, independientemente de cuán novato e ilógico pueda ser usted (o crea que es), todavía TIENE esperanzas.

Lo bueno es que regresé al día siguiente y, aunque la señora Gates no estaba en casa de la señora Spence, como había prometido, ésta última tenía el cheque listo y se alegró mucho de obtener el producto. Cuando estaba a punto de partir, la señora Gates llegó corriendo cuesta arriba con el cheque en la mano. Me entregó el cheque y, tras hacer una pausa para recobrar el aliento, dijo: "¡Uf, pensé que se me iba a escapar otra vez!"

EL ABC

En el capítulo 10, "El ABC del cierre de la venta", aprenderá a proponer y lograr que el cliente haga el pedido.

CUATRO PASOS PARA ALCANZAR EL ÉXITO

En este capítulo, "Vender a propósito, no por casualidad", he dado una lección que deben aprender todos los vendedores que apenas comienzan, y también he repasado los principios fundamentales para beneficio de los veteranos. Si está estancado o no ha logrado arrancar como había esperado, estas páginas le ayudarán a conocer en dónde radica su falla principal.

ADVERTENCIA: Los cinco capítulos siguientes deben leerlos solamente las personas que deseen vender MUCHÍSIMO, puesto que en ellos se dan cada uno de los pasos de su itinerario PERSONAL hacia el éxito.

LA FÓRMULA PARA EL ÉXITO EN LAS VENTAS

1. **Analizar las necesidades**
   A. Las ventas orientadas a satisfacer los deseos y necesidades del cliente comienzan con un sondeo profesional para comprender los deseos y las necesidades del cliente potencial.
   B. Durante el análisis de las necesidades, el profesional de las ventas debe hacer una "radiografía" del cliente potencial.
   C. El sondeo profesional se hace por medio de preguntas.

2. **Tomar conciencia de las necesidades**
   A. El profesional de las ventas debe "encender la luz" (comprender).
   B. El cliente potencial debe "encender la luz" (comprender).
   C. Los clientes potenciales suelen referirse a las apariencias y no a la raíz del problema; la raíz del problema se descubre sondeando.

3. **Solucionar las necesidades**
   A. Presente la necesidad.
   B. Los clientes potenciales no compran productos; compran lo que los productos hacen por ellos.
   C. Recuerde: QHPM = ¿Qué Hay Para Mí (el cliente potencial)?

4. **Satisfacer las necesidades**
   A. T.S.E.P. = Tome siempre el pedido.
   B. El hecho de que usted crea en su producto o servicio EXIGE que usted proponga y logre que el cliente potencial haga el pedido.
   C. El profesional de las ventas que satisface las necesidades y los deseos tiene asegurados a los clientes.

CAPÍTULO 6

LA RESPUESTA ESTÁ EN LAS PREGUNTAS

Lo primero es analizar las necesidades

El vendedor consiguió la dirección con uno de sus colegas, y al final de la tarde partió a hacer la visita. Se situó a unos pasos de la puerta para que, al abrir, la señora de la casa no se sintiera intimidada. Las primeras palabras que salieron de su boca fueron: "Señora González [el otro vendedor le había dado también el apellido], entiendo que en la casa hay piscina y que su esposo se encarga personalmente del mantenimiento. ¿No es verdad?" La señora sonrió y aceptó que la descripción de la situación era exacta, de manera que el vendedor continuó: "Bueno, señora González, si yo le ofreciera el servicio de limpieza y los productos químicos por un precio de $2.50 al día, ¿cree que valdría la pena relevar a su esposo de esa tarea, con lo cual tanto él como usted ganarían tres horas a la semana para dedicarlas a otra actividad?"

Esas preguntas formuladas para ir directo al grano fueron la introducción a una presentación de ventas importante y provechosa (importante, porque el vendedor hizo la venta y obtuvo la comisión; y provechosa, porque satisfizo con el producto una necesidad muy importante del cliente potencial).

Yo tuve una experiencia semejante en el aeropuerto de Lubbock (Texas). El maletero se encargó de mi equipaje, que incluía una bolsa de golf muy pesada. Por el deseo que tenía de regresar a Dallas después de una ausencia de varios días, me entretuve hablando con el empleado de la agencia de viajes y olvidé por completo al gentil señor que me había ayudado. Pero su experiencia de "vendedor" se manifestó a través de una pregunta que, además de amabilidad, reflejaba gran entusiasmo: "Señor, ¿hay algo más que pueda hacer por usted?"

Esa "charla de ventas" de nueve palabras no fue más que una simple pregunta, pero produjo el efecto deseado. Me apresuré a darle la propina, por lo demás muy merecida. ¡Eso es saber vender!

EL COMIENZO

¿Cuál es la mejor manera de iniciar la presentación de ventas? ¡Con preguntas! ¿Cuál es el propósito de comenzar preguntando? Mediante las preguntas obtenemos información importante para ayudar a nuestros clientes. ADEMÁS, lo que es igualmente (o quizá más) esencial, las preguntas formuladas con profesionalismo sirven para establecer el aspecto más importante del proceso de ventas: LA CONFIANZA.

Aunque el vendedor del servicio de mantenimiento para piscinas pensó que conocía nuestras necesidades (los clientes potenciales éramos mi esposa y yo), no se contentó con eso e hizo preguntas. A través de sus preguntas pudimos ver que comprendía nuestras necesidades y estaba interesado en ayudarnos, y eso animó a La Pelirroja a creer que era una persona en quien podíamos confiar.

EL PRIMER PASO DE UN BUEN PROCESO DE VENTAS

Para tener éxito con la presentación de ventas es necesario comenzar siempre con un análisis de las necesidades. Independientemente del producto o servicio, es preciso analizar las necesidades del cliente potencial. Como ya lo dije, aunque el cliente potencial sea quien lo busque, usted tiene el deber de hacer las preguntas necesarias para verificar si la necesidad es realmente lo que parece ser.

HABLE CONSIGO MISMO

¿Qué cree que pensaría yo si usted me hiciera una serie de preguntas de una manera profesional, dejando traslucir un interés SINCERO por mí y mi empresa? Si usted lograra manejar de modo apropiado esa parte de la presentación de ventas, yo me daría cuenta de que usted no es "sólo otro vendedor más que desea llevarse mi dinero". Todo lo contrario: descubriría que usted está realmente interesado en ayudarme. La MEJOR forma de descubrir las necesidades reales de un cliente potencial o de un cliente es haciendo preguntas apropiadas.

Puesto que las preguntas son nuestro tema, la que usted debe plantearse ahora mismo es: ¿Por qué se genera confianza haciendo preguntas acertadas? Respuesta: Las preguntas reflejan que el propósito de la visita es descubrir las necesidades e intereses del cliente potencial y a la vez conseguir información para que JUNTOS puedan averiguar de qué manera los bienes y servicios ofrecidos contribuyen a satisfacer esas necesidades (solucionar el problema). El mensaje que se transmite es el siguiente: "Trabajemos juntos para descubrir la necesidad (el problema) antes de ofrecer una solución".

Los psiquiatras, los médicos, los abogados, los consejeros matrimoniales y otros profesionales dedicados a "ayudar" a los demás escuchan atentamente antes de tratar de diagnosticar problemas y formular soluciones. A los clientes potenciales les gusta ser escuchados porque desean hacernos entender que su situación es "diferente". Probablemente la situación no tenga en realidad nada de diferente, pero la realidad, al igual que la belleza, depende del cristal con que se mire. No podemos ganarnos la confianza de los clientes potenciales mientras éstos no se convenzan de nuestro interés verdadero por solucionarles ese problema "fuera de serie".

El profesional de las ventas de los años 90 debe comprender claramente que el cliente potencial de los años 90 está mejor informado y es menos crédulo que cualquier otro consumidor en la historia. Tanto ha sido el énfasis puesto en el marketing (a través de los medios: la radio, la televisión y los impresos), que ello ha dado lugar a un consumidor muy enterado. Las preguntas SON importantes, pero las preguntas claramente encaminadas a llevar al cliente potencial "de la nariz" para manipularlo hasta el punto de "meterle la mano en el bolsillo" y quitarle un dinero duramente ganado se parecen mucho a los tratamientos de los conductos dentarios sin anestesia, y sencillamente son algo que el consumidor de hoy no tolera. Como profesionales debemos "estimular" a los clientes potenciales a comunicarnos sus necesidades, deseos, problemas e intereses, a fin de que podamos "estimularlos" a valerse de nuestros servicios para solucionar sus problemas.

¿ESTÍMULO O MANIPULACIÓN?

Esto nos lleva a una cuestión de ética que, dicho sea de paso, debe ser el fundamento de nuestra carrera. ¿Cuál es la diferencia entre estimular y manipular? Infortunadamente, estos términos suelen confundirse, pero comparar el estímulo con la manipulación es como comparar la bondad con el engaño. La diferencia está en la intención de la persona. El estímulo hace que las personas actúen por su propia elección y deseo, mientras que la manipulación generalmente termina en condescendencia forzada. El primero es ético y duradero, mientras que la otra no es ética y es temporal.

Thomas Carlyle dijo:

> La grandeza se aprecia en la forma como el gran hombre trata al pequeño. El que estimule o manipule estriba en el valor que atribuyamos a la persona humana. Estimular es trabajar conjuntamente con el otro para conseguir el beneficio mutuo.

> **El estímulo hace que las personas actúen por su propia elección y deseo, mientras que la manipulación generalmente termina en condescendencia forzada.**

Manipular es trabajar con el otro pero buscando exclusivamente el beneficio propio. Con el estímulo todos ganan. Con la manipulación sólo gana quien la ejerce.

A este pensamiento yo podría agregar que el "triunfo" o la "victoria" del manipulador es temporal y tiene un precio exorbitante. Esa victoria engañosa y vacía daña la relación con el cliente potencial y seguramente será la primera y la última. Es una victoria que hará quedar bien al vendedor a los ojos del jefe, que se verá bien en un informe y que producirá una retribución económica, pero no cabe duda de que es un freno para el éxito y una manera autodestructiva de iniciar cualquier carrera de ventas.

UN NIÑO QUE SABE VENDER

Leonard Harvison cuenta la anécdota acerca de la llamada que recibió de su sobrino Robert Gibson, de siete años de edad, al final de un día largo y difícil. Ésta fue la conversación que sostuvieron:

> ROBBIE: Tío Bubba, ¿tienes visita?
> LEONARD (el tío Bubba): No, claro que no.
> ROBBIE: ¿Te molesta mi llamada?
> TÍO BUBBA: No, absolutamente.
> ROBBIE: ¿Estás tan aburrido como yo?
> TÍO BUBBA (pensando que Robbie deseaba pasar la tarde con su tío favorito): Sí, Robbie, estoy aburrido.
> ROBBIE: Sabes, se me acaba de ocurrir una idea. ¿Vamos a pescar?

Lo único que deseaba Leonard en ese momento era darse un baño y descansar, pero Robbie había sellado todas las salidas posibles de antemano. "Fui el pez más grande que pescó ese día — dice Leonard —, y me encantó que así fuera".

No me cruzaría por la mente acusar a ese niño de siete años de manipulador, porque quizá ni siquiera comprenda el significado de la palabra. Sin embargo, sabía exactamente lo que deseaba y, en forma muy natural e infantil, supo hacer las preguntas apropiadas. También debo anotar que el cariño entre tío y sobrino salta a la vista. La esencia de la historia está en las últimas palabras de Leonard: "Y me encantó que lo hiciera". Fue una venta clara y motivada (en la cual ambos salieron ganando).

PREGUNTAS LÓGICAS FRENTE A PREGUNTAS EMOTIVAS

Si durante la primera parte del análisis de las necesidades usted pregunta: "¿Qué siente sobre...?", le hará un favor muy grande a su cliente potencial y se hará un favor a sí mismo. Averiguando lo que siente el cliente potencial, es mucho más fácil descubrir lo que piensa. La mayoría de las personas creemos que tomamos decisiones lógicas, pero la verdad es que nuestras decisiones son básicamente emocionales.

El ejemplo típico es el cinturón de seguridad. La mayoría de la gente "renegó" cuando en los Estados Unidos se aprobó la ley que establecía el uso obligatorio del cinturón de seguridad, alegando: "Éste es un país libre. ¿Qué pretenderá imponer después el gobierno?" Y todo eso a sabiendas de que, al ocurrir un accidente, hay una probabilidad entre tres de que la persona salga ilesa o sobreviva si lleva puesto el cinturón. Por otra parte, en más de seis millones de kilómetros de vuelo que tengo en mi haber, no he escuchado ni a una sola persona quejarse por tener que abrocharse el cinturón. Todos obedecemos con docilidad e incluso con entusiasmo. Y, sin embargo, debo señalar que, si el avión se estrella, el cinturón no sirve absolutamente para nada. No cabe duda de que somos emotivos, no lógicos.

Pero como vendedores debemos comprender que si únicamente formulamos preguntas encaminadas a crear emoción, aunque es probable que generemos una acción por parte del cliente potencial, ¿qué pasará cuando el entusiasmo del momento se desvanezca? El comprador puede sufrir un "ataque de arrepentimiento", haciéndonos perder una venta que parecía muy segura en el momento de cerrar el trato. Por otra parte, si únicamente formulamos preguntas lógicas (a las cuales se responde con el intelecto), aunque con ellas eduquemos al cliente potencial sobre sus necesidades y los beneficios de nuestro producto o servicio, corremos el riesgo de que salga a comprarle a otra persona que le ayude a ver la parte emocional de la compra. Por lo tanto, es indispensable combinar la emoción y la lógica. La emoción induce a los clientes potenciales a actuar de inmediato, mientras que la lógica les ayuda a justificar la decisión posteriormente. Esto es importante, porque el cliente muchas veces tiene que explicar la compra a los amigos y a la familia.

¿Alguna vez ha tenido que explicar (o ha deseado explicar) una compra a un amigo o a un familiar? Quizá usted sea como el marido a quien la mujer le hizo tantas preguntas sobre un automóvil usado que había comprado, que regresó en seguida a la oficina del comerciante. Cuando el vendedor vio llegar a nuestro "héroe", salió corriendo al patio para explicarle las normas de la compañía sobre devolución.

"La verdad es que no vine a devolver el automóvil" dijo enfáticamente el cliente. "Sólo me preguntaba si usted tendría la amabilidad de repetir su presentación de ventas".

Los profesionales de las ventas que comprenden y utilizan los aspectos emocionales Y lógicos de la ventas son más eficaces.

VER, OÍR Y CREER

En general, cuando vemos algo (cuadros, gráficos, demostraciones), tendemos a responder con lógica. Cuando escuchamos un mensaje, en particular si éste se transmite con sinceridad y entusiasmo, tendemos a responder con emociones. Desde que somos niños se nos dice: "No hay que creer en todo lo que dice la gente" y "Ver para creer". Conclusión: dejemos que los clientes vean para que crean, y que escuchen para que actúen.

COMBINAR LA EMOCIÓN Y LA LÓGICA

Supongamos que usted tiene un producto o servicio que le ayudará a su cliente potencial a ahorrar dinero. Al terminar la presentación o demostración, una vez que haya establecido de manera concluyente que su producto o servicio en realidad le ayudará a ahorrar dinero, formule tres preguntas a su cliente potencial:

- ¿Puede ver en qué forma el producto le ahorrará dinero?
- ¿Le interesa ahorrar dinero?
- Si fuese a comenzar a ahorrar, ¿cuándo cree que sería el mejor momento para hacerlo?

Una de las emociones más fuertes del ser humano es el TEMOR. Posiblemente conoce el viejo adagio que dice: "El temor de perder es más fuerte que el deseo de ganar". Por tanto, usted debe ayudar a su cliente potencial a disipar el temor de perder dinero (usted no ha creado el temor sino que, por el contrario, está ayudando a eliminarlo). Con la primera pregunta (¿Puede ver en qué forma el producto le ahorrará dinero?), comienza el proceso de "eliminar el temor". En ese momento la conversación se efectúa en el plano *emocional*.

Aunque la segunda pregunta parezca demasiado obvia, es preciso hacerla. Es una pregunta directa (¿Le interesa ahorrar dinero?) que trae al cliente potencial del mundo de la emoción al mundo de la *lógica*. "Por supuesto que me interesa ahorrar dinero; a toda persona sensata le interesa", será la respuesta mental aunque la verbal sea un simple "Sí".

Hasta aquí el cliente potencial habrá admitido que el producto que usted ofrece le ayudará a ahorrar dinero y que, además, desea ahorrar. La tercera pregunta (Si fuese a comenzar a ahorrar, ¿cuándo cree que sería el mejor momento para hacerlo?) exige acción inmediata. También es una forma (emocional) de recordarle que si no hace algo puede seguir perdiendo dinero.

¿PERO SÍ LE DARÁ RESULTADO A USTED?

Si (y este debe ser un gran "SI" condicional) ha hecho la presentación de manera que pueda esperar una respuesta afirmativa a la primera pregunta, el resto del proceso surtirá efecto. Este principio funciona, además, para muchos otros aspectos.

Si su producto o servicio entraña un beneficio para la salud, emplee el mismo procedimiento para combinar la emoción y la lógica. Para productos tales como los aparatos para hacer ejercicio, las vitaminas, la afiliación a un gimnasio o la fisioterapia, formule preguntas como éstas:

- ¿Puede apreciar hasta qué punto beneficiará esto su salud?
- ¿Está realmente interesado en mantener (o en recuperar) un perfecto estado de salud?
- Considerando esto, ¿cuándo cree que sería el mejor momento para comenzar a cuidar su salud, la cual, naturalmente, aprecia mucho?

Llegado a este punto, me gustaría que suspendiera la lectura para determinar el principal beneficio del producto o servicio que usted vende. ¿Cuál es la razón primordial por la cual instaría a la gente a decidirse a comprar su producto o servicio? Ahora elabore su propia versión de las tres preguntas que combinan la lógica y la emoción.

El principal beneficio (lo que hace mi producto o servicio en favor de los demás) es:
_____

Mi versión "adaptada" de las tres preguntas:

¿Puede apreciar _____

_____ ?

¿Le interesa _____

_____ ?

¿Cuándo cree _____

_____ ?

Si no tuvo tiempo para redactar las tres preguntas, ¿quisiera responderme algo?: ¿Puede ver de qué manera, combinando la lógica y la emoción, usted podría cerrar más ventas. ¿Le interesa cerrar más ventas? ¿Cuándo cree que sería el mejor momento para comenzar a cerrar más ventas?

PINTE UN CUADRO VÍVIDO Y EMOTIVO

Los vendedores sobresalientes son "mercaderes de la palabra" y "pintores de cuadros". Al buscar las palabras acertadas para formular las preguntas lógicas y emocionales, recuerde que se trata de pintar cuadros vívidos en la mente de su cliente potencial.

Greg Watt, de London (Ontario, Canadá), vende planes de ahorro y utiliza para ello una analogía simple que ha denominado "la conclusión del viaje a Toronto". La idea gira alrededor de tres preguntas para las cuales escoge ciertas palabras que le permiten pintar cuadros muy especiales. Su propósito es ayudar a los clientes potenciales a ver claramente que un

> **Los vendedores sobresalientes son "mercaderes de la palabra" y "pintores de cuadros".**

plan de ahorros modesto SÍ vale la pena, porque pequeñas sumas ahorradas periódicamente contienen un factor multiplicador que convierte $100 depositados mensualmente en una cuantía significativa al cabo del tiempo.

Greg pinta el cuadro con estas tres preguntas:

- "Señor Martínez, si yo le ofreciera $100 por ir a pie hasta Toronto, ¿usted lo haría?" (Como Greg vive a 193 kilómetros de Toronto, rara vez recibe una respuesta afirmativa.)
- "Si al final del viaje lo estuviera esperando $1 000 000, usted comenzaría a caminar ahora mismo, ¿no es así?"
- "Si yo le pudiese mostrar cómo llegar a la ciudad del millón ahorrando $100 todos los meses, usted estaría dispuesto a dar el primer paso ahora mismo, ¿no es así?"

La respuesta es afirmativa la mayoría de las veces.

MÁS CUADROS VÍVIDOS

Connie Cox trabaja con una importante entidad publicitaria y conoce el poder de las palabras. Lo que les enseña a sus colaboradores es que no es tan eficaz solicitar un contrato como decir: "Para reservarle el espacio..." El contrato, que antes causaba temor, se convierte en un medio para reservar el espacio, y el cliente queda más contento.

Jay P. Curry, de San Francisco (California, Estados Unidos), anota con entusiasmo que, en lugar de las visitas en frío (o en caliente), prefiere que sus vendedores realicen visitas de *presentación*. Les pregunta: "¿Qué palabra les viene a la mente cuando escuchan la palabra *presentación*? ¿Acaso cuando están con alguien especial no se sienten orgullosos de presentar a esa persona a sus amigos? Cuando salen con su mejor amigo y se encuentran con un conocido, ustedes presentan a su amigo, ¿no es así? Cuando salen a vender tienen que presentarse ustedes mismos y presentar a la compañía y, lo que es más importante, al producto o servicio.

"Como las palabras son los colores que usamos para pintar nuestros cuadros, debemos usar las mejores tonalidades posibles. Tenemos la responsabilidad de pintar el cuatro en términos que se puedan comprender y usar fácilmente".

Las palabras SON los colores de las pinturas que usamos para ilustrar los cuadros de la vida. ¿No cree que escoger los colores (las palabras) apropiados es una forma hermosa y emocionante de hacer exactamente lo que pretendemos: pintar con palabras cuadros vívidos?

LA FORMA APROPIADA DE PREGUNTAR

Entonces, ¿cómo formular las preguntas apropiadas que le permitan hacer un buen análisis de las necesidades al comienzo de la presentación de ventas? Otra vez me alegro de que haya preguntado. Permítame recordarle algo que dije antes: Los que conocen el "qué" y el "cómo" siempre serán subalternos de quienes conocen el "por qué". Mientras exploramos juntos las preguntas que deben formular los vendedores profesionales y la forma como las deben exponer para satisfacer las necesidades de los clientes, permítame pedirle que trate de comprender *el porqué* del proceso de preguntar.

PREGUNTAS DE PUERTAS ABIERTAS

Hay tres clases fundamentales de preguntas que nos permiten descubrir las necesidades de nuestros clientes y clientes potenciales. Y todas las preguntas — emocionales o lógicas — pertenecen a una de esas tres categorías.

La primera es la de las preguntas de puertas abiertas. Son preguntas que permiten al interrogado responder lo que desee. Después de todo, el propósito no es arrinconar a las personas, sino permitirles moverse libremente en el campo que escojan. El objeto de las preguntas de puertas abiertas es sacar a flote los deseos, las necesidades, las ideas y las opiniones del cliente potencial. Estas preguntas son una forma de mostrar interés sincero por los clientes sin imponerles nada.

Las preguntas de puertas abiertas son las que permiten identificar el quién, el qué, el dónde, el cuándo, el cómo y el por qué. También pueden comenzar con frases como "¿Qué piensa de...?" o "¿Qué siente respecto a...?"

Por ejemplo
Veamos algunos ejemplos de preguntas de puertas abiertas que sirven para conseguir información y a la vez para mostrar interés sincero por el cliente potencial.

1. ¿Cuál es el aspecto más interesante de su trabajo?
2. ¿Qué cambios prevé en su trabajo durante los próximos cinco años?
3. ¿Cuáles son sus metas con respecto a su trabajo?
4. ¿Cuáles cree que serán los mayores desafíos para usted y su empresa durante los próximos seis meses?

El propósito de la pregunta de puertas abiertas, repito, es dar al cliente potencial la libertad de responder en el sentido que desee. Si usted hace preguntas a las cuales se pueda responder con un "sí" o un "no", deja abierta la posibilidad de que los clientes potenciales se muestren muy circunspectos. Formule preguntas de puertas abiertas.

Una irritación menor
Uno de los peores errores que se pueden cometer al hacer preguntas de puertas abiertas es adelantarse a responder. ¡No se trata de un examen de múltiples opciones! Cuando se hacen preguntas de puertas abiertas generalmente hay un momento de silencio. Aunque la pausa puede ser muy incómoda, es necesaria para que la persona dé forma a una respuesta inteli-

gente y profunda a la pregunta. Por favor, evite adelantarse a las respuestas, sea porque se sienta incómodo, sea porque desee aportar sus luces a la comprensión de la situación.

Si su pregunta es: "¿Qué siente acerca del alcance de sus responsabilidades? (pausa) Me refiero a si siente que sus responsabilidades son cada día mayores o cada vez más restringidas", el interlocutor puede responder: "Sí, son mayores"; "Ninguna de las dos cosas"; o "Me siento bien con mis responsabilidades". Ninguna de esas respuestas es lo que se busca con una pregunta de puertas abiertas. Pregunte... y luego ¡ESCUCHE!

Los vendedores tienen generalmente deficiencias en este aspecto. Sin embargo, existe una correlación directa entre el cheque de la comisión (el valor monetario de los resultados), y la capacidad de ESCUCHAR LAS RESPUESTAS tras formular preguntas de puertas abiertas.

PREGUNTAS DE PUERTAS CERRADAS

El segundo tipo de pregunta es el de puertas cerradas. Si una pregunta de puertas abiertas tiene por objeto dar libertad al cliente potencial para que hable de lo que desee, la pregunta de puertas cerradas está concebida para insistir en algún punto a fin de aclararlo o conseguir más detalles acerca de él. Las preguntas de puertas cerradas comienzan con frases como "¿Quisiera decirme algo más sobre...?" o "Eso es fascinante. ¿Qué quiere decir con...?"

A menudo se puede sencillamente repetir, en tono de interrogación, lo que ha dicho el cliente potencial o convertir una afirmación en una pregunta. Aunque quizá el siguiente caso no le suceda a usted, ayuda a aclarar un punto: si el cliente potencial se levanta súbitamente y dice que no tiene interés en hacer negocios con usted y que es "inútil" continuar con la entrevista, usted puede responder en tono calmado y suave: "¿Inútil, señor?" y esperar.

Esa jugada devuelve el balón al campo contrario y muchas veces es la forma de hacer salir a flote las razones del cliente potencial, con lo cual se amplía la base de información. Si eso sucede, usted estará en mejor situación para regresar en un futuro, aunque el cliente potencial no se muestre inclinado o dispuesto emocionalmente a tomar una decisión favorable en ese momento. Aunque el cliente potencial no responda a su última pregunta, eso no quiere decir que no siga siendo válido el viejo proverbio de que "la respuesta suave quebranta la ira". Tras reflexionar, el cliente potencial reconocerá el profesionalismo de usted, lo cual significa que la puerta que abrió para que usted saliera estará abierta para una próxima entrevista.

Por ejemplo
Los siguientes son ejemplos de preguntas de puertas cerradas concebidas para conseguir información que sirva para ayudar al cliente potencial y para establecer una relación de confianza mutua:

1. ¿Cuánto tiempo enseñó antes de entrar en el mundo de los negocios?
2. ¿Cuál es el tamaño de su división comparado con el de otras divisiones de esta empresa?
3. Considerando que su meta es aumentar las utilidades, ¿cómo utilizaría la empresa esas utilidades adicionales?
4. Si el absentismo es uno de los mayores obstáculos a la productividad, ¿qué piensa hacer para reducirlo?

LA MÁS OLVIDADA HERRAMIENTA DE VENTAS

No hay duda de que una de las herramientas de ventas más importantes (y más descuidadas) es la voz del vendedor. La mayoría de los terapeutas del lenguaje coinciden en afirmar que en la sociedad estadounidense solamente un 5% de las personas es de voz agradable por naturaleza.

La Pelirroja recuerda con afecto un encuentro muy agradable con un joven ejecutivo de Dallas. En el curso de la conversación, ella le preguntó de dónde era. Él mencionó un pueblecito de una zona rural en el sur. Ella manifestó sorpresa, pues el tono de voz y las peculiaridades del habla del ejecutivo no correspondían a ninguna región en particular y menos aún al sur del país. "Su dicción es mejor que la de Zig", le dijo (quienes me hayan oído hablar comprenderán esa afirmación).

El caballero sonrió agradecido y explicó que, cuando era niño, sus padres le habían recalcado una y otra vez que una voz agradable que nadie pudiera identificar como de un sitio en particular era una verdadera ventaja. Tenía una dicción excelente y la voz era placentera al oído. Tanto es así que, por haber cultivado la voz al máximo, a este caballero se le ofrece un futuro cada vez más halagüeño.

Muchos ejecutivos e instructores de fonética creen que todo el mundo puede mejorar la voz, y yo estoy de acuerdo. Aunque la pereza les impide a muchas personas tomar las medidas necesarias para mejorar, lo que sucede con más frecuencia es que no saben que tienen una voz áspera, chillona o desagradable.

Claro está que no se puede mejorar de la noche a la mañana. Sin embargo, Gertrude Fogler, educadora de la voz, dice que todo el tiempo y el esfuerzo dedicados a mejorar la voz valen la pena. Hay personas que pierden el empleo literalmente a causa de la voz (¿ha notado que muchos patronos buscan hablar al menos una vez por teléfono con los aspirantes antes de tomar la decisión definitiva de contratarlos?); maestros y estudiantes se exasperan mutuamente o no logran concentrar la atención a causa de la voz carrasposa y desagradable. Conozco a un conferenciante que posee un magnífico porte escénico, dirige seminarios en forma excelente y se halla en capacidad de ayudar a muchas personas. Sin embargo, una importante firma productora de audio lo rechazó a causa de la voz. Cuando se vio frente al problema, el conferenciante aceptó con reticencia hacer algo al respecto, tomó lecciones con un educador de la voz, pero después dio como excusa la "falta de tiempo" y nunca regresó. Triste pero cierto.

Medidas correctivas

¿Qué puede hacer un vendedor consagrado para mejorar la voz? Comencemos con una doble sugerencia que obra maravillas. En este preciso momento quiero que se encierre en una habitación únicamente consigo mismo y que NO SÓLO lea estas palabras en voz alta sino que las grabe. Después haga lo mismo con el resto del libro. Esto no solamente le ayudará a mejorar la calidad tonal de la voz sino a fijar más profundamente en la memoria las lecciones y recuerdos del libro que si se limita a leer normalmente. Seguramente no grabará todo el libro, pero le aconsejo que grabe los pasajes que conviene memorizar y recordar al pie de la letra. Mientras va conduciendo, o cuando no pueda leer, repase el contenido de las secciones más importantes del libro y a la vez evalúe su voz. No olvide hacerse esta pregunta mientras se escucha a sí mismo: "¿Le compraría yo algo a esta persona?"

Leer y grabar

También le recomiendo leer en voz alta y grabar textos especializados. Aunque pueda parecerle muy molesto, permítame recordarle que su voz LE LLEGA al cliente potencial por la vía emocional. Puesto que vender es transferir sentimientos, ¿qué mejor manera de comenzar que usando bien la voz?

Un pasaje realmente notable de la obra de Shakespeare y de la literatura en general es el discurso de Marco Antonio: "He venido a sepultar a César, no a alabarlo". A medida que vaya leyendo, reconocerá una de las presentaciones de ventas más intensas de todos los tiempos. Marco Antonio convierte al grupo de clientes potenciales iracundos en una multitud completamente distinta, gracias a su habilidad para escoger las palabras. Como vendedor usted tendrá que enfrentar algunos clientes potenciales hostiles (o por lo menos parcialmente hostiles), y ese pasaje le dará muchas ideas sobre cómo tratar con ellos. Además, con la ventaja que ofrece la grabación, usted aprenderá mucho sobre la calidad de su voz.

Otra gran obra literaria de la cual podrá aprender mucho es la Biblia. Personalmente le recomiendo que lea en voz alta los

Salmos y los Proverbios. La elocuencia, por ejemplo, del Salmo 23 (que para muchos es el pasaje más bello que se haya escrito jamás) lo conmoverá e inspirará. Si dedica quince minutos de cada día a mejorar la voz, en tres meses la gente comenzará a notar la diferencia y dentro de un año usted mismo se sorprenderá de cuán eficaz se ha tornado su voz.

La tensión nerviosa se traduce en "chillidos"
Charles Rondeau, autoridad en materia de pronunciación, afirma que la voz de la mayoría de las mujeres es demasiado aguda, pero que se puede mejorar considerablemente mediante un esfuerzo deliberado por bajar el tono. Tanto para los hombres como para las mujeres, la clave está en relajarse al hablar, concentrándose en aflojar los músculos de la garganta. Siempre que voy a dar una conferencia le pido al organizador que me deje una jarra con agua caliente en la tarima. Cuanto más caliente, mejor. Llegado el momento de beber el primer sorbo, el agua está apenas tibia. Es una locura beber agua helada durante una conferencia. El frío contrae los músculos, mientras que el calor los hace relajar, aumentando también la irrigación sanguínea. Le recomiendo que beba agua tibia antes de comenzar a grabar. Además, mientras graba haga un esfuerzo consciente para abrir la boca, pues son muchas las personas que tienen mala dicción porque sencillamente no abren la boca. Hable frente al espejo para asegurarse de sonreír mientras habla y graba. La voz sonriente (ya sea en persona o por teléfono) se oye cálida, sincera y amistosa.

Práctica, práctica y más práctica
Mi buen amigo y colega instructor Peter Lowe dice que muchos clientes potenciales recurren a generalizaciones que por lo común no son ciertas. Para actuar en situaciones así, ofrece algunos métodos y palabras que sirven para contrarrestar dichas generalizaciones, usando apropiadamente la voz:

> CLIENTE POTENCIAL: Todos en la compañía estamos descontentos con el servicio recibido.

PETER (sonriendo): ¿Todos?
CLIENTE POTENCIAL: ¡Nadie confía en ese individuo!
PETER (sonriendo): ¿Nadie?
CLIENTE POTENCIAL: ¡Ustedes nunca cumplen!
PETER (sonriendo): ¿Nunca?
CLIENTE POTENCIAL: Siempre que probamos con algo nuevo que ofrecen ustedes tenemos que lamentarlo.
PETER (sonriendo): ¿Siempre?

Casos como éste son universales y seguramente usted habrá encontrado muchos otros. Si sonríe, hace una pausa y repite las palabras más importantes podrá manejar la objeción con la simple inflexión de la voz.

Permítame recomendarle que practique con las preguntas que habrá de utilizar cientos de veces, pero pronunciándolas cada vez con la inflexión de voz apropiada. Y si usted es el verdadero profesional de las ventas que yo creo, dará un "paso más" y ensayará la inflexión apropiada para las RESPUESTAS/OBJECIONES que debe manejar permanentemente. Utilizando una grabadora para practicar las respuestas a las afirmaciones de los clientes, se convertirá gradualmente en un profesional consumado.

Por ejemplo, si su cliente dice: "Estamos muy satisfechos con nuestro actual proveedor", usted podría responder: "¿Están satisfechos... con su actual proveedor?" (observe la pausa al final de la frase). Si obtiene una réplica de una sola palabra, sencillamente haga una pausa y asienta con la cabeza. Si espera el tiempo suficiente, el cliente potencial le explicará las razones. Otras afirmaciones comunes que se pueden convertir en preguntas de puertas cerradas son:

CLIENTE POTENCIAL: Su precio es demasiado alto.
USTED: ¿El precio (pausa) es demasiado alto?

CLIENTE POTENCIAL: No necesitamos más _____.
USTED: ¿No *NECESITAN* más _____?

¿Querría dedicar tiempo ahora mismo a repasar su presentación y determinar las afirmaciones más comunes que podría manejar con la inflexión de voz apropiada?

_____

_____

¿Qué dice? ¿Que ahora no tiene TIEMPO?????

PREGUNTAS DE SÍ O NO

El tercer tipo de preguntas es el de sí o no. Estas preguntas exigen una respuesta directa. Sin embargo, se debe recurrir a ellas únicamente cuando ya se conoce la respuesta. El peligro de este tipo de preguntas es que si se utilizan demasiado pueden percibirse como una forma de complacencia.

Por ejemplo

A medida que vayamos dando ejemplos de preguntas de sí o no, recuerde ponerlas en sus propias palabras, de acuerdo con las características de su personalidad.

1. ¿Está de acuerdo con que esto le ahorraría dinero?
2. ¿Es éste el tipo de producto que podría beneficiar a su entidad?
3. ¿Cree que lo que le propongo concuerda con sus metas?
4. ¿Estamos de acuerdo en que este servicio es por lo menos una solución parcial a sus problemas?

Las preguntas de sí o no permiten "tantear el terreno" y verificar el progreso alcanzado. Algunos instructores denominan a estas preguntas "pruebas de cierre" porque, con base en la respuesta, es posible saber si el cliente potencial está en disposición de comprar o no.

Sencillamente no lo podía comprar

Art Lamstein, de San Francisco (California), vende calentadores que funcionan a base de energía solar. Después de la presentación y la demostración, el cliente potencial se limitó a decir:

— Sencillamente no lo puedo comprar.

Art utilizó preguntas de sí y no para ayudarle un poco.

— Señor Wilson — comenzó —, aprecio su sinceridad al decirme que no puede comprar este aparato, pero permítame preguntarle algo: Realmente le gusta, ¿no es cierto?

La respuesta fue la esperada.

— Entonces, si tuviera el dinero lo compraría hoy mismo, ¿no es así?

Nuevamente la respuesta fue afirmativa.

"Muchos de mis clientes — concluye Art — creyeron inicialmente que no podían comprar el aparato, pero cuando supieron cuánto podrían ahorrar en las cuentas de energía eléctrica, se convencieron de que realmente no era costoso". Art pasó después a la "libreta que habla" (una libreta de 33 por 22 cm en la que el cliente potencial podía seguir con la vista lo que le decían). Le demostró al cliente potencial que el costo de no comprar era mayor que el costo del calentador que le ofrecía, a medida que aumentaban los precios de la energía eléctrica. Mientras anotaba las cifras, Art continúo "tanteando el terreno" hasta que el cliente potencial aceptó que las cifras eran razonables y exactas.

Acto seguido, Art regresó al proceso de cierre, pero no trató de forzar al cliente potencial a cambiar de opinión (es algo muy difícil de hacer). Trató de que el cliente potencial cambiara de idea basándose en la información adicional. Y lo hizo diciendo lo siguiente:

— Señor Wilson, no le estoy pidiendo que gaste más dinero que el que está gastando ahora. Lo que le pido es que cambie el hábito de pagarle a la compañía de energía eléctrica unas cuentas cada vez más altas y comience a invertir en su propio beneficio el dinero que le ahorrará el empleo de la energía solar. En lugar de quemar el dinero, tendrá algo que mostrar. En otras palabras, se trata de decidir sencillamente entre seguir pagándole a la compañía de energía eléctrica o hacer una inversión para sí mismo. Por lo tanto, mi última pregunta es ésta: ¿Prefiere seguir pagando unas tarifas cada vez mayores, que tal vez algún día no pueda pagar, o adquirir un calentador de energía solar que le permitirá mantener un costo bajo?

Como es de imaginar, se hizo la venta.

Art usó con mucha eficacia las preguntas de sí o no. Además, nos enseñó la manera de conseguir la participación del cliente potencial solicitándole su opinión; lo hizo participar visualmente utilizando la "libreta que habla"; utilizó las preguntas de sí o no para llevar al cliente potencial a una conclusión lógica; y no trató de hacerle cambiar de opinión sino de ayudarle a tomar otra decisión basándose en la información adicional.

¿Entrevista o interrogatorio?

Aunque seguramente la siguiente enunciación le parezca obvia, permítame decirle que es vital que UTILICE SUS PROPIAS PALABRAS Y TRABAJE DE ACUERDO CON LAS CARACTERÍSTICAS DE SU PERSONALIDAD. Su trabajo es entrevistar, explorar y descubrir las necesidades y los deseos del cliente, no interrogar.

¿Está mostrando suficiente interés por el cliente potencial? ¿Se basan sus preguntas en lo que se está conversando (las respuestas anteriores) o sencillamente está ciñéndose estrictamente a un cuestionario preparado? La única cosa más frustrante después de un mal presentador de televisión que pregunta sin tomar en cuenta la respuesta a la pregunta anterior es el vendedor falto de profesionalismo que hace lo mismo.

Un representante de ventas se lanzó a hacer el análisis de necesidades, y el cliente potencial lo interrumpió para decirle: "Disculpe, ¿dijo usted que trabajaba con BFI o con el FBI?"

No sobra hacer hincapié en la importancia del análisis de las necesidades como parte del proceso de vender. Sin embargo,

> **UTILICE SUS PROPIAS PALABRAS Y TRABAJE DE ACUERDO CON LAS CARACTERÍSTICAS DE SU PERSONALIDAD.**

antes de llegar a moverse a sus anchas en esa fase del proceso, es necesario que pueda moverse a sus anchas en el momento de preguntar. Lo último que desean la mayoría de los profesionales de las ventas es parecer agentes del FBI o presentadores de televisión flojos. Por tanto, la pregunta obvia es: ¿cómo conseguir la información que necesita para que tanto usted como el cliente potencial se puedan sentir a gusto? Me alegra que lo haya preguntado, puesto que es el tema del capítulo 7.

PRIMERA ETAPA DE UN BUEN PROCESO DE VENTA: ANÁLISIS DE LAS NECESIDADES

1. Las preguntas acertadas permiten ganarse la confianza del cliente potencial.

2. Para combinar la emoción y la lógica:
   A. Utilice preguntas "lógicas" y preguntas "emotivas".
   B. Utilice las tres preguntas conclusivas.
   C. Utilice la "libreta que habla" para que el cliente potencial pueda "ver" la idea.

3. El vendedor de éxito es un mercader de palabras y un pintor de cuadros.

4. Sondee al cliente potencial con tres clases de preguntas:
   A. Preguntas de puertas abiertas.
   B. Preguntas de puertas cerradas.
   C. Preguntas de sí o no.

5. La herramienta menos perfeccionada del vendedor profesional es la VOZ. Para perfeccionarla:
   A. Practique, practique y practique.
   B. Lea y grabe este libro y haga lo mismo con la presentación de ventas.
   C. Beba agua tibia antes de hablar.
   D. Exagere la apertura de la boca.
   E. Sonría.

CAPÍTULO 7

EL "INTERROGATORIO" CONVERSADO

Una entrevista agradable

Era tan intensa la luz de la bombilla de 400 vatios que, cuando Rafael miró a su captor, sólo pudo ver una sombra tenue y un resplandor rojiamarillo alrededor de la silueta del hombre corpulento que lo interrogaba.

— No sé — gimió Rafael, preguntándose si algún día cesaría la tortura.

— Bueno — casi le gritó el verdugo —, si no lo sabe usted, ¿entonces quién?

Aunque esta escena puede parecerle tomada de una película de fines de los años 40, en realidad es la que se representa en la mente de muchos clientes potenciales cuando USTED pide una cita. Para algunos clientes potenciales, la visita de un vendedor se equipara a la citación de un juez o a la visita de un funcionario de la administración de impuestos. ¿Cómo cambiar esa forma de pensar? La única manera es convirtiéndose en el mejor y más profesional entrevistador del mundo.

LA "INTRAVISTA"

Mi amigo y colega el conferenciante Jim Cathcart tiene a su cargo un seminario para enseñar a hacer "intravistas". ¿No le parece sensacional el término? El hecho de pensar en echar una mirada al interior del interlocutor en vez de hacer una entrevista ayuda a crear las imágenes mentales necesarias para extraer con éxito la información durante la fase del proceso de ventas que corresponde al análisis de necesidades. Haga de las "intravistas" (con su cliente potencial) la meta de su carrera y verá cuán lejos podrá llegar.

LA FÓRMULA P.O.M.O.

Hasta los vendedores más experimentados tienen a veces dificultad para "dispararle" una serie de preguntas a un cliente potencial que visitan por primera vez. A otros les es difícil solicitar información sin, por su parte, ofrecer alguna primero.

La fórmula P.O.M.O. le servirá para echar a andar un proceso de entrevista conversada, agradable para usted Y para el cliente potencial. La fórmula señala la dirección para satisfacer de la mejor forma posible la necesidad del cliente potencial de "sentirse a gusto".

LA PERSONA

La P de la fórmula P.O.M.O. significa PERSONA. El factor determinante para usted, como vendedor interesado en ganarse la confianza y en descubrir los deseos y necesidades, es obtener (y dar) información con respecto a las *personas* que participan en el proceso de venta.

Cuando usted visite personalmente al cliente potencial, mire a su alrededor y busque pistas visuales (fotografías, trofeos, la disposición de los elementos de la oficina) que le permitan encontrar un "terreno común". Cuando llegue a la oficina del cliente potencial después de haber concertado la cita por teléfono, un cumplido da muy buen resultado. Decir "La persona que contesta a su teléfono es muy amable" o algo tan simple como un sincero (y no superficial) agradecimiento por aceptar la llamada, le servirá para comenzar a avanzar con el pie derecho.

CUALQUIER cosa que refleje un interés SINCERO por el cliente potencial será de invaluable ayuda para usted. Cuando esté preparando una serie de preguntas relacionadas con la otra persona, recuerde que ESTÁ BIEN compartir información personal sobre usted mismo. Pero no olvide que, como USTED ya se conoce a sí mismo, debe limitarse a dar de sí mismo apenas lo necesario para expresar intereses comunes sin llegar a monopolizar la conversación. Si desea una regla, limite la información sobre usted a un 25% de esta parte de la conversación. En otras palabras, dos terceras partes para el cliente potencial y una tercera parte para el vendedor.

El vendedor con verdadero profesionalismo, que se interesa realmente por sus clientes y clientes potenciales, también recopila información para las visitas y llamadas de seguimiento. Preguntar con naturalidad cómo terminó el partido de fútbol o qué sitio escogieron el cliente potencial y su cónyuge para celebrar su cena de aniversario de bodas es una forma de hacerles sentir que realmente se interesa por ellos y está dispuesto a tratarlos como las personas importantes que son. La clave está en recordar las siguientes palabras: *brevedad, calidez, sinceridad* y *amabilidad*.

ALIMENTAR AL YO O A LA FAMILIA

La Corporación Zig Ziglar vende programas de capacitación para entidades de todos los tipos y tamaños. En 1990 consolidamos las actividades de ventas de nuestra empresa, compuesta por ochenta personas, convirtiendo las ocho divisiones en cuatro grupos de trabajo. A medida que había ido creciendo nuestra entidad habíamos ido perdiendo el enfoque. Ya lo principal no era reconocido como tal. Entonces dimos un paso decisivo para enfocar debidamente nuestros esfuerzos

> **La clave está en recordar las siguientes palabras:
> *brevedad, calidez, sinceridad* y *amabilidad*.**

nombrando a Bob Alexander gerente general de ventas, a cargo de TODAS las actividades de ventas.

Al poco tiempo de estar en su cargo, Bob me contó que había presenciado una visita en la cual uno de nuestros vendedores veteranos había cometido un error de novato.

Mientras hablaba con el cliente sobre la P de la fórmula P.O.M.O., nuestro vendedor determinó que tenía suficiente información y no necesitaba continuar con los otros tres elementos de la fórmula (¡primer error!). Luego decidió solucionar lo que pensaba que era el problema del cliente hablándole de las numerosas presentaciones que había hecho a concesionarios de vehículos y negocios de ventas directas (¡segundo error!) y diciendo, para terminar:

— Creo que puede ver que con mi experiencia realmente puedo ayudarle a generar un buen trabajo de equipo dentro de su empresa.

La respuesta del cliente no fue precisamente halagadora:

— No — comenzó el EX cliente potencial —. No puedo ver cómo su trabajo con concesionarios de vehículos y organizaciones de ventas directas podría ser útil con las personas que trabajan en la línea de producción de esta fábrica.

Aunque los conceptos que explicaba eran perfectamente transferibles, nuestro vendedor había puesto el énfasis en sí mismo y no en la forma como el cliente se beneficiaría del programa (¡tercer y último error, porque no pudo seguir adelante!).

No hay nada de malo en dar al cliente un bosquejo rápido de las experiencias que sean pertinentes... siempre y cuando sirvan para ampliar el punto de vista del cliente, se relacionen con los deseos y necesidades de éste y sirvan como testimonio de su credibilidad (y no para halagar el yo).

PREGUNTAS RELACIONADAS CON LA PERSONA

Las preguntas son más eficaces para persuadir que ninguna otra forma de mecanismo verbal. Por lo tanto, es preciso formular una serie de preguntas con las cuales se sienta a gusto y que le permitan mostrar un sincero interés por los demás sin abandonar su esfera de halago personal. Mi amigo Gerhard Gschwandtner, que publica la revista *Personal Selling Power*, tiene un manual maravilloso titulado *The Sales Question Book*, en el cual hay cientos de ejemplos clasificados por categorías. Consiga, si le es posible, un ejemplar de ese libro y saque el tiempo para adaptar esas preguntas a su situación y para idear otras nuevas.

A continuación aparecen algunos ejemplos de los tres tipos de preguntas que le ayudarán a conocer más a la persona y a la vez demostrar sincero interés por ella.

PREGUNTAS DE PUERTAS ABIERTAS (PERSONA)

1. ¿Cómo comenzó a trabajar en este negocio?
2. ¿De qué parte del país es?
3. ¿Cuáles son algunos de sus pasatiempos?

PREGUNTAS DE PUERTAS CERRADAS (PERSONA)

1. ¿Cuánto hace que [juega al golf, es entusiasta del tenis, va de cacería]?
2. ¿Le gustaría hablarme de su familia?
3. Aparte de su trabajo aquí, ¿qué otras experiencias profesionales ha tenido?

PREGUNTAS DE SÍ O NO (PERSONA)

1. ¿Le gusta vivir aquí?
2. ¿Logra pasar tiempo suficiente con su familia?
3. ¿Disfruta de lo que hace durante su tiempo libre?

SU CUESTIONARIO

Permítame insistir en que debe elaborar su propio cuestionario. Usted podría alegar que unas preguntas previamente preparadas pueden sonar convencionales y "prefabricadas". Y así es. Pero sólo mientras se convence de que: a) Los mejores actores y las mejores actrices de todos los tiempos siempre han representado papeles "prefabricados", pero tan magníficamente actuados que la representación sale llena de vida, fresca y vibrante; b) es necesario sacar tiempo para practicar las preguntas con los amigos, la familia y los conocidos; c) debe grabarlas en casete; d) debe escucharlas cuidadosamente preguntándose siempre si usted estaría dispuesto a comprarle a la persona que habla; y e) debe repetir el proceso hasta que las preguntas sean SUYAS. Ahora bien, si esto le parece innecesario o que no vale la pena, déjeme preguntarle: ¿Está decidido a hacer todo lo que esté a su alcance para poder dar lo mejor de sí mismo (pregunta de sí o no, y espero que conozca la respuesta)? Puesto que paso a paso se llega lejos, ¿por qué no comienza ahora mismo?

NO JUEGUE A SER "MEJOR"

Uno de los peligros de la parte de la fórmula correspondiente a la persona es jugar a ser "mejor". Sucede así: el vendedor observa la fotografía de la adolescente con el uniforme del equipo de baloncesto y dice: "Veo que tiene una deportista en la familia. ¿Cómo estuvo esta temporada?" (pregunta de puertas abiertas). "Bueno", comienza a responder el cliente potencial, "la temporada pasada ganamos sólo tres juegos pero esta temporada vamos invictos y..." Antes que el cliente potencial pueda terminar la frase, el vendedor falto de profesionalismo (que, por supuesto, no sabe vender) lo interrumpe bruscamente para contar lo que le acaeció la vez que participó en un campeonato cuando cursaba el séptimo grado. El VENDEDOR recuerda con lujo de detalles los tantos anotados en esos juegos y, fascinado con sus recuerdos, no observa la mirada "vidriosa" del CLIENTE POTENCIAL hasta cuando es invitado a abandonar la oficina.

No hay nada de malo en hablar del campeonato de la infancia — DESPUÉS que el cliente potencial haya terminado de hablar — y limitándose a una frase corta que tenga relación con el cliente potencial, como: "Apuesto a que sintió lo mismo que sintió mi padre cuando nuestro equipo ganó el primer campeonato"; o "Nuestro hijo participó en un campeonato cuando tenía catorce años, y entiendo lo que se siente".

Si usted es de los que siempre tienen una historia mejor, es también de los que alimentan el yo pero no a la familia.

EL PODER DE OBSERVACIÓN

Cuando nuestro gerente general de ventas, Bob Alexander, trabajaba consiguiendo fondos para financiar programas, tuvo una experiencia difícil de olvidar que le demostró la importancia de conocer a la persona con quien se está tratando.

Una noche, mientras veía el último noticiario, observó que el departamento de recreación del condado necesitaba conseguir fondos para construir unos nuevos campos deportivos. En el momento en que el anunciador pronunció el nombre del director del departamento de recreación, el engranaje de la máquina de sueños de Bob comenzó a funcionar. Al igual que todos los vendedores de éxito, Bob comprendía que las metas no son otra cosa que sueños que estamos dispuestos a hacer realidad; de manera que tomó nota del nombre y se fue a dormir.

A la mañana siguiente, la primera llamada telefónica fue para el departamento de recreación del condado de Columbia. El director se encontraba en la ciudad y aceptó recibirlo ese mismo día.

EX ALUMNOS IMPORTANTES

Al estrechar la mano del director, Bob observó que éste llevaba un espléndido anillo de grado. Observó el anillo, entre otras razones, porque conocía la importancia de estar alerta a cualquier "señal" que pudiera darle una pista sobre la parte de su entrevista relacionada con la "persona". Otra razón para fijarse en el anillo era la de que su dueño había estudiado en la misma universidad de la cual Bob era ex alumno.

Casi inmediatamente después del apretón de manos, Bob aludió que ambos habían asistido a la misma universidad, lo cual hizo que la simpatía fuese instantánea. Tenían muchos amigos mutuos y compartían, así mismo, muchos recuerdos de lugares. Las barreras formales que existen casi en todas las situaciones en que dos personas se ven por primera vez desaparecieron de inmediato. El hecho de que coincidieran en el interés por el deporte y en la necesidad de formar una juventud sana sirvió de base para que floreciera la relación entre los dos.

El director le dijo que tenían casi un "ejército" de promotores interesados en conseguir fondos para el programa y que la junta asesora no sabía cómo reducir el número a un grupo manejable. Sugirió que visitaran juntos al presidente de la junta asesora, puesto que lo que él, como director, dijera pesaría mucho en la decisión final. Los tres se reunieron en la oficina del director para salir de allí a almorzar.

Durante ese tiempo, Bob siguió trabajando en la parte de la fórmula correspondiente a la *Persona*, esforzándose por averiguar todo lo posible acerca del presidente de la junta asesora. Al terminar el almuerzo, Bob fue invitado a presentar su propuesta a la junta.

Por favor, observe que Bob tuvo que hacer una venta para conseguir la oportunidad de hacer otra. Primero, tuvo que "venderse" a sí mismo y a su auténtico interés por las DOS PERSONAS y *después* por el PROGRAMA. Sin esa primera venta no hubiera podido presentarse ante el comité. Sin la presentación ante el comité no había oportunidad para hacer la venta. Los dos clientes potenciales le hicieron ver claramente a Bob que era llevado ante el comité a causa del interés sincero que había demostrado por ellos y por el programa.

LA PRESENTACIÓN

La noche de la presentación, antes de atender a Bob el comité recibió a otras cuatro personas. Cada una tuvo media hora para presentar su fórmula y a todas se les dijo que la decisión les sería comunicada a la semana siguiente. Cuando terminó su presentación, Bob sintió que había hecho una magnífica labor y esperó con los demás en caso de que hubiera alguna otra pregunta.

Después de la quinta presentación, el presidente salió a la sala de espera y le solicitó a Bob que volviera a entrar. Aunque Bob no lo supo en ese momento, el director despidió a los demás vendedores, puesto que el comité ya había tomado la decisión de adjudicar el contrato a Bob.

Se trataba de un contrato para uno de los departamentos de recreación más grandes del sudeste de los Estados Unidos. Además, Bob trabajó la cuenta durante cuatro años, generando miles de dólares para el departamento de recreación y para su propia empresa. El toque final fue la inclusión del nombre de Bob Alexander en la placa conmemorativa de la inauguración del campo de béisbol, en señal de aprecio y agradecimiento por lo que él y su empresa habían hecho en favor del condado de Columbia. Y todo eso gracias a que un vendedor se tomó el tiempo de conocer a las personas que participaban en el proceso de venta.

LA ORGANIZACIÓN

La primera O de la fórmula P.O.M.O. significa ORGANIZACIÓN. Cuando termine de hablar sobre la persona, pase a la organización. Sondee con cautela y esté preparado para hablar de su organización cuando encuentre algo en común o cuando pueda hacer un cumplido sincero al cliente potencial. Aplique la misma proporción que la referente a la "persona": el 25% para su organización y el 75% para la organización del cliente potencial.

Antes que usted piense que exagero, permítame decirle que NO estoy diciendo que no pueda hablar sobre su empresa. Muchos de los clientes potenciales están ansiosos de saber algo sobre usted, y es preciso proporcionarles información suficiente a fin de hacerles saber que la empresa que usted representa es sólida y confiable. Sin embargo, no monopolice la conversación. El objetivo es proporcionar la información necesaria para ganarse la confianza... y conseguir información suficiente para poder hacer bien el trabajo (es decir, hacer la venta).

PREGUNTAS SOBRE LA ORGANIZACIÓN

Éstos son algunos ejemplos que podrían adaptarse a su situación.

PREGUNTAS DE PUERTAS ABIERTAS (ORGANIZACIÓN)

1. ¿Querría contarme algo sobre su organización?
2. ¿Qué planes tiene para el futuro?
3. ¿Cuál es el aspecto más interesante de las operaciones de su empresa?

PREGUNTAS DE PUERTAS CERRADAS (ORGANIZACIÓN)

1. ¿Cómo está funcionando el departamento de ___ ?
2. ¿Cómo calificaría el desempeño del personal de apoyo?
3. ¿Qué tipo de capacitación están recibiendo los directivos de su organización?

PREGUNTAS DE SÍ O NO (ORGANIZACIÓN)

1. ¿Está satisfecho con las utilidades de la empresa?
2. ¿Está creciendo su empresa al ritmo que usted espera?
3. ¿Le gustaría poder promover a su personal desde adentro?

EL PRESIDENTE DE LA FAMILIA

Para algunas personas, la organización es la familia. Cuando eso es así, las preguntas relacionadas con la organización deben sonar parecidas a las relacionadas con la persona. Una frase como "Cuénteme sobre sus hijos" cumple la misma función de una pregunta de puertas abiertas, porque da al cliente potencial mucho espacio para responder. "¿Cuáles son los pasatiempos preferidos de usted y su familia?" es otro ejemplo.

METAS

La M de la fórmula P.O.M.O. significa METAS. Esta parte del proceso corresponde a las preguntas destinadas a recoger información sobre las metas personales y profesionales. Por ejemplo: "¿Qué desea lograr durante los próximos seis meses?" y "¿Cuáles son sus metas para el año próximo?" (dos preguntas de puertas abiertas).

No osaría acusar a los clientes potenciales de "mentirosillos", pero he conocido algunos que dicen lo que creen que el vendedor quiere oír. Uno de los mayores peligros de la parte correspondiente al análisis de necesidades es dejar que el cliente potencial esconda sus verdaderas metas tras una "cortina de humo". Para ser justos, la naturaleza humana es tal que, cuando alguien trata de descubrir nuestras metas, nuestro primer acto reflejo es decir lo que creemos que la otra persona desea o espera oír (o decir sencillamente que eso es algo que no les incumbe a los demás).

Los vendedores sin profesionalismo quedan tan felices con la respuesta, que pasan a la siguiente fase del proceso. Pero el verdadero profesional continúa indagando. Una pregunta que vale la pena hacer es: "¿Por qué es importante para usted alcanzar esa meta?" Otra manera de hacer la misma pregunta de puertas cerradas (limitándose a una meta específica) es: "¿Qué significaría para usted alcanzar esa meta?" Y es probable que tenga que hacer esa misma pregunta varias veces.

PREGUNTAS PARA DESCUBRIR LAS METAS

Éstos son algunos ejemplos de preguntas que puede adaptar para "intravistar" a su cliente potencial acerca de sus metas.

PREGUNTAS DE PUERTAS ABIERTAS (METAS)
1. ¿Cuáles son sus metas, tanto personales como para su organización?
2. ¿Cómo estableció que éstas eran las metas prioritarias?
3. ¿Cuáles fueron sus metas el año pasado?

PREGUNTAS DE PUERTAS CERRADAS (METAS)
1. ¿Cuál es su meta más importante para el año que viene?
2. ¿Qué método utiliza actualmente para avanzar hacia sus metas?
3. ¿Cuánto tiempo se ha concedido para alcanzar esas metas?

PREGUNTAS DE SÍ O NO
1. ¿Alcanzó sus metas del año pasado?
2. ¿Sus metas anteriores han estado de acuerdo con la realidad?
3. Está empleando, para fijar sus metas, un procedimiento comprobado; ¿no es así?

DINERO, DINERO, DINERO

Muchas veces las metas de los clientes potenciales tienen que ver con el dinero. Permítame decirle que el dinero nunca es una meta. La verdadera meta se refiere a LO QUE PUEDE HACERSE con el dinero.

Si la respuesta de su cliente potencial a una pregunta sobre metas es una cifra monetaria, compleméntela inquiriendo: "¿Por qué sería eso importante para usted?", a fin de comenzar a descubrir las verdaderas metas. Hay muchas personas que no piensan en las metas. Aunque esta fase del proceso de venta no debe convertirse en una sesión de consejos, su objetivo debe ser lograr que el cliente potencial le diga "la verdad".

METAS NO ALCANZADAS

¿Por qué son pocas las personas que alcanzan las metas que se proponen? Porque la mayoría realmente nunca se ha sentado a determinar sus verdaderas metas. Y, repito, la gente que piensa que la meta es el dinero se equivoca. La meta tiene relación con LO QUE SE PUEDE HACER CON EL DINERO. Bien se trate de erigir un monumento al yo (una hermosa casa), o bien de construir el ala de un edificio destinado a un orfanato, es de vital importancia descubrir la verdadera meta. Hasta los profesionales más experimentados echan a perder la venta cuando venden dejándose guiar por la "cortina de humo", sin descubrir las metas verdaderas.

CÓMO SACAR LAS METAS DEL "ESCONDITE"

Durante el proceso de evaluación de las metas es necesario pasar de lo genérico a lo específico, de lo abstracto a lo concreto. Las preguntas deben hacerse de manera que sirvan para sacar del "escondite" a las metas específicas. Los ejemplos que aparecen a continuación sirven para descubrir las metas relacionadas con las finanzas, los viajes, la educación, el hogar, las vacaciones y las metas intangibles.

INDEPENDENCIA ECONÓMICA

1. ¿Cuánto necesita recibir mensualmente para tener independencia económica?
2. ¿Cuánto tendría que ahorrar?
3. ¿En que emplearía su tiempo si tuviera independencia económica?
4. ¿Qué clase de inversiones querría hacer?

VIAJES

1. Si pudiese ir a cualquier parte, ¿a dónde iría para comenzar?
2. ¿Cuánto ha viajado?
3. ¿Por qué desea viajar?

EDUCACIÓN DE LOS HIJOS

1. ¿Qué tipo de enseñanza primaria y secundaria desea para su hijo?
2. ¿Cómo piensa financiar esa educación?
3. ¿A qué universidad desearía que ingresara su hijo?
4. ¿Cuánto vale el semestre en esa universidad?
5. ¿Ya ha comenzado a ahorrar?
6. ¿A cuántos de sus hijos desea enviar a la universidad?
7. ¿Qué nivel de ingresos necesita para enviar a todos sus hijos a la universidad?

EL HOGAR

1. ¿De qué tamaño es la casa de sus sueños?
2. ¿Cómo sería por fuera?
3. ¿Cuántas alcobas, baños y zonas sociales?
4. ¿Qué tipo de zonas de recreación desea (piscina, jardines, chimeneas, segundo piso, salón de juegos, fuente)?
5. ¿De qué color las cortinas, los muros, las alfombras?

VACACIONES

1. ¿A dónde quisiera ir de vacaciones?
2. ¿Cuánto deben durar unas vacaciones perfectas?

METAS INTANGIBLES

1. ¿Por qué desea alcanzar esa meta?
2. ¿Cuándo desea alcanzar esa meta?
3. ¿Qué significará para usted alcanzar esa meta?

A riesgo de ser machacón, insista en personalizar las preguntas. Además, después que el cliente diga qué meta quiere alcanzar trate de preguntar: "¿Qué significaría para usted el alcanzar esa meta?" o "¿Por qué sería importante para usted alcanzar esa meta?"

UN DOCTOR PRACTICA SUS HABILIDADES DE VENDEDOR

John Leddo obtuvo su doctorado en la Universidad de Yale. John es un psicólogo muy brillante, y en su empresa ha ideado programas de computador basados en algunos de nuestros productos. Tras asistir en Dallas (Texas) a uno de nuestros seminarios, titulado "Nacido para ganar", John me escribió para contarme sobre la forma como se benefició en una ocasión buscando qué metas quería alcanzar determinada persona. Dejemos que sea él quien cuente la historia:

"Aplicando lo que usted me enseñó sobre ventas, pude hacer un negocio muy importante que de otra manera habría perdido. Hace poco propuse un seminario sobre toma de decisiones a una organización que promueve cursos para profesionales. El director de la organización me llamó para decirme que no podían tomar mi seminario. Antes de estudiar sus enseñanzas, habría respondido algo así: 'Bueno, gracias por considerar mi propuesta. Espero poder servirle en alguna otra oportunidad'. Habría dejado ir la venta así como así.

"Sin embargo, recordé que usted me había enseñado que cuando un cliente potencial dice 'no' lo que realmente está diciendo es que no está dispuesto a cambiar un montón de dinero por unos pocos beneficios. Pero como estoy convencido de que mi curso es bueno, pensé que lo que debía hacer era descubrir por qué no veía él los beneficios. Entonces comencé a preguntarle sobre las METAS que se proponía en materia de asistencia y lo que trataba de lograr con los seminarios que promovía. Descubrí que las metas eran bastante modestas, de manera que le pregunté por qué mi seminario no las satisfacía. Me dijo que creía que mi seminario no se adaptaba al alto nivel técnico de la gente que constituía su mercado. Fue entonces cuando me di cuenta de que había INTERPRETADO MAL SUS METAS. Yo había pensado que, puesto que muchas personas prefieren evitar los enfoques matemáticos y muy técnicos de la toma de decisiones, era mejor matizar un poco esos aspectos de mi seminario... aunque eran los que más le interesaban a mi cliente potencial. Le expliqué por qué había formulado mi propuesta en esa forma y que el material era realmente de un nivel técnico bastante alto y que podía reestructurar el curso para dar énfasis a los aspectos técnicos.

"Llegados a ese punto, me dijo: 'Bueno, quizá no tenga que modificar su curso. Déjeme examinar su propuesta nuevamente y lo llamaré mañana'. Aunque eso me encantó, recordé que usted enseña que, algunas veces, cuando el cliente potencial dice que llamará al día siguiente, pasa el día buscando razones para no comprar. Entonces me preparé para eso. Cuando YO LO LLAMÉ, le pregunté, utilizando la conclusión de la alternativa: '¿Entonces cree que debemos modificar el curso, o lo dejamos como está?' (antes de aprender lo que usted enseña al respecto, habría preguntado: '¿Ha decidido si acepta el curso?') El director respondió que la decisión me la dejaba a mí. Comenzamos a conversar sobre los términos de nuestro arreglo y cerramos el trato.

"Gracias por ayudarme a hacer este negocio importante. Es un caso en el cual sus enseñanzas establecen la diferencia entre hacer o perder la venta".

John no sólo ayudó a su cliente potencial buscando las verdaderas metas de éste, sino que identificó la última O de la fórmula P.O.M.O.

OBSTÁCULOS

La última O de la fórmula se refiere a los OBSTÁCULOS para llegar a las metas recién descubiertas. Como dice el doctor Norman Vincent Peale: "Si desea conocer a alguien que no tenga problemas ni obstáculos en la vida, vaya al cementerio... aunque, pensándolo bien, algunos de los que habitan ahí tienen un problema tremendo".

Todas las personas con quienes nos relacionamos tienen problemas. Una vez escuché esta afirmación: "Basta con parar a cualquier persona en la calle y decirle: 'Me enteré de su problema' para que la persona pregunte inmediatamente: '¿Cómo lo supo?'". La clave no está en carecer de problemas, porque todos los tenemos; la clave está en encontrar la solución a esos problemas.

Jim Norman, director de la Corporación Zig Ziglar (CZZ), efectuó una visita de ventas en compañía de uno de nuestros representantes. El cliente potencial permanecía inconmovible, diciendo que no podía utilizar nuestros servicios. Cuando se agotaba el tiempo que se les había concedido, Jim preguntó: "Como director de la Corporación Zig Ziglar, sé que también tenemos obstáculos. ¿Querría hablarnos de algunos de los problemas a los cuales se enfrenta su empresa?" Cuarenta y cinco minutos después salían de la oficina con el contrato de venta en la cartera.

¿CUÁL ZIG?

La gente no desea oír hablar a Zig Ziglar ni leer libros de Zig Ziglar. La gente desea oír que hay esperanza y leer que por malas que hayan sido las "cosas" todavía tiene una oportunidad. Lo que la gente desea son "fórmulas" aplicables y prácticas para la vida. Las personas buscan información, inspiración y un norte en la vida. Las personas me buscan porque creen que puedo ofrecerles una solución a sus problemas... que puedo ayudarles a vencer los obstáculos. Ésa es exactamente la misma razón por la cual la gente compra.

PREGUNTAS PARA DESCUBRIR LOS OBSTÁCULOS

Detengámonos a buscar las preguntas apropiadas que nos ayuden a averiguar cuáles son los obstáculos que se interponen entre el cliente potencial y las metas profesionales y personales.

PREGUNTAS DE PUERTAS ABIERTAS (OBSTÁCULOS)

1. ¿Qué le impide llegar adonde desea?
2. ¿Cuáles son los obstáculos que se interponen en su camino?

3. ¿Cuáles escollos debe superar a fin de conseguir aquello por lo que ha luchado tanto?

PREGUNTAS DE PUERTAS CERRADAS (OBSTÁCULOS)

1. ¿Qué medidas ha tomado para superar _____ (un obstáculo concreto)?
2. ¿Por qué no ha alcanzado sus metas?
3. ¿Cuál es el obstáculo que debe superar a toda costa?

PREGUNTAS DE SÍ O NO (OBSTÁCULOS)

1. ¿Ha logrado hacer lo que necesita para superar los obstáculos?
2. ¿Cree que haya otras medidas que pueda tomar para superar los obstáculos?
3. ¿Está interesado en superar los obstáculos que no lo dejan avanzar?

PREPARACIÓN

Nunca se está "lo bastante preparado" para una presentación de ventas. La preparación es vital para el éxito. Piense en esto: ¿Querría comprarle algo a un vendedor inseguro, inepto y que ni siquiera sabe hablar? ¿Querría hacer negocios con un vendedor que no tiene la mínima idea sobre usted o su empresa? ¿Qué idea da un vendedor desorganizado de la compañía a la cual representa?

Si usted es una persona que sabe exactamente lo que hace, PODRÁ manejar las distracciones que ocurren inevitablemente durante algunas presentaciones de ventas. Cuando usted está totalmente preparado, el hemisferio izquierdo del cerebro (el lóbulo sereno, organizado, lógico y concreto) funciona a su máxima capacidad. Mientras tanto, el hemisferio derecho (el creativo, imaginativo y visual) podrá manejar la interrupción o distracción de la mejor manera posible.

Aristóteles comenzó aprendiendo a leer y escribir. El gran pianista Paderewski tuvo que comenzar aprendiendo las escalas musicales. Cuando usted aprendió a conducir un vehículo de caja mecánica tuvo que luchar con la combinación de movimientos necesarios para manipular el freno, el embrague, el acelerador y la palanca de cambios en forma sincronizada y correcta. Al comienzo de su carrera como vendedor quizá tenga que "luchar" con algunos de estos difíciles procesos de aprendizaje. Prepararse bien le será de gran ayuda.

¿CUÁNTO TIEMPO?

Un aspecto esencial de la preparación es aprender a distribuir el tiempo. Cuando se disponga a poner en práctica el proceso P.O.M.O., cerciórese de saber exactamente cuánto tiempo tiene para hablar con el cliente potencial. Una vez adoptado determinado lapso de tiempo, cuide de no demorarse más, SALVO QUE EL CLIENTE POTENCIAL SE LO SOLICITE.

Leí sobre un vendedor que tiene una técnica especial para cumplir con este requisito importante. Antes de comenzar la presentación se quita el reloj y se lo entrega al cliente potencial. Como tiene un Rolex de más de $12 000, la táctica no deja de ser significativa. Después dice: "Si permanezco aquí más de media hora (el tiempo que necesita para hacer el análisis de necesidades, despertar la conciencia sobre las mismas y llegar a las soluciones) sin que usted me haya pedido que me quede, el reloj es suyo". Claro que tiene un reloj de repuesto, para controlar el tiempo.

Sin embargo, lo que está en juego es mucho más que un reloj Rolex. La posesión más valiosa de un profesional de las ventas es la REPUTACIÓN. Si usted trata a sus clientes y clientes potenciales con probidad, las posibilidades de hacer la venta aumentan considerablemente.

> **La posesión más valiosa de un profesional de las ventas es la REPUTACIÓN.**

¡AL GRANO!

Algunos clientes potenciales carecen del don de la paciencia y desde que comienza el análisis de necesidades empiezan a agitarse en la silla. Son impetuosos y desean escuchar "solamente lo esencial" sin ningún "perendengue". Si el cliente potencial exige saber "de qué le sirve y cuánto le va a costar", usted debe pasar de inmediato a hablar de los beneficios que reporta lo que usted vende. Ponga énfasis en el punto de mayor impacto — la razón por la cual la gran mayoría de las personas compran su producto o servicio — preguntando: "Señor Martínez, ¿tiene algún interés en _____ [agregue aquí "ahorrar", "ganar más", "jugar golf con más frecuencia", "viajar" o cualquiera que sea el primer beneficio que reporte el producto que usted vende]. Tan pronto escuche una respuesta afirmativa (y lo más seguro es que así sea), diga sencillamente: "Entonces vamos directamente al grano..." y continúe con EL PLAN DE SU PRESENTACIÓN PROFESIONAL.

No tiene por qué abandonar su plan ni perder el control ni intentar cerrar el trato inmediatamente. El cliente potencial le ha enviado una señal contundente: ¡al grano! De manera que vaya al grano de la manera más conveniente para el cliente potencial. Cíñase a su plan y presente una versión *abreviada* de cada paso. Cada paso es importante o de lo contrario no lo habría pensado; de manera que cíñase al plan. Sencillamente, "avance".

INTERRUPCIONES REPETIDAS

Si el cliente potencial interrumpe la presentación una y otra vez, suspenda y diga: "Señor Martínez, realmente deseo servirle de la mejor manera posible. ¿Cree que sería mejor acordar una cita para otro día?" Si el cliente potencial responde afirmativamente, concierte la cita y salga inmediatamente. Después, tan pronto como pueda, reúnase con su gerente de ventas para evaluar la visita. Hay personas que desean llegar al grano lo antes posible, y algunos vendedores alargan demasiado la presentación. Deje que su gerente le ayude a aclarar la causa de su dificultad.

LA OTRA CARA DE LA MONEDA

Es obvio (o al menos así lo espero) que no debe imitar jamás al vendedor que comienza la presentación y a los cinco minutos es interrumpido por el cliente potencial, que le dice: "Está bien, me convenció. Lo compro", y el vendedor replica: "No, un momento, si apenas comienzo mi presentación. ¡Tan pronto termine le tomaré el pedido!".

PISTAS SOBRE LA PERSONALIDAD

Mucho se ha escrito sobre la forma de abordar a la gente de acuerdo con su tipo de personalidad. Creo que sobre el tema hay alguna información válida, pero permítame advertirle que tenga mucho cuidado al hacer el "diagnóstico" del cliente potencial. Ni siquiera los psicólogos que han pasado años perfeccionando su técnica pueden hacer lo que hacen ciertos vendedores.

En nuestra empresa aplicamos dos métodos de análisis de personalidad para los seminarios y para contratación interna y asignación de cargos. Los dos métodos son el "análisis vectorial de la personalidad" de Walter Clarke and Associates y el "perfil de la personalidad" de Carlson Companies. Durante los últimos diez años hemos dedicado mucho tiempo y dinero a estudiar este campo especializado. Basándonos en lo que hemos aprendido, me gustaría sugerirle que estudie la conveniencia de utilizar la información que aparece a continuación para ayudar a sus clientes potenciales a sentirse a gusto.

CONSIDERE SOLAMENTE CUATRO ASPECTOS

Cuando esté con el cliente potencial, abra bien los ojos para captar cualquier indicio o visible señal que pueda servirle. Escuche con ojos y oídos y esté preparado para cambiar de actitud si no logra la reacción que espera. Centre su atención en cuatro tipos básicos de personalidad y busque los "grandes rasgos" en lugar de dejarse atrapar por la "parálisis del análisis". Recuerde que, al menos algunas veces, el cliente potencial trata de NO mostrar su verdadera personalidad. Por lo tanto, no se deje engañar por los "indicios".

Audaces como Roberto y Beatriz

Usted ya ha visitado antes a Roberto y a Beatriz. Los dos poseen una personalidad muy fuerte que ordena: "Manos a la obra". Debe ocuparse de ellos primero, porque son impacientes. Los adjetivos más apropiados para "pintar el retrato" de Roberto y Beatriz son: *audaces, seguros, competitivos* y *claros*. Son personas ORIENTADAS HACIA LOS RESULTADOS.

Amistosos como Felipe y Felisa

Usted recordará siempre a Felipe y Felisa porque se cuentan entre las personas más amables que ha conocido. Para ellos todas las reuniones son una fiesta y, si no lo son, deberían serlo. Las palabras para describirlos son: *amigables, francos, emotivos* y *sociables*. Son personas ORIENTADAS HACIA LA GENTE.

Sinceros como Samuel y Sara

Estos dos lo harán sentir muy orgulloso de sí mismo. Samuel y Sara son fuerzas estabilizadoras en cualquier parte. Son personas que *saben escuchar, desean cooperar* y son *leales* y *dignos de confianza*. Son personas ORIENTADAS HACIA EL TRABAJO EN EQUIPO.

Competentes como Carlos y Carolina

Carlos y Carolina son perfeccionistas por naturaleza. Desean hacerlo todo bien. Son *cautelosos, analíticos, respetuosos de las normas* y *meticulosos*. Son personas ORIENTADAS HACIA LA CALIDAD.

¡PELIGRO! ¡CUIDADO!

Permítame decirle que es probable que usted conozca a una persona con alguno de esos nombres que no encaja en la descripción. Los nombres son para efectos de clasificación y diferenciación.

Si queremos dar ejemplos específicos de esos tipos de personalidad tomando personajes conocidos, deberíamos decir que Lee Iacocca ("Si encuentra un automóvil mejor, ¡cómprelo!") y Barbara Walters, la primera periodista en obtener ingresos anuales de más de $1 000 000, encajan en la categoría de los AUDACES (orientados hacia los resultados). Son personas con fama de tomar medidas audaces y de buscar siempre los resultados.

Los nombres que vienen a la mente para representar la personalidad estilo AMISTOSO (personas orientadas hacia la gente) son los de Bob Hope, quien nunca se encuentra entre extraños, y Oprah Winfrey, quien siempre es amable y cordial... incluso con los invitados más descorteses.

El estilo SINCERO (personas orientadas hacia el trabajo en equipo) estaría representado por Tonto, el fiel compañero del Llanero Solitario y, para los más jóvenes, por Abelardo, de Plaza Sésamo. Los dos representan la profunda lealtad y las fuerzas estabilizadoras de la vida.

El estilo COMPETENTE (personas orientadas hacia la calidad) podría verse en el señor Spock, si usted es aficionado a *Viaje a las estrellas* (yo no).

¿QUÉ HAY EN UN NOMBRE?

De ahora en adelante, para efectos de nuestro análisis, clasifiquemos las personas en estas cuatro categorías: 1) Audaces; 2) amistosas; 3) sinceras; y 4) competentes. Por favor, no olvide que todas las personas tienen ALGO de cada una de estas cualidades. La mejor presentación de ventas es audaz, amistosa, sincera y competente. El propósito de brindarle esta información sobre el análisis de la personalidad es ayudarle a vender de acuerdo con LA TENDENCIA PREDOMINANTE en el cliente potencial.

AUTOANÁLISIS

Antes de empezar a pensar en la personalidad del cliente potencial, es preciso que se detenga a pensar en USTED MISMO. ¿Cuál de los siguientes conjuntos de palabras se ajusta MEJOR a su propia personalidad?

1. AUDAZ
Promotor
Emprendedor
Osado
Impaciente
Puntual
Independiente
Orgulloso
Ambicioso

2. AMISTOSO
Extravertido
Confiado
Entusiasta
Persuasivo
Le agrada que le presten atención
Causa una primera buena impresión
Con facilidad de palabra
Busca la variedad

3. SINCERO
Sistemático
Metódico
Servicial
Paciente
Conciliador
Consecuente
Estable
Solventador

4. COMPETENTE
Ordenado
Modesto
Sensible
Prudente
Estructurado
Busca respaldo
Receloso
Reservado

En realidad, ninguno de estos modos de ser puede calificarse de bueno o malo, de propio o impropio. La mayoría de nosotros querríamos tener cualidades de cada una de las listas.

Una vez que haya determinado cuál de las listas SE AJUSTA MÁS A SU MODO DE SER, vea la tabla relativa a las diferencias de personalidad.

DIFERENCIAS DE PERSONALIDAD

MODO DE SER	PUNTOS FUERTES	PUNTOS DÉBILES	NECESIDADES
Audaz	Soluciona los problemas Toma decisiones Logra las metas	Realza los defectos Es imprudente Pasa por encima de la gente	Dominio Autoridad Prestigio
Amistoso	En comunicativo Participa Realza lo bueno	No regula el tiempo Falta de continuidad Falta de objetividad	Agradecimiento Buena acogida Diálogo
Sincero	Es leal Escucha Es paciente	Es muy posesivo No se arriesga Evita el conflicto	Aprecio Confianza Tiempo
Competente	Analiza Es preciso Tiene aspiraciones	Es muy estricto Posterga Es demasiado crítico	Trabajo de precisión Tiempo Hechos

Recuerde: Muchas veces nuestros puntos débiles son prolongación de nuestros puntos fuertes.

CÓMO RECONOCER LOS DISTINTOS MODOS DE SER Y VENDER DE ACUERDO CON ELLOS

A continuación aparecen algunas preguntas y afirmaciones que facilitan la tarea de reconocer los distintos modos de ser. Inmediatamente después de cada grupo aparecen cuatro "claves" que le servirán para trabajar con las personas de características muy definidas.

El cliente AUDAZ preguntará o afirmará:
"Si no es ahora mismo, no me interesa".
"¿Cuánto vale?"
"¿Cuándo me lo envía?"
"¿Ha sido vendedor antes?"

"Secretos" para venderle a la persona AUDAZ:
1) Hable claro; 2) sea conciso: vaya al grano; 3) responda el "QUÉ" no el "CÓMO", y 4) tenga presentes las "utilidades".

El cliente AMISTOSO preguntará o afirmará:
"¿Qué pensarán mis vecinos?"
"Lamento llegar tarde. Se prolongó un almuerzo de trabajo".
"Lo invito a una taza de café para que discutamos esto".
"¿Vio el partido anoche?"

"Secretos" para venderle a la persona AMISTOSA:
1) No dé detalles; 2) sea sociable; 3) haga seguimiento; y 4) presente productos "nuevos".

El cliente SINCERO preguntará o afirmará:
"¿Por qué cambiaron el producto?"
"Déjeme pensarlo y lo llamaré después".
"¿Cómo puedo estar seguro de tomar una decisión acertada?"
"Ya tengo un proveedor de ese producto".

"Secretos" para venderle a la persona SINCERA:
1) Gánese su confianza; 2) vaya lentamente y con calma; 3) responda todas las preguntas; y 4) tranquilícela.

El cliente COMPETENTE preguntará o afirmará:
"Hábleme de la garantía. ¿Está por escrito?"
"¿Tiene material escrito que yo pueda leer con más calma?"
"¿Están en capacidad de despachar cumplidamente?"
"Debemos ceñirnos al procedimiento de compra de la empresa".

"Secretos" para venderle a la persona COMPETENTE:
1) Presente pruebas y testimonios; 2) prepare y estructure bien su presentación; 3) responda al "CÓMO"; y 4), si hay alguna desventaja, menciónela de antemano en la presentación.

DE PERSONALIDAD A PERSONALIDAD

El cuadro Vender de Personalidad a Personalidad le dará ideas y elementos concretos para manejar la situación tomando en cuenta su modo de ser Y el del cliente potencial.

VENDER DE PERSONALIDAD A PERSONALIDAD

Vendedor *audaz* a persona:
- Audaz = Sea usted mismo.
- Amistosa = Esté dispuesto a la sociabilidad.
- Sincera = No se apresure; suministre información; no presione.
- Competente = Presente pruebas/hechos.

Vendedor *amistoso* a persona:
- Audaz = Vaya al grano; no trate de entablar conversaciones triviales.
- Amistosa = Recuerde tomar el pedido.
- Sincera = Gánese su confianza; no se

		muestre demasiado amistoso.
	Competente =	Concéntrese en las pruebas y los hechos.

Vendedor *sincero* a persona:	Audaz =	Muestre seguridad.
	Amistosa =	Dedique tiempo a la sociabilidad.
	Sincera =	Tranquilícela.
	Competente =	Presente pruebas; responda a todas las preguntas.

Vendedor *competente* a persona:	Audaz =	Concéntrese en el "QUÉ", no en el "CÓMO".
	Amistosa =	Hable de los puntos fundamentales.
	Sincera =	Dé tiempo al cliente para asimilar la información.
	Competente =	No olvide actuar.

HACIA LA TOMA DE CONCIENCIA DE LAS NECESIDADES

Ha llegado el momento de la verdad. Ahora que conoce a la persona, la organización, las metas y los obstáculos para llegar a esas metas, ¿qué debe hacer? Emprenda la etapa siguiente del proceso de venta: tomar conciencia de las necesidades.

CAPÍTULO 8

CÓMO ENCENDER LAS LUCES

Tanto el vendedor como el cliente potencial deben tomar conciencia de las necesidades

Tony Ferguson es actualmente un destacado vendedor de un importante almacén por departamentos de Carolina del Sur. Cuando trabajaba para una compañía productora de neumáticos, ésta ofreció un juego gratis para el vendedor que más neumáticos vendiera durante un mes de promoción. Tony se impuso la meta de ganar el premio.

Para poder aumentar sus ventas en tan corto período, antes de comenzar la promoción hizo imprimir el siguiente mensaje en unas tarjetas pequeñas:

¿Cómo le va? Permítame presentarme: soy Tony Ferguson. Al pasar por el lado de su automóvil observé que algunos de los neumáticos estaban muy gastados. Represento a un fabricante famoso y *en este momento* tenemos neumáticos rebajados. Si desea comunicarse conmigo, me dará mucho gusto cotizarle el precio de los neumáticos del tamaño y el tipo que necesita. Mi número telefónico es 555-2971 y podrá encontrarme de lunes a sábado entre las 8 a.m. y las 5:30 p.m. Muchas gracias.

Bien provisto de tarjetas, Tony iba por la calle con los ojos bien abiertos y, cada vez que veía un vehículo con los neumáticos desgastados, dejaba una tarjeta debajo del limpiaparabrisas. Al terminar el período de promoción, Tony había vendido el doble de neumáticos que cualquier otro vendedor de la compañía.

ELIMINE EL PUNTO CIEGO SIN DOLOR, RIESGO NI DAÑO

Bob Alexander se presentó a un cliente potencial con la intención de venderle uno de nuestros cursos de promoción empresarial. El presidente de la empresa visitada estaba convencido de que sus vendedores no sabían vender y consideraba urgente comenzar a lograr ventas inmediatamente (como sucede en la mayoría de las compañías), a fin de aumentar el flujo de fondos. Durante la sesión de análisis de necesidades con el director, el gerente de ventas y el jefe de contabilidad, Bob puso en práctica todas las cosas que hemos aprendido hasta ahora en este libro.

— No creo que nuestros vendedores tengan la más remota idea sobre lo que deben hacer durante el proceso de venta — comenzó a decir el director —, y sé que no están solicitando pedidos porque no hay ventas. En otras palabras, ¡no estamos vendiendo absolutamente nada!

El gerente de ventas agachó la cabeza, clavando los ojos en los cordones de los zapatos. Primera bandera roja.

El jefe de contabilidad, al advertir el malestar del gerente de ventas, dijo:

— Sí, pero el año pasado, por esta época, las ventas estaban lentas y las tendencias estadísticas indican...

El director de la empresa lo interrumpió:

— ¡No estamos hablando del año pasado! ¡Y si las ventas no mejoran, no podremos hablar del año que viene!

Segunda bandera roja.

Bob inició la etapa de toma de conciencia de las necesidades, con preguntas encaminadas a averiguar más sobre la falta de capacitación y de aptitudes para vender de que aparentemente adolecía el personal. Era el punto crítico del proceso de ventas, porque el diagnóstico realizado durante la fase de análisis de necesidades había permitido a Bob establecer que tenía dos productos para solucionar las necesidades del cliente. El curso "Secretos para tener éxito en las ventas" se encargaba del punto sobre aptitudes que preocupaba al director. El curso "Nos vemos en la cima" respondía a las inquietudes que habían aflorado durante la entrevista.

DOS LUCES DISTINTAS

Una vez terminada la primera fase del proceso de ventas, el análisis de necesidades, pasamos a la segunda, o sea la toma de conciencia de las necesidades. Primero, es necesario encender la luz en la mente del vendedor. Bob sabía que hasta cierto punto el problema radicaba en la actitud áspera e insensible del director. Éste, sin embargo, estaba convencido de que el problema residía en la falta de capacitación y aptitudes de su personal para vender. Si el director hubiera sospechado siquiera cuál era el verdadero problema, lo más probable es que Bob no hubiera tenido la ocasión de hacer su presentación. Me explicó: aunque usted comprenda perfectamente el problema de la compañía (y su luz esté encendida), A MENOS QUE EL CLIENTE POTENCIAL VEA, ENTIENDA Y CREA QUE HAY UN PROBLEMA, NO HABRÁ PROBLEMA ALGUNO y, por ende, tampoco una solución. Es necesario que se encienda también la luz del cliente potencial. Tomar conciencia de las necesidades es algo que deben hacer tanto el vendedor COMO el cliente potencial.

Mientras analizamos la situación de Bob, trate de ver si los principios que él utilizó podrían servirle a usted. Personalmente creo que sí, no importa cuál sea el producto o servicio que usted ofrezca.

EL CONFERENCIANTE ES UN CATÁLOGO

La conferencia es uno de los métodos que utilizamos en la compañía para demostrar nuestra competencia para ayudar a las organizaciones que necesitan capacitación. Por fortuna para la empresa con la cual estaba trabajando Bob Alexander, éste fue invitado a dar una conferencia de dos horas. Al iniciar la presentación prometió hablar de las aptitudes para vender y, en particular, de las aptitudes necesarias para lograr la venta. Citó una frase de un instructor muy sabio (cuyo nombre permanecerá modestamente, en el anonimato): "El profesional de las ventas sabe que es imposible lograr todas las ventas. Solamente desea lograr la siguiente, lo cual lo hace parecer un poco al hacendado que no deseaba toda la tierra: solamente la que colindaba con la suya". En ese momento, el director de la compañía hizo un ademán de aprobación al ver que Bob se refería concretamente a las necesidades que "él había señalado".

Durante la parte central de la charla, Bob habló de la importancia de saber conducir a la gente, aludiendo al hecho de que el 85% de nuestro éxito depende de nuestra actitud hacia las personas y de nuestras aptitudes para dirigirlas, cualquiera que sea la profesión. Citó esta anécdota de mi libro *Top Performance:*

> Andrew Carnegie dijo: "Nadie puede enriquecerse sin enriquecer a los demás". Vivió de acuerdo con ese principio, como lo demuestran los 43 millonarios que trabajaban con él. Un reportero le preguntó durante una entrevista cómo podía contratar a tantos millonarios. El señor Carnegie le explicó pacientemente que no eran millonarios cuando habían llegado a trabajar con él, pero que habían llegado a serlo TRABAJANDO para él. Cuando el reportero siguió preguntando cómo había podido descubrir esas personas capaces de ganar tanto dinero, el señor Carnegie dijo: "La manera de descubrir a la gente es la misma que se usa para extraer oro... En una explotación

aurífera es necesario remover toneladas de tierra para encontrar una sola onza de oro. Sin embargo, uno no va tras la tierra, sino tras el oro".

LOS OJOS HABLAN

Cuando Bob habló de la importancia de buscar lo bueno en los demás, observó que algunas miradas se volvían hacia el director. No se necesitaba ser psicólogo para percibir que "la búsqueda de lo bueno" no era uno de los pilares de la compañía. Mientras hablaba, Bob observó que el director de la empresa tenía la mente en otra parte, y pensó que tal vez había perdido al cliente potencial por no haber hablado de las aptitudes para "lograr la venta". Pero insistiendo en su tema, Bob siguió dando ejemplos de compañías en las cuales las utilidades, la productividad y la moral habían mejorado radicalmente y se había reducido el absentismo gracias a la adopción del principio positivo de buscar lo bueno de las personas y las situaciones.

El director comprendió el mensaje. Y Bob logró la venta: vendió ambos programas. Por favor, entienda que no creó una necesidad. Lo que hizo Bob fue descubrir la *necesidad verdadera* (crear, "buscando lo bueno", un ambiente más positivo y estimulante) sin dejarse engañar por el *síntoma de la necesidad* (lograr la venta). ¿Era importante el síntoma? ¡Por supuesto! ¿Habría prosperado la venta si Bob hubiese tratado de solucionar solamente el síntoma? Posiblemente. ¿Habría cumplido el producto a cabalidad con su propósito de capacitación? ¡Probablemente no!

NEGACIÓN DEL PROBLEMA

¿Entonces cómo se aplica esto a usted y a su situación? (una buena pregunta de puertas abiertas; ¡ya está aprendiendo!) Incluso cuando esté seguro de haber descubierto la necesidad de su cliente, es preciso continuar sondeando, por dos razones: 1) Para cerciorarse de haber identificado la necesidad verdadera y no un síntoma; y 2) para cerciorarse de que el cliente potencial comprenda que realmente tiene una necesidad.

Realidad: El 90% de las personas que tienen problemas (desde alcoholismo hasta permanente mal humor) niegan los problemas. Como las empresas, especialmente las pequeñas, que no tienen una junta directiva competente y activa, generalmente son dirigidas o controladas por una persona, a menudo niegan los problemas, incluso cuando éstos son señalados claramente. Sin embargo, cuando un buen profesional de las ventas indaga mediante las preguntas correctas, la misma persona que negaba el problema tiene la oportunidad de "descubrirlo". Y al ser ella quien lo descubra, seguramente estará más dispuesta a descubrir también las soluciones: los bienes o servicios que usted ofrece (y que el cliente también ha descubierto).

EQUILIBRIO HOMEOSTÁTICO

Bryan Flanagan me dio a conocer el término *equilibrio homeostático* hace varios años. La ley natural de la homeostasis dice que un organismo permanece en perfecto equilibrio hasta que es afectado por una fuerza externa. La fuerza externa altera el estado de las cosas, y el organismo entra en desequilibrio. Las personas rara vez ACTUAMOS cuando no estamos en desequilibrio. Sólo cuando perdemos el equilibrio tomamos las medidas necesarias para corregir o enderezar la situación.

Ahora bien: a algunos el término *equilibrio homeostático* puede parecerles altisonante. Así me pareció la primera vez que lo escuché. Sin embargo, el deseo de progresar y aprender es señal de auténtico profesionalismo... y para que usted y yo tengamos éxito en los años 90, tendremos que estar dispuestos a aprender y progresar. Equilibrio homeostático es ayudar al cliente potencial a comprender que existe una necesidad (encender la luz del cliente potencial). Y al demostrar dónde está el desequilibrio, el profesional de las ventas altera el equilibrio homeostático.

NUNCA OLVIDARÉ A ESTE VIEJO FULANO

Algo tan sencillo como ver en medio de un salón lleno de gente a una persona conocida y no poder recordar su nombre puede alterar el equilibrio homeostático. ¿Recuerda qué bien se sintió cuando finalmente pudo traer a la memoria ese dato? Los seres humanos no hacen cambios mientras se hallen en equilibrio. Cosas como abandonar los hábitos destructivos (fumar, beber, comer en exceso) o adquirir buenos hábitos (hacer amigos, asistir a funciones sociales, mejorar las aptitudes de trabajo, vincularse a una religión, no se hacen a menos que veamos que estamos perdiendo el equilibrio.

NO estoy insinuándole que destruya totalmente el equilibrio del cliente potencial. Lo que debe hacer es descubrir dónde hay un desequilibrio y hacerlo notar de manera convincente. Básicamente, lo que logra con eso es crear descontento con una condición o estado, y ponerse en situación de hacer la venta una vez que el cliente potencial reconozca la necesidad de solucionar el problema.

CLIENTES DESEQUILIBRADOS

¿Qué sucede cuando los clientes potenciales pierden el equilibrio? ¡Una buena pregunta de puertas cerradas! (recuerde que una pregunta de puertas cerradas limita el alcance de la respuesta y se basa en una pregunta anterior. Cuando un cliente descubre una zona de desequilibrio, pueden suceder tres cosas.

Primera: El vendedor profesional (que ha ayudado a señalar la falta de equilibrio) pone el producto o servicio en manos del cliente potencial, hace la venta y sólo tiene que preocuparse por la forma de gastar la comisión. ¿Algún día se acabarán los problemas? (ésta es una pregunta ligeramente irónica de sí o no).

Segunda: El cliente potencial descubre su punto de desequilibrio y, si el vendedor no toma el pedido, con el tiempo recupera el equilibrio y olvida haber sentido cualquier incomodidad. Esto es desastroso, porque no beneficia ni al cliente potencial ni al vendedor.

Tercera: Cuando el cliente potencial descubre que está en desequilibrio y el vendedor no toma el pedido, puede aparecer la competencia y hacerlo, equilibrar al cliente potencial y llevarse la venta. Entonces todos quedan felices... ¡menos usted!

LA CANCIÓN DE BRYAN

Mi gran amigo Bryan Flanagan me contó lo que le sucedió cuando era representante de ventas de IBM en Baton Rouge (Luisiana):

"Zig, yo era buen representante de ventas de la 'gran compañía azul', salvo en lo que se relacionaba con los dictáfonos. Por alguna razón, tenía un bloqueo mental contra esos aparatos. Podía visitar a un abogado y convencerlo sin sombra de duda que usar mi equipo era mucho mejor que escribir. Podía enseñarle a usar el equipo, pedirle que leyera un párrafo y demostrarle que le era posible leerlo seis veces más rápido que escribirlo. Llamábamos a la secretaria y le demostrábamos que el jefe podía leerle al dictáfono tres veces más rápido de lo que ella podía tomar el dictado en taquigrafía. Pero, por alguna 'razón de novato', no podía (o no quería) tomar el pedido. Le demostraba que el equipo era mejor que el sistema que usaba en ese momento, daba media vuelta y me iba.

"En la ciudad trabajaba un competidor de nombre Jimmy. Tan pronto como yo sacaba mi vehículo del lugar de estacionamiento, Jimmy se acercaba, entraba en la oficina, tomaba el pedido y salía feliz. Cuando yo regresaba unos días después para hacer el seguimiento a mi cliente potencial, me encontraba de manos a boca con el equipo de la competencia. Jimmy llegaba, equilibraba al cliente y se quedaba con la comisión.

"Cuando cambié de territorio, dos años después, Jimmy me

ofreció una fiesta de despedida. ¡Claro, financiada por mí mismo! ¡Nunca había visto a un vendedor tan deprimido por perder a un competidor!"

Y al decir esto, Bryan no bromeaba del todo.

FOCO

Mientras tratamos de ayudar al cliente potencial a comprender que existe una forma más eficaz o más eficiente de actuar, debemos concentrarnos en las preguntas de puertas cerradas. Para el análisis de necesidades hemos de utilizar principalmente (pero no exclusivamente) preguntas de puertas abiertas. A medida que pasamos a la fase de tomar conciencia, usamos principalmente (pero no exclusivamente) preguntas de puertas cerradas. Recordará que estas preguntas hacen que el cliente potencial se concentre en un punto en particular, permitiéndonos conseguir más información sobre éste. Generalmente, las preguntas de puertas cerradas se desprenden de información obtenida mediante preguntas de puertas abiertas.

"¿Qué tan importante sería para usted _____?" (llene el espacio en blanco con el BENEFICIO sobre el cual necesita información adicional). Beneficios tales como ganar más dinero, ahorrar tiempo, trabajar menos horas, gastar menos en servicios de apoyo, cocinar alimentos sanos, llegar a más personas, ir a remar y vivir en una casa nueva, encajan perfectamente en ese espacio en blanco.

"¿Qué quiere decir con eso de _____?" (inserte los puntos que necesita aclarar o precisar). Cosas como utilidades netas, márgenes de utilidad, reducción de las operaciones, rendimiento de la inversión y debido proceso son términos/frases susceptibles de más de una interpretación. Tenga mucho cuidado cuando escuche una expresión/término/frase que pueda tener más de un significado. Su tendencia natural será aceptarlo según lo que significa para usted... lo cual quizá *no* coincida con el significado que le da su cliente potencial.

CAPACITACIÓN PARA TOMAR CONCIENCIA

Si desea ayudar al cliente potencial a tomar conciencia de sus necesidades concretas, tendrá que adquirir conocimientos en cinco temas. Puesto que no puedo referirme aquí a todos los productos o servicios, dichos temas son un tanto genéricos, pero constituyen un punto de partida ideal para avanzar hacia la meta.

1. CONOCIMIENTO DEL PRODUCTO

Nunca se sabe bastante acerca del producto. Obtenga información sobre la historia, el proceso de fabricación y cómo funciona.

El entusiasmo por el producto o servicio nace del conocimiento que se tenga de él. ¿Cómo podríamos sentir entusiasmo por algo que no conocemos o conocemos muy poco?

El conocimiento del producto influye considerablemente en la confianza que se proyecta a través de la presentación de venta. Independientemente de cuán seguros estemos de nosotros mismos, si no comprendemos a fondo nuestro producto, no podremos proyectar fácilmente esa confianza.

PERCEPCIÓN EXACTA DEL PRODUCTO

Cuanto más sabemos sobre el producto, más creemos en él. Rick Robinson, gerente de ventas de una fábrica de ropa a la medida de Hickory (Carolina del Norte), dio un ejemplo vívido de este principio.

Rick cumplió con todos los pasos del proceso de venta. Visitó al cliente potencial, el distribuidor local de Cadillac, y descubrió sus necesidades y deseos (análisis de necesidades). Sondeó con preguntas hasta que ambos tomaron conciencia de las necesidades y los deseos (tomar conciencia). Rick demostró que las confecciones a la medida resolverían las dificultades que el cliente potencial había mencionado (solución de las necesidades) e hizo el pedido (satisfacción de las necesidades).

Sin embargo, en el momento de cerrar el trato, el cliente potencial titubeó, diciendo que nunca había comprado ropa tan costosa. Como Rick sabía que el cliente potencial se había enamorado de dos chaquetas deportivas, no se sorprendió con la siguiente pregunta: "Si compro las dos, ¿en cuánto me las deja?"

La compañía no daba descuentos sobre la ropa fina, por lo cual Rick procedió a explicar esta línea de conducta a su cliente potencial. Siendo vendedor y distribuidor de automóviles, el cliente potencial preguntó entonces:

— ¿Si usted quisiera comprarme un Cadillac, me pediría un precio mejor que el cotizado inicialmente?

Rick lo asombró con una respuesta negativa, a la cual, a su vez, el cliente potencial respondió:

— Entonces usted sería el primero.

Llegados a ese punto en el proceso de venta, Rick bajó la voz y, con la confianza absoluta que le daba el conocimiento del producto, dijo:

— Si un amigo mutuo me hubiera hablado de usted y yo viniera a comprar un automóvil, vendría confiado en que usted me pediría el mejor precio posible, de acuerdo con la calidad y el tipo de vehículo que escogiera. Por lo tanto, estamos en la misma situación. He llegado a usted por conducto de un cliente excelente y le estoy dando el mejor valor por el dinero que desea invertir en ropa.

El cliente potencial compró las dos chaquetas deportivas y varios artículos más. Compró porque Rick creía fervientemente en lo que vendía y en el valor de sus productos. Eso le sirvió para vencer las objeciones, con la convicción sincera de que hacía lo debido. Esa convicción, reforzada con las palabras apropiadas y la inflexión adecuada de la voz y combinada con un interés verdadero por el cliente, dota al vendedor de todo el poder persuasivo.

Mi pregunta ahora es: ¿Sabe usted lo suficiente sobre su producto y tiene usted la convicción, el conocimiento, la integridad y el valor para hacer lo que hizo Rick? Si su respuesta es afirmativa, le aseguro que le espera una carrera larga, feliz y fructífera en el campo de las ventas.

2. CONOCIMIENTO DE LA INDUSTRIA

Cuanto mayor sea su conocimiento sobre la industria en general, mejor podrá comprender el "por qué". Entre sus clientes potenciales hallará distintos grados de conocimiento acerca de lo que usted hace y por qué. Cuanta más comprensión tenga usted de la rama industrial que ha escogido para dedicarle su carrera y su vida, mayor será su eficacia como vendedor.

Estudie la historia de esa rama industrial para comprender cómo evolucionaron los productos y servicios hasta el nivel actual. Seguidamente pase a hacer el análisis de esa rama industrial. ¿Hacia dónde marchará durante los próximos cinco o diez años? ¿Cuáles son las tendencias futuras que le servirán a usted para ayudar a muchas otras personas?

CLIENTES Y PUBLICACIONES

Todas las industrias tienen publicaciones gremiales en que aparecen numerosos artículos especiales, curvas estadísticas, información actualizada sobre temas legales, ideas publicitarias y noticias sobre la gente de la industria en general. La eficacia de su próxima visita de ventas bien podría depender de lo que usted sepa acerca de su industria.

El conocimiento basico de la industria y la comprensión a fondo de las características de los clientes le permitirán sobresalir entre la gran mayoría de los profesionales de las ventas. Para sus clientes será estimulante saber que usted se ha tomado la molestia de estudiarlos a fin de conocerlos como personas y como empresarios. Un buen conocimiento de lo que sucede en su industria le proporcionará los medios para establecer lazos de confianza con sus clientes potenciales.

Un gerente de ventas de larga trayectoria en la industria

editorial, que manejó durante muchos años la cuenta de una importante empresa, refiere como, investigando y leyendo a fondo todo el material disponible, pudo descubrir que muchos departamentos y centros de influencia necesitaban varios días de trabajo para cada ciclo de ventas. La investigación le permitió visitar a muchos clientes que trabajaban en el mismo sitio y dentro de la misma empresa, con lo cual redujo los costos y el tiempo de viaje. La competencia, al visitar a esos mismos clientes, pasaba medio día con una sola persona en un solo departamento.

Un gerente de ventas experimentado ayuda a su cliente con mayor eficiencia y eficacia y además ahorra sustancialmente tiempo al "vender todo en un mismo sitio". También genera un volumen de ingresos cinco veces mayor que el de la competencia.

3. CONOCIMIENTO DE LOS PRECIOS

¿Por qué su producto o servicio exige la inversión que usted solicita a su cliente potencial? ¿Los beneficios que ofrece el producto justifican su precio? ¿Cuáles son sus márgenes de utilidad? ¿Comprende la diferencia entre costo y precio?

El conocimiento de los precios podría denominarse conocimiento "profundo" del producto. Al comprender el precio, usted sabrá de qué manera está contribuyendo a ayudar a la organización que usted representa, al cliente potencial y a sí mismo.

El conocimiento del precio abarca muchos aspectos: cómo acrecentar al máximo las utilidades en los mercados difíciles, cómo fijar los precios apropiados al mercado, cómo adaptar la estrategia de precios de acuerdo con los cambios de la economía y cómo negociar los precios. Sin embargo, la mayoría de quienes trabajamos en ventas no tenemos que ocuparnos en esos aspectos. Debemos concentrarnos en mostrarles a los clientes potenciales cómo y por qué el precio de nuestro producto o servicio es justo para ellos.

EL FACTOR DETERMINANTE

En la actualidad existen muchos vendedores que creen honesta pero equivocadamente — lo cual me apresuro a agregar — que el precio es el factor determinante en la mayoría de las ventas. Personalmente estoy convencido de que sucede exactamente lo contrario.

Bill Callaway, de Farmington (Misuri), está de acuerdo conmigo. Bill trabaja en una compañía de Flat River (Misuri) que vende máquinas de escribir, procesadores de textos y computadores personales para oficina. En cierta ocasión visitó un hogar de ancianos, y la respuesta que recibió de los dueños era que necesitaban tiempo para analizar la propuesta. En otras palabras, deseaban "pensarlo". A pesar de todo lo que hizo, no pudo cerrar la venta, porque sus clientes potenciales realmente necesitaban tiempo para analizar y sopesar la propuesta. A la semana siguiente recibió la mala noticia de que los propietarios del ancianato habían visto en San Luis (Misuri) un computador de la misma marca por $1 600 menos y, como es natural, se habían interesado por el modelo más económico.

Bill decidió que no iba a perder la venta y se propuso ayudarles a conseguir lo que *realmente* NECESITABAN y DESEABAN.

Éste fue el método que empleó:

— Pensando en las necesidades que tienen ahora y las que tendrán en el futuro, ¿cuánto tiempo esperan que les sirva el computador?

Los compradores respondieron:

— Por lo menos diez años.

— La diferencia — continuó Bill — entre el computador que yo les ofrezco y el que vieron en San Luis es de unos $1 600. Veamos lo que significa esa diferencia con relación a los diez años de vida útil que aspiran a conseguir. En realidad son solamente $160 al año o apenas $13 al mes, lo cual equivale aproximadamente a $0.43 diarios — y pasó a la pregunta esencial —: ¿Creen que vale la pena pagar $0.43 al día por seguir haciendo negocios con una compañía que conocen y que una y otra vez les ha proporcionado la capacitación y el servicio que son tan importantes para ustedes?

— ¡Claro que sí! — fue la respuesta que llenó de alegría a Bill.

BILL NO DEJÓ CAER SUS PALOMITAS DE MAÍZ

Hay personas que van a cine y no pueden disfrutar de las palomitas de maíz durante la película porque las dejan caer en el vestíbulo, antes de entrar. Algunos vendedores dejan caer la información durante las fases iniciales de la presentación, quedando sin nada para disfrutar cuando llega el momento de tomar el pedido.

Bill tenía reservadas algunas cartas para jugar. Puesto que el temor de perder suele ser mayor que el deseo de ganar, Bill también hubiera podido preguntar: "¿Cree que vale la pena pagar $0.43 por su tranquilidad?", o: "¿Ha pensado en lo que le costaría no poder usar el computador durante días o semanas por no contar con un servicio adecuado de mantenimiento?" El temor de no poder usar la máquina, el cual es un temor real, sería una consideración de primer orden para el cliente. En este caso, el fabricante era el mismo y el equipo era prácticamente igual. La GRAN diferencia estaba en el vendedor y el tipo de servicio que podía ofrecer.

Punto importante: ¡Nunca, nunca, nunca olvide que el precio encierra mucho más que el simple valor monetario!

EL PRECIO FRENTE AL COSTO

La capacitación en ventas no cuesta; paga. Y esto es lo que quiero que piense: ¿Comprarle a usted representa un costo para el cliente potencial o una verdadera ventaja para él? Su respuesta a esta pregunta le ayudará a comprender si realmente sabe de qué se trata el conocimiento del precio; y si la respuesta es acertada, habrá dado un gran paso hacia el éxito que busca obtener (y del cual puede formarse una idea en este momento) en la profesión que ha escogido.

> **¡Nunca, nunca, nunca olvide que el precio encierra mucho más que el simple valor monetario!**

4. CONOCIMIENTO SOBRE LA APLICACIÓN

Conocer el uso o la aplicación de su producto le servirá enormemente para demostrar al cliente potencial cuánto necesita el producto. Saber cómo usar el producto es de vital importancia, y el uso mismo del producto es fundamental para generar testimonios que irán de "boca en boca" y que serán de gran utilidad para usted.

Si usted sabe exactamente cómo se usan sus productos, bienes o servicios, y ADEMÁS está en condiciones de ayudar a otros a comprender el proceso, podrá, aparte de incrementar su volumen de ventas, ayudar a mucha gente.

LA FAMILIARIZACIÓN PUEDE SER PELIGROSA

¡Cuidado! Muchas veces, el conocimiento a fondo del producto o servicio engendra displicencia con respecto a su uso. Puesto que lo entendemos a la perfección, damos por sentado que las demás personas también deben entenderlo. En cierta ocasión estaba vendiendo una máquina cuyo funcionamiento había demostrado durante cientos de horas y, aunque suene poco modesto, lo hacía muy bien. En realidad, hacer las cosas bien es el reflejo de la capacidad de una persona cuando su talento y atención van dirigidos a un objetivo. Pero el punto a que iba es éste: cuando los clientes potenciales me preguntaban si ellos podrían utilizar la máquina "tan bien" como yo, mi respuesta era: "No, claro que no... a menos que la usen ocho horas al día. Podrán usarla para...", y pasaba a demostrar los beneficios.

Asegúrese de que conoce al dedillo todas las posibilidades y derivaciones de su producto o servicio.

5. CONOCIMIENTO DE LA COMPETENCIA

¿Conoce por qué razón fracasa cuando no logra hacer una venta? Es probable que su peor enemigo sea usted mismo. En este tipo de situación, su competidor es la falta de capacitación. Sin embargo, en la mayoría de los casos, tendrá que enfrentarse a un competidor "externo".

¿Conoce a la competencia? ¿Sabe por qué le gana? ¿Sabe por qué pierde ante ella? ¿Puede demostrar que conoce a la competencia sin criticarla?

El conocimiento que tenga de sus competidores le será útil en muchos sentidos durante la fase de demostración a sus clientes potenciales de la manera como usted puede contribuir a que satisfagan sus necesidades.

DESCUBRA LAS ZONAS DE DESEQUILIBRIO

¿Cómo descubrir las zonas de desequilibrio? También en este caso, la respuesta está en las preguntas. Sin embargo, al llegar a este punto de su presentación de ventas, usted ya conoce los aspectos personales, la organización y las metas del cliente potencial y ha establecido los obstáculos (P.O.M.O.). Esta información le concede el derecho de hacer preguntas "rudas". Fuera de contexto, esas preguntas podrían parecer duras, pero en este momento usted ya se habrá ganado el derecho de formular ese tipo de preguntas EN BENEFICIO DEL CLIENTE POTENCIAL. No se trata, en modo alguno, de crear el desequilibrio sino de ayudar al cliente potencial a ver y entender que hay un desequilibrio.

Piense en una pregunta levemente burlona como ésta: "Señor Smith, ¿qué es lo que más le gusta del hecho de perder dinero?" (le recomiendo sonreír cuando formule esta pregunta) No hay duda de que llamará su atención diciéndole: "Mencione sólo las tres cosas más importantes". La respuesta casi siempre confirmará que no hay nada que le guste del hecho de perder dinero. Eso le allanará a usted el camino para preguntar: "¿Está dispuesto a tomar las medidas necesarias para dejar de perder dinero?"

Por favor, entienda que estas preguntas "rudas" no se pueden utilizar con todos los estilos de personalidad, pero a la vez recuerde que se ha ganado el derecho a hacerlas. Y si su principal interés es ayudar de la mejor manera al cliente potencial, tiene todo el derecho a formular las preguntas que la persona DEBE escuchar y no las que DESEA escuchar.

Si, al señalar un desequilibrio, usted emplea una pobre argumentación, o su tono de voz es inapropiado, lo sabrá inmediatamente porque el interlocutor colgará el auricular o mostrará escaso interés en escucharlo. Usted deberá ganarse el derecho a preguntar al cliente potencial acerca de sus puntos de desequilibrio.

A LAS PERSONAS NO LES INTERESA...

Seguramente habrá oído decir que "a las personas no les interesa cuánto sabe usted hasta que se dan cuenta de cuánto se interesa usted... por ellas". Para tener verdadero éxito en la labor de ayudar al cliente potencial a descubrir sus desequilibrios y a corregirlos, debemos pensar permanentemente en sus intereses.

Lonnie Amirault, de Halifax (Nueva Escocia), vende enciclopedias. Una tarde, aunque se sentía muy mal a causa de una gripe, visitó a un cliente potencial que tenía dos hijos, de once y siete años, y carecía totalmente de material didáctico para ayudarles en los estudios. Lonnie estaba convencido de que en ese hogar necesitaban indispensablemente su producto. Durante una parte de su demostración dejó que los niños hojearan los libros y se dio cuenta de que estaban fascinados con los diagramas y las ilustraciones.

Sin embargo, los padres insistían en que no estaban interesados, "por el momento". Lonnie no daba su brazo a torcer pero, a pesar de sus esfuerzos, la respuesta seguía siendo la misma.

Finalmente, el padre se puso de pie y dijo: "Bueno, creo que en este momento no estamos interesados", y se sentó ante la televisión a ver un partido de fútbol. Lonnie empacó sus libros en silencio, sin dejar traslucir su desencanto. En el momento de salir, hizo una pregunta a la madre de los niños: "Si está interesada en la educación de su familia, ¿cuándo cree que es el mejor momento para comenzar?" Le entregó una tarjeta y agregó con mucha delicadeza: "Señora, hágalo tan pronto como pueda. No lo lamentará jamás". Y salió.

En el momento en que se dirigía a encontrarse con su jefe de grupo, comenzó a llover. El camino era largo, y Lonnie estornudaba a cada dos pasos. De pronto, un automóvil se detuvo a su lado. Era de noche y la calle estaba oscura, de manera que Lonnie se asustó al ver el vehículo. Pero cuando el conductor bajó el cristal de la ventanilla vio un rostro conocido y escuchó unas palabras que fueron como un bálsamo para sus oídos: "Lonnie, ¿tiene ahí un contrato? Hemos decidido comprar". Después le dijeron que había sido tan claro el interés que había demostrado por el bienestar de los niños, que no se habían sentido capaces de negarles ese beneficio.

Vender es transferir sentimientos. Cuando uno tiene fe en lo que vende, cree sinceramente que el cliente potencial va a ser el gran ganador de la transacción, muestra verdadero interés por el cliente y termina todas las visitas de venta con una nota cordial, amable y de buena educación, ¡TODO EL MUNDO gana!

Cuando se pierde una venta es todavía más importante mostrarse alegre, amable, optimista y cortés que cuando se sale con un pedido debajo del brazo. No olvide que el cliente potencial tratará de justificar la decisión, sea ésta positiva o negativa. Si la decisión es positiva, el comprador hablará primero del producto y luego del vendedor. Si la respuesta es negativa y ha habido un conflicto de personalidades, puede estar seguro de que habrá comentarios negativos sobre el vendedor.

> **Cuando se pierde una venta es todavía más importante mostrarse alegre, amable, optimista y cortés que cuando se sale con un pedido debajo del brazo.**

ZONAS COMUNES DE DESEQUILIBRIO

Lonnie hizo ver un desequilibrio porque se interesaba por sus clientes potenciales y sabía que el producto satisfacía sus necesidades y deseos. A continuación aparecen algunas preguntas que le servirán a usted para ayudar a otros a descubrir zonas de desequilibrio.

Compromiso de tiempo

"¿Es usted dueño de su tiempo?" (pregunta de sí o no). Si la respuesta es sí, pida una cita. Si la respuesta es no, complemente la primera pregunta con ésta otra: "¿Cómo lo hace sentir ese hecho?"

Postergación

"Hay dos formas de subir a un nogal, señor Smith: trepando rama por rama o sentándose a esperar sobre una semilla. ¿Cuál cree usted que es más práctica?"

"¿Estaría de acuerdo, señor Smith, en que cada paso hacia adelante o hacia arriba comienza con una decisión? ¿Estaría también de acuerdo en que una decisión acertada lleva más rápido hacia adelante o hacia arriba que una decisión equivocada?"

"¿Estaría de acuerdo en que usted está donde está gracias a las decisiones que ha tomado en el pasado? ¿Estaría dispuesto a tomar una decisión que parece difícil ahora pero que puede mejorar su futuro?"

El reto del logro

"¿Está comprometido con sus metas? ¿Alguna vez se ha preguntado por qué no ha logrado cumplir más metas? ¿Cuándo cree que debe comenzar a trabajar para conseguir sus metas? ¿Merece usted más? ¿Qué tan grande es su deseo?"

Demasiado ocupado

"¿Acaso no tiene tiempo, o no desea *sacar* el tiempo? Todo el mundo tiene el mismo tiempo y seguramente usted habrá notado que los triunfadores son personas que no se dejan dominar por el tiempo".

No hay dinero

"¿Cree que su futuro vale $ ___? ¿Su problema es que no tiene dinero o que no está ganando ese dinero? ¿De quién es la culpa? Si usted no está ganando lo que necesita o lo que merece, ¿qué medidas ha tomado para remediar la situación?"

¿PREGUNTAS DEMASIADO RUDAS?

Si ha logrado llegar hasta aquí, seguramente está pensando que he exagerado un poco la nota. Es obvio (espero que sea obvio para usted) que las preguntas no se deben formular exactamente en esos términos. Pero recordemos lo que dije antes: los que conocen el "qué" y el "cómo" siempre serán subalternos de quienes conocen el "por qué". Piense en eso hasta que comprenda lo siguiente: 1) ¿Cuál es el propósito de cada una de las preguntas?; 2) ¿cómo podrá formular esas mismas preguntas dentro del contexto de su propia personalidad sin sonar demasiado atrevido?, y 3) *¿por qué* formula esas preguntas?

USTED es la única persona que puede responder los puntos 1) y 2). La respuesta a la pregunta 3) es: Para ayudar a los clientes potenciales a comprender que tienen un desequilibrio en un aspecto de sus vidas.

EN BUSCA DE SOLUCIONES

Lo más importante para usted cuando haga ver el desequilibrio a su cliente potencial es tener a mano una solución. No hay nada más frustrante que descubrir un problema serio y darse cuenta de que no hay solución. ¿Está en este negocio para ayudar o para lastimar a la gente? Si hace una venta para solucionar un problema (corregir un desequilibrio) y recibe una recompensa por ella, ¿acaso no ganan tanto usted COMO el cliente potencial? ¿Por qué hacer algo que pueda lastimar al cliente potencial? Si no está pensando en proteger los intereses del cliente potencial, ¿no cree que sería mejor buscar otro trabajo?

¿ESTÁN ENCENDIDAS TODAS LAS LUCES?

Una vez que la luz se enciende, primero para usted (conoce la necesidad del cliente potencial y sabe que tiene la solución), y después para el cliente potencial (la persona sabe que tiene una necesidad y que la solución está en sus manos), ha llegado el momento de pasar a la etapa de la solución de las necesidades.

SEGUNDA ETAPA DE UN BUEN PROCESO DE VENTA: TOMAR CONCIENCIA DE LAS NECESIDADES

1. **Tomar conciencia de las necesidades significa:**
   A. Que el profesional de las ventas comprende las necesidades y los deseos del cliente potencial.
   B. Que el cliente potencial comprende sus necesidades y deseos.

2. **Para que se encienda la luz en la mente del vendedor y del cliente potencial es necesario:**
   A. Sondear para encontrar zonas de desequilibrio.
   B. Hacer ver el desequilibrio al cliente potencial.

3. **Para descubrir las zonas de desequilibrio, aprenda todo lo que le sea posible sobre:**
   A. El producto.
   B. La industria.
   C. El precio.
   D. La aplicación o el uso del producto.
   E. La competencia.

4. **A las personas no les interesa cuánto sabe usted hasta que se dan cuenta de cuánto le interesan ellas a usted.**

5. **Su arma más poderosa para demostrar un desequilibrio son las preguntas "rudas". Gánese el derecho a preguntar.**

CAPÍTULO 9

VENTA DE SOLUCIONES PARA LOS PROBLEMAS DE LA GENTE

La necesidad va por delante

Mi amigo Walt Clayton cuenta el caso de un joven que necesitaba trabajo pero deseaba vincularse concretamente a Macy's, el almacén por departamentos. Por tanto, se presentó ante el jefe de personal, quien se mostró muy cordial pero le dijo con firmeza que no había vacantes. Además, muchas otras solicitudes habían precedido a la suya.

Al salir de la oficina, el joven estaba todavía más decidido a ingresar en Macy's. Así, en lugar de aceptar la negativa, nuestro héroe dedicó un par de horas a recorrer el almacén y a tomar notas sobre los puntos de venta y las situaciones que podían mejorar.

Más tarde llamó al jefe de personal desde un teléfono interno. "Deseo trabajar en Macy's. He pasado las dos últimas horas en el almacén y he encontrado por lo menos diez puntos de venta en los cuales mi aporte podría ser valioso. ¿Me permite subir a decirle cuáles son?" El joven consiguió que lo recibieran por segunda vez y obtuvo el puesto que tanto deseaba.

LO QUE PARECE OBVIO NO SIEMPRE LO ES

Paul es representante de ventas de una fábrica de ropa para hombre. Su línea especializada de productos comprende zapatos, medias, trajes, corbatas, cinturones, pantalones y camisas: todo lo que un "profesional necesita para estar a tono con su posición". En octubre pasado hizo una visita muy interesante a John, dueño de una agencia de seguros de Chicago.

Durante la etapa de análisis de las necesidades, Paul descubrió lo siguiente:

> *Persona.* John cursó los estudios de secundaria y universidad en Chicago y ha vivido aquí durante los cuarenta y dos años que tiene de vida. Es casado y tiene dos hijos, de doce y nueve años. Juega al golf los fines de semana. Aparte de sufrir de resfriado crónico, parece gozar de buena salud.
>
> *Organización.* Es dueño de la agencia y tiene seis representantes de ventas trabajando para él. Ofrece la línea completa de seguros y lo ayuda una persona que permanece en la oficina.
>
> *Metas.* John desea duplicar su producción personal, ayudar a los seis representantes a aumentar su productividad en un 25%, poder jugar al golf con más frecuencia y pasar más tiempo con la familia.
>
> *Obstáculos.* Parecería que el principal obstáculo entre John y sus metas es "la falta de tiempo". Paul ha convencido a John de que tiene un problema y está en desequilibrio. Lo que hay que dilucidar es si la falta de tiempo es el problema o un síntoma del problema.

En el momento en que usted y yo llegamos a presenciar la presentación, Paul ha terminado el análisis de las necesidades y está a punto de terminar la etapa del proceso correspondiente a la toma de conciencia de las necesidades. Está en el punto de transición hacia la solución de las necesidades. Pues bien: divirtámonos un poco Y aprovechemos para aprender una importante lección de ventas.

— John — pregunta Paul con curiosidad —, ¿cuánto hace que tiene ese resfriado?

— Me parece como si fuera toda una vida — responde John con aire de desesperanza —. No recuerdo que haya podido salir una sola vez durante este año a acompañar a mis representantes a trabajar sobre el terreno. Estoy seguro de que podrían mejorar si tan sólo pudiese contar con el tiempo necesario.

— Bueno, ¿cuáles cree que sean las razones por las cuales no puede salir a trabajar con ellos? — pregunta Paul.

— El cansancio — responde John, sin dudar un segundo —. Cuando termino de hacer mis visitas de ventas y de revisar los papeles, estoy totalmente exhausto. Este resfrío me tiene tan agotado, que no me siento con energía para hacer lo que realmente deseo. No he jugado al golf en más de seis meses. No pude acompañar a mi hijo menor, que es explorador, a una excursión hace dos semanas. ¡Estoy enfermo y cansado de estar enfermo y cansado!

— ¿Ha ido al médico? — pregunta Paul, esperando encontrar alguna pista sobre el origen de esa enfermedad crónica, que parecía ser la primera causa de la falta de tiempo.

— Claro que sí — dice John —, pero sólo me recomienda reposo y que le pague lo que me cobra... pero si me dedico al reposo no podré pagarle.

— En realidad se le plantea una disyuntiva — dice Paul, descubriendo súbitamente la respuesta. Mientras seguía insistiendo en su carencia de tiempo, John había echado el asiento para atrás y se había sentado con las manos detrás de la nuca y los pies sobre una esquina del escritorio, dejando ver la ausencia de medias.

— ¡Medias! — exclama Paul — ¡Necesita medias!

— ¿Quéee...? — pregunta John — ¿Qué me está diciendo?

Imposible describir la emoción de Paul al encontrar la razón del resfriado crónico.

— No tiene medias. Si tuviera medias, tendría tiempo.

— No, no, no — dice John —, usted no comprende. En mi familia nadie usa medias. Mi abuelo nunca usó ni mi padre tampoco. Es casi como una tradición familiar. No necesito medias.

Paul no puede creer lo que oye:

— Pero en nombre del cielo, ¿por qué no usan medias en su familia?

— No tengo la más remota idea — es la respuesta tonta de John.

— Preguntémosle a su abuelo.

— Imposible.

— ¿Por qué?

— Murió antes que yo naciera.

— ¿De neumonía?

— No, y no me parece gracioso.

— Bueno, ¿de qué murió?

— De bronquitis crónica. Mi padre fue quien murió de neumonía.

UN EMPUJONCITO

Por si acaso no se ha dado cuenta, en realidad le estoy tomando el pelo. Dicho sea de paso, cuando presentamos esta situación en vivo, en forma de cuadro escénico, los espectadores la disfrutan, como espero que usted la haya disfrutado. Sin embargo, lo que quiero es dejar en claro un punto muy importante: cuando ofrecemos soluciones, no vendemos productos. La gente no compra productos; compra el producto de los productos... conocidos como beneficios.

En nuestro ejemplo, John no quería medias. Quería tiempo y energía para salir a capacitar a su gente, para jugar al golf y para participar en más actividades con la familia. El obstáculo era la mala salud; la solución: un par de medias.

Volvamos a nuestro ejemplo en el momento preciso en que Paul observa que John no lleva medias y veamos una forma más eficaz de proseguir la acción.

OTRA OPORTUNIDAD

— John, si pudiera mostrarle que hay una solución para que usted se sienta mejor y tenga el tiempo y la energía para capacitar a su gente, jugar al golf y participar en más actividades con su familia, ¿le interesaría escucharme? [pregunta de sí o no, cuya respuesta es obvia].

— John, ¿le importaría que el nombre de mi producto no sea lo que usted espera si con él puedo satisfacer sus necesidades y solucionar su problema?

Ahora bien: si Paul es el experto que deseamos que sea, aunque ya tenga la solución, debe seguir sondeando para cerciorarse de que se haya encendido la luz en la mente del cliente potencial. Para ello debe utilizar preguntas como éstas:

- "¿Por qué desea vender más pólizas de seguros?"
- "¿Qué haría si pudiese vender más pólizas?"
- "¿Cómo se sentiría si pudiera tener más tiempo para la familia?"
- "¿Que pensaría si pudiera disponer de más tiempo para jugar al golf?"
- "¿Qué significaría para usted poder capacitar a sus representantes de ventas?"
- "¿Cómo se sentiría su familia si pudiera pasar más tiempo con ella?"

LOS TRIUNFADORES VENDEN BENEFICIOS

J. Kevin Jenkins, de Lafayette (Luisiana), vende postura correcta de la pelvis, buena circulación, relajación muscular, tranquilidad, ausencia de tensiones emocionales y paz física y mental para preparar a las personas a fin de que puedan encarar con éxito los retos de la vida cotidiana.

Kevin comienza su presentación con la validación científica de los quiropractores y los médicos respecto de los hechos que demuestran que usar su producto durante un período prolongado es una forma de mejorar la salud y el bienestar. Después habla de los testimonios de sus clientes y demuestra cómo el cliente potencial puede ganarse dos horas con su producto... comparado con el de la competencia.

Después anota que dos horas al día significan 14 horas a la semana, o sea 728 horas al año, lo que equivale a más de 30 días. La mayoría de nosotros daríamos lo que fuera por ganarnos un mes al año. Kevin asocia ese mes adicional con 30 días para estar con la familia, jugar al golf, tomar cursos, salir de pesca, vender, descansar, o "cualquier cosa que la persona en cuestión desee hacer". Todo lo que le dice a sus clientes se traduce en beneficios, que son, en últimas, la única razón por la cual la gente compra cosas.

Seguramente ya se habrá dado cuenta de que Kevin vende camas de agua. Sin embargo, déjeme hacerle una pregunta. ¿Si le demostraran que puede obtener todos esos beneficios, realmente cree que sería importante el nombre del producto? Con sólo pintar un cuadro atractivo de tiempo libre y buena salud, con la ayuda de unas pocas operaciones aritméticas, Kevin Jenkins está triunfando Y, ADEMÁS, ayudando a otros a triunfar.

DOS PREGUNTAS ESENCIALES

Ahora me gustaría que suspendiera la lectura por un momento para responder a dos preguntas aparentemente muy simples. Aunque sólo hay espacio para tres respuestas, trate de responder cada pregunta de la manera más completa posible.

Primera pregunta: ¿Qué vende usted?

1. _____

2. _____

3. _____

Segunda pregunta: ¿Qué compran sus clientes potenciales?

1. _____

2. _____

3. _____

Ahora, si me permite una tercera pregunta, ¿coinciden esas dos listas? Si la respuesta es afirmativa, usted le lleva kilómetros de ventaja a muchos de sus competidores. Si no se detuvo a pensar las respuestas, pemítame instarle a dedicar un auténtico esfuerzo a estas tres preguntas aparentemente sencillas. Las respuestas le revelarán muchas cosas acerca de sí mismo. Los que se rehúsan a sacar tiempo para responder a estas preguntas y subestiman su importancia es porque no tienen ni la más remota idea de las respuestas.

LIBROS Y GRABACIONES

A veces me he encontrado con personas que piensan que mi negocio es vender conferencias, libros y grabaciones. De hecho, hace varios años recibí una carta muy linda que reflejaba un interés sincero hacia mí. La carta decía básicamente lo siguiente:

"Apreciado Zig: Permítame sugerirle que no venda libros y grabaciones desde la tarima cuando hable en público. Creo que eso afecta negativamente su imagen y quizá hasta la actitud de quienes lo escuchan".

Estoy seguro de que este señor estaba realmente interesado en hacerme un favor, por lo cual le quedé inmensamente agradecido. Ésta fue mi respuesta:

"Apreciado amigo: Muchas gracias por su carta y su interés. Es el tipo de cartas que me encanta recibir. No estaba escrita en tono de crítica o de rechazo por lo que hago. Usted se limitó a ofrecerme, de corazón, una sugerencia para mi bien, y le estoy muy agradecido. Sin embargo, permítame explicarle por qué ofrecemos los libros y las grabaciones a nuestro público.

"Primero: De cada siete personas que llaman para comprar derechos de admisión a los seminarios, hay una que pregunta si vamos a tener los libros y las grabaciones para la venta. Esto me hace pensar que seguramente muchas otras personas están interesadas.

"Segundo: Si las personas que asisten a un seminario salen satisfechas con lo que han escuchado, por lo general desean llevarse a su casa los hechos y las "emociones". La facilidad para comprar los libros y las grabaciones les permite hacerlo. De todo el tiempo que dura la presentación, menos del 4% se dedica a mencionar los productos que están para la venta; de manera que no se pierde tiempo de enseñanza. En realidad, por la forma como presento el producto, a la vez que explico las opciones de compra estoy transmitiendo una enseñanza.

"Tercero, y lo que es más importante: Por cada carta que recibimos en la que nos dicen: 'Su seminario cambió mi vida', recibimos doscientas cartas, llamadas telefónicas y testimonios personales de que mis libros y mis grabaciones han significado un cambio en la vida de la gente.

"Habiendo dicho esto, me gustaría hacer hincapié en que mi negocio no es vender conferencias, seminarios, libros o grabaciones. Mi negocio es cambiar vidas. Sí, me doy cuenta de que corro el riesgo de ofender a algunas personas que han asistido a los seminarios, y lo lamento. Ojalá pudiera cumplir todos los objetivos sin ofender a nadie. Sin embargo, hace años acepté el hecho de que en todo lo que hacemos hay un riesgo, y decidí que los beneficios que el cliente potencial consigue con la compra son más importantes y están por encima de cualquier riesgo que yo pueda correr al explicar las características de los productos disponibles para la venta".

ACLARACIÓN

Ahora que está leyendo estas palabras, quiero dejarle algo muy en claro. Cuando uno cree firmemente que lo que ofrece es para beneficio de los clientes potenciales, uno no se detiene ante ciertos riesgos calculados para convencerlos de que la decisión será para su bien. Es necesario proceder con cortesía, amabilidad y profesionalismo, pero hay que hacerlo.

Si desea que sus clientes potenciales actúen, hable del beneficio y ponga la necesidad por delante.

MIS RESPUESTAS

Déjeme darle mis respuestas a las dos preguntas de las páginas 201 y 202. A la primera: ¿Qué vende usted?, respondo: Yo vendo los medios para lograr un cambio de vida al darle a la gente el poder para vencer los patrones negativos del pasado, progresar en el presente y tener esperanza en el futuro. A la segunda: ¿Qué compran sus clientes potenciales?, respondo: Mis clientes potenciales compran los medios que les dan el poder para controlar su pasado, su progreso en el presente y su esperanza en el futuro. Como puede ver, las dos listas coinciden.

ALGO SOBRE LO CUAL REFLEXIONAR

La razón por la cual los beneficios de los libros y las grabaciones son tan enormes es, sencillamente, que cuando uno lee o escucha algo varias veces, está usando uno de los principios pedagógicos más antiguos: la repetición.

Cuando uno asiste a un seminario inspirativo, lee un libro motivador o escucha una grabación incentivadora, la forma de pensar y de sentir se remonta a una altura muy superior desde la cual uno puede ver y escuchar cosas que antes no había captado. La gente me dice repetidamente que sigue escuchando cosas nuevas después de la décima, vigésima e incluso trigésima vez de oír las cintas. El mensaje ha estado ahí siempre, pero la persona sencillamente no estaba lista para recibirlo en forma integral. Los buenos mensajes deben escucharse de manera constante y repetida.

La repetición es la madre del aprendizaje y de la acción, lo cual la convierte en la arquitecta de la realización personal.

UN OBSEQUIO

Uno de los obsequios que recibí en la Navidad el año pasado fueron unos calzoncillos que me dio La Pelirroja. Al abrir el empaque en el cual venían los calzoncillos, algo de lo que en él estaba escrito atrajo mi atención: "Usted pasa dos terceras partes de su vida en calzoncillos; dedique tres minutos a averiguar por qué vale la pena comprar los mejores".

A continuación aparecía una hermosa descripción de por qué creían que el producto era el mejor. Pero lo más importante fue que la introducción atrajo mi atención. En el mundo de las ventas, la necesidad debe ir por delante — con lo mejor que el vendedor tenga en su armamento — porque algunas veces es la única frase que el cliente potencial escuchará. En este caso concreto quedé tan impresionado con la introducción, que decidí leer el resto, y me dejó igualmente impresionado. Confieso, sin embargo, que si las primeras palabras no hubieran atraído mi atención, jamás hubiera terminado de leer esa "charla de ventas".

CARACTERÍSTICA, FUNCIÓN, BENEFICIO

En la gran profesión de las ventas se habla mucho de características, funciones y beneficios. ¿Pero qué quiere decir todo eso en esta época maravillosa en la cual vivimos? A fin de "poner la necesidad por delante", debemos comprender la definición de fondo de esos tres términos esenciales.

Por definición, una CARACTERÍSTICA es una parte del producto o servicio, o lo que *ES* es el producto o servicio. Un

---

La repetición es la madre del aprendizaje y de la acción, lo cual la convierte en la arquitecta de la realización personal.

producto o servicio puede tener varias características. El bolígrafo tiene un sujetador: esa es una característica.

Por definición, una FUNCIÓN es la actividad o la acción que determinada parte del producto o servicio desempeña, o lo que *HACE* esa determinada parte del producto o servicio. Un producto o servicio puede tener varias funciones. La función del sujetador del bolígrafo es fijarlo al bolsillo.

Por definición, un BENEFICIO es la VENTAJA de usar la característica y la función, o lo que la característica y la función *HACEN POR EL CLIENTE O EL CLIENTE POTENCIAL*. Un producto o servicio puede ofrecer muchos beneficios. El sujetador del bolígrafo AHORRA DINERO Y CONTRATIEMPOS porque evita que el bolígrafo se extravíe o se pierda.

LOS CLIENTES POTENCIALES ESCUCHAN

Recuerde que todos los clientes potenciales sintonizan la emisora QHPM (que significa '¿Qué Hay Para Mí?').

Hasta ahora he dedicado mucho tiempo a recalcar hasta el cansancio la importancia de los beneficios. Sin embargo, si desea tener éxito con su presentación de ventas, es preciso que comprenda a fondo las tres partes. He dado énfasis a los beneficios para dejar impresa en su mente la importancia de vender "los productos del producto" y no el producto por sí solo. Estos tres elementos (característica, función y beneficio) no ocupan exactamente el mismo lugar. Al ofrecer la solución para la necesidad de un cliente potencial (solución del problema) ponga siempre la necesidad por delante. Habrá ocasiones en las cuales tendrá que hacer referencia a las características y las funciones.

EL EJEMPLO TÍPICO

Las personas que enseñan los conceptos de característica, función y beneficio utilizan con mucha frecuencia el bolígrafo como ejemplo típico. Sin embargo, el ejemplo típico *para usted* es *su* producto o servicio. Ahora quisiera pedirle que suspenda la lectura en este momento y enumere al menos tres características, tres funciones y tres beneficios de lo que usted vende.

CARACTERÍSTICAS

_____

_____

_____

_____

FUNCIONES

_____

_____

_____

_____

BENEFICIOS

_____

_____

_____

_____

Veamos un ejemplo concreto:

VENDER: UNA FORMA DE VIDA
Manual para llegar a ser el mejor vendedor profesional

CARACTERÍSTICAS

1. Cubierta atractiva.
2. Tabla de contenido pormenorizada.
3. Más de cuatrocientas páginas.
4. Resúmenes de los puntos principales.
5. Anécdotas, citas y ejemplos.

FUNCIONES

1. Atrae la atención/despierta curiosidad.
2. Da una rápida idea general del contenido.
3. Proporciona abundante información.
4. Permite repasar rápidamente el material presentado.
5. Mantiene la atención/explica claramente.

BENEFICIOS

1. Facilidad.
2. Conveniencia.
3. Sirve como herramienta de consulta.
4. Rapidez.
5. Permite evaluar lo aprendido hasta el momento.
6. Orienta acerca de cómo aplicar los conocimientos.
7. Mejora la calidad de vida.
8. Mejora la eficacia.
9. Da tranquilidad a través de la seguridad y el profesionalismo.
10. Eleva el nivel de vida.
11. Cultiva la confianza en sí mismo.
12. Mejora el concepto de sí mismo.
13. Lo acerca a la familia.
14. Mejora su reputación dentro de la sociedad.

CONFUSIÓN

Seguramente comprenderá por qué hay personas que sólo venden funciones (lo que *hace* el producto). ¡Cuidado con esa trampa! Lo que HACE su producto o servicio (o parte de él) quizá sea muy interesante y hasta sirva para *convencer* al cliente potencial de que usted conoce su negocio y comprende el valor de su producto. Sin embargo, las funciones no harán que yo le entregue a usted mi dinero. Eso sólo sucederá cuando usted logre PERSUADIRME de que debo actuar, haciéndome ver con toda claridad lo Que Hay Para Mí. Cuando me muestre las ventajas que obtengo al usar su producto o servicio, ambos estaremos hablando el mismo idioma.

A los vendedores se les dice con frecuencia que no deben hablar sobre las características del producto sin hablar también de los beneficios (ventajas). Ésta es una verdad a medias. La verdad completa es que el profesional de éxito menciona Y demuestra las características QUE LLEVAN AL BENEFICIO. Personalice los beneficios para el cliente potencial. Pinte a la persona conduciendo un automóvil de lujo, recibiendo cumplidos por un vestido o un traje elegante, mirando la puesta del sol desde la orilla del lago donde se construye su nueva casa, o disfrutando de la tranquilidad conseguida con la inversión. Pinte el cuadro de manera que el cliente potencial pueda VER los beneficios que le esperan.

Algunas personas no creerían que Alan Alda, ganador de premios como actor, escritor, director y productor, es vendedor. Sin embargo, en un discurso ante profesores y alumnos de medicina, dio consejos muy sabios tanto a médicos como a vendedores. Dijo: "El hueso de la cabeza está conectado con el hueso del corazón. No dejen que esa unión se rompa". Desde el punto de vista de las ventas, lo que esto les dice a los vendedores es que, a la vez que demostramos o explicamos los beneficios de nuestro producto de una manera clara y lógica, debemos conseguir la participación emocional del cliente potencial. Debemos hacerle saber lo que se *siente* al disfrutar del producto o servicio.

Para evitar la confusión y utilizar apropiadamente la característica, la función y el beneficio, debemos agregar el PUENTE. El puente es la frase que prepara al cliente potencial para que escuche lo referente al beneficio. Es una frase que debe decir a las claras: "Atención, aquí viene el BENEFICIO, la VENTAJA o la RAZÓN para comprar". Algunos ejemplos de las frases de puente son:

"La ventaja para usted es..."
"Disfrutará esto porque..."
"El beneficio para usted es..."

VOLVAMOS AL LIBRO

Vender: Una forma de vida tiene una cubierta atractiva que llama la atención y despierta curiosidad. La ventaja para usted es la facilidad de encontrar el libro apropiado cuando desee refrescar los principios básicos de las ventas.

Vender: Una forma de vida tiene una tabla de contenido pormenorizada cuya función es permitirle enterarse rápidamente de la información disponible. El beneficio para usted es la comodidad para localizar la información.

Vender: Una forma de vida tiene más de cuatrocientas páginas cuya función es proporcionarle información abundante y variada. El beneficio para usted es contar con una fuente de consulta completa.

Vender: Una forma de vida contiene resúmenes sobre los puntos más importantes de cada capítulo. Usted disfrutará de esto, porque podrá ahorrar tiempo y repasar los puntos importantes antes de visitar a sus clientes potenciales.

Vender: Una forma de vida contiene anécdotas, citas y ejemplos que mantienen su interés y ayudan a ilustrar los principios básicos. El beneficio para usted es que puede aplicar esta información para triunfar en su carrera.

PRODUCTOS DE PRODUCTOS

Los vendedores deben entender claramente que los clientes potenciales no compran el producto sino los beneficios que obtienen al usarlo. Unos "frenos antibloqueo" no significan nada para el común de la gente mientras no se le explique que sirven para no patinar cuando las carreteras están resbalosas. Los "neumáticos radiales de acero" pueden no significar nada mientras uno no explique que duran veinticuatro mil kilómetros más y ofrecen mayor seguridad.

Estoy seguro de que ha visto algún anuncio de televisión en el cual aparecen la madre y la hija atascadas en medio de la lluvia porque el jefe de la casa no compró la batería adecuada para el automóvil. ¡Ah, tonto! ¿Qué pudo haberlo inducido a comprar una batería de inferior calidad para que su familia quedara atrapada en medio de una noche oscura y lluviosa en un sitio peligroso de la ciudad? Conclusión: nuestra batería representa seguridad para su familia.

"Renovación garantizada" puede no significar mucho para un anciano mientras no se le explique que la compañía de seguros no puede rescindirle la póliza a ninguna edad.

Cinco centímetros de material aislante no significan nada mientras no se traduzcan en una reducción de los costos de calefacción y aire acondicionado. En pocas palabras, ofrezca siempre un beneficio cuando describa una característica o una función.

SU DESAFÍO

Si usted tiene que esforzarse para determinar una característica, función o beneficio de su producto o servicio, imagine cómo se deben sentir sus clientes potenciales. Si no comprende CLARAMENTE la diferencia y no puede EXPRESARLA VERBALMENTE con igual claridad, perderá sus ventas en favor de otros más capaces.

Puesto que está haciendo un esfuerzo por ser mejor mañana que ayer; puesto que desea convertirse en un profesional a carta cabal; puesto que tener éxito en las ventas es de vital importancia para usted, ¿querría destinar unos minutos a responder unas cuantas preguntas?

¿Cuáles son las partes o los aspectos más importantes de su producto o servicio? (¿Qué ES su producto o servicio?)

1. _____

2. _____

3. _____

¿Qué función desempeña esa parte o aspecto? (¿Qué HACE su producto o servicio?)

1. _____

2. _____

3. _____

¿Cuál es la frase, relacionada con su producto o servicio, que anuncia con fuerza y claridad: "Atención, aquí viene el beneficio para usted"?

_____

¿Cuáles son las razones principales por las cuales las otras personas querrían comprar su producto o servicio? (¿Qué hace el producto o servicio en favor del cliente potencial?)

1. _____

2. _____

3. _____

LA NECESIDAD ANTE TODO, AHORA Y SIEMPRE

Algunos principios no cambian ni deben cambiar. A fines de los años 50 trabajé por breve tiempo en el campo de los seguros de hospitalización, salud y accidentes. En aquel entonces vivía en Columbia (Carolina del Sur) e iba con frecuencia a trabajar en Newberry (también Carolina del Sur). Por casualidad me enteré de que en Newberry había muchas maestras, solteras entre los cuarenta y los cincuenta años de edad que eran el único sostén económico de sus madres. Como se sabe, en los años 50 las cosas eran muy distintas. Había pocos asilos de ancianos y el gobierno no daba tanta ayuda como ahora.

Una vez obtenido ese dato, me fue muy fácil sacar conclusiones. Si algo llegaba a sucederle a la maestra que llevaba el dinero a la casa, tanto ella como la madre se verían abocadas a una situación económica muy difícil. Comencé a concentrar mis esfuerzos en ese mercado relativamente pequeño pero enormemente lucrativo. Lucrativo porque la necesidad era tan grande que no era difícil vender. No fui yo quien creó la necesidad. Sencillamente ofrecí la solución a un problema particular de esas mujeres. Sin excepción, cada vez que hacía una presentación, incluso en los pocos casos en que no vendí (y fueron realmente muy pocos), las señoras se mostraban muy agradecidas por el hecho de que las hubiera escogido y me hubiera propuesto visitarlas.

UNA PRESENTACIÓN SENCILLA

Durante las fases del proceso correspondientes al análisis de las necesidades y a la toma de conciencia, mi objetivo era averiguar si la maestra o la madre tenían algún otro ingreso al cual recurrir llegado el caso de que la primera tuviera un accidente o enfermedad que le impidiera trabajar. Esta "intravista" generalmente revelaba la existencia de una pequeñísima cuenta de ahorros.

Entonces pasaba a la pregunta obvia: "¿Alguna vez se ha preguntado qué sería de usted y de su madre si tuviese un accidente o enfermedad que le impidiese trabajar y se agotara su cuenta de ahorros?"

La mayoría de las mujeres habían pensado en eso pero, en

vista de que no tenían una solución a mano, habían optado por proceder igual que Scarlett O'Hara (la protagonista de *Lo que el viento se llevó*) y "dejarlo para mañana".

La pregunta relacionada con la solución de la necesidad también era bastante obvia: "Si existiera una solución para su problema, le interesaría conocerla, ¿no es así?" La respuesta era afirmativa.

Durante esta fase del proceso de ventas "ponía la necesidad ante todo", tal como he venido insistiendo en este capítulo. Además, mi propósito era alentar a la clienta potencial a actuar, para lo cual le pintaba un cuadro vívido que le permitiera ver lo que podría suceder si no hacía algo inmediatamente.

"Señorita [o señora] Walters: a sus cuarenta y nueve años tiene una esperanza de vida de unos veinte a treinta años más. Por lo general, cuando hay un accidente o una enfermedad, ese tiempo se reduce considerablemente: a aproximadamente siete años. Ahora bien: $400 [la suma que el seguro pagaba por concepto de invalidez] al mes durante siete años — o más — representa una suma considerable [$1 200 a $1 500 dólares de hoy]. Por esta razón, los procedimientos de suscripción son bastante estrictos [lo cual era cierto]. Como representante de la compañía no puedo garantizarle que su solicitud sea aprobada. Sin embargo, me complacerá mucho presentarla para ver qué dice el departamento de suscripciones". Muchas de ellas decían: "Sí, me parece muy bien". Sí, el temor de perder es muchas veces más fuerte que el deseo de ganar.

Si encontraba resistencia o dudas, la pregunta era: "Bueno, está segura de que en caso de enfermedad o accidente querría contar con un ingreso para cubrir sus necesidades, ¿no es así?" Como la respuesta siempre era afirmativa, sólo tenía que preguntar: "¿Entonces por qué no consideramos teóricamente la situación y dejamos que la compañía tome finalmente la decisión?"

El método me servía para cerrar el trato con más del 90% de las personas a quienes visitaba.

¿Y EN EL TIEMPO PRESENTE?

¿Qué significa este ejemplo para alguien que, como usted, trabaja en el decenio de los 90? En un artículo publicado en el número del 30 de enero de 1991 de la revista *Bottom Line*, titulado "Seguro de invalidez prolongada: cómo escoger correctamente y errores que se deben evitar", Harold Evensky decía: "Aunque el seguro de invalidez prolongada es costoso, vale la pena, porque casi todos los asegurados lo cobran. Más del 25% de las personas de más de 65 años necesitarán con el tiempo atención prolongada, y lo mismo sucede con el 50% de las personas de más de 89 años".

Mi amigo Roger Peet, de Bismarck (Dakota del Norte), me planteó un problema interesante relacionado con las ventas en ese campo. No lograba que sus clientes potenciales vieran la urgente necesidad de tomar una decisión. La solución que le recomendé (tomada de mi experiencia con las maestras) le ha servido maravillosamente, y me dice que emplea exactamente las mismas palabras que usted acaba de leer. Las cifras cambian con los años, pero los principios no.

PALABRAS IMPORTANTES

Tomando como base una edad de 62 años, Roger podía ofrecer $80 diarios de por vida, por una prima mensual de $100. No preste demasiada atención a los números, puesto que he omitido varios detalles en aras de la simplicidad y del mensaje. En lugar de concentrarse en las cifras, fíjese en las palabras empleadas para pintar el cuadro en el cual se considera la "necesidad ante todo" y para crear una sensación de urgencia.

Roger comienza esta fase de su presentación diciendo: "Ustedes saben que en la vida se nos presentan dilemas todos los días. Durante el tiempo que han vivido han tomado decenas de miles de decisiones, algunas de ellas importantísimas, pero la mayoría insignificantes.

"En este momento se hallan ustedes ante un dilema que puede ser de vital trascendencia, y es el siguiente: Según parece, ustedes pueden escoger ahora entre adquirir o no esta extensión del seguro. Personalmente no puedo saber — y tampoco ustedes — si tendrán esta misma opción mañana, la próxima semana, el mes que viene o el año entrante. Probablemente así sea, pero es precisamente a causa de esta incertidumbre que existen los seguros. Pensando en eso, veamos en qué consiste la opción.

"Si deciden tomar la extensión de la póliza, habrán optado por una inversión de $100 mensuales. Ésa quizá no sea una decisión trascendental, puesto que no afectará a su forma de vida, al sitio donde viven, lo que comen, al vehículo que tienen. En pocas palabras: si aceptan, lo único que cambiará será su tranquilidad.

"Por otra parte, si deciden postergar la decisión o no adquirir la extensión de la póliza, es probable, como les dije antes, que esta misma posibilidad no se les presente más adelante. Si eso es así y llegan a sufrir un accidente, un ataque cardíaco, un derrame cerebral o alguna otra enfermedad debilitante o catastrófica, las consecuencias de su negativa de hoy serán devastadoras. La suma de $100 mensuales retirados de su cuenta bancaria no representa mayor cosa, mientras que $80 DIARIOS tomados de sus recursos durante un tiempo prolongado tendrían un efecto trágico sobre su situación económica y su tranquilidad. Es probable que una situación así también afecte negativamente a las personas a quienes más aman y agote no solamente sus propios recursos sino también los de ellas.

"Con tanto que ganar con un sí y tanto que perder con un no, ¿no les parece lógico dejar que la compañía de seguros corra con el riesgo en lugar de ustedes? Estoy seguro de que dormirán mejor esta noche sabiendo que por un sacrificio mínimo — si es que es un sacrificio — habrán eliminado la posibilidad de un descalabro económico. El contrato podrá entrar en vigencia a partir de..."

P.S.E.P. (PROPONGA SIEMPRE EL PEDIDO)

Ahora que comprende a cabalidad la importancia de poner la necesidad por delante y la diferencia entre las características, las funciones y los beneficios, está listo para proponer siempre el pedido (P.S.E.P.), y de eso trata precisamente el capítulo 10.

TERCERA ETAPA DE UN BUEN PROCESO DE VENTA: SOLUCIÓN DE LAS NECESIDADES

1. **Solucionar las necesidades significa:**
   A. Que el profesional de las ventas vende BENEFICIOS y no productos.
   B. Que el profesional de las ventas "pone la necesidad por delante".

2. **Las características, las funciones y los beneficios contribuyen a solucionar los problemas del cliente potencial:**
   A. Las características son una parte del producto o servicio (lo que ES el producto o servicio).
   B. Las funciones son las actividades que desempeña determinada parte del producto o servicio (lo que HACE esa parte del producto o servicio).
   C. Los beneficios son las ventajas que se obtienen al usar las características y funciones del producto o servicio (lo que las características y las funciones HACEN EN FAVOR DEL CLIENTE O DEL CLIENTE POTENCIAL).

CAPÍTULO 10

EL ABC DEL CIERRE DE LA VENTA

P.S.E.P. = proponga siempre el pedido

Hace muchos años apareció relatado en los periódicos de Detroit el caso de una fabulosa póliza de seguros que Henry Ford había comprado. El señor Ford tenía un buen amigo que trabajaba en seguros, el cual se molestó muchísimo por el hecho de que no le hubiera comprado la póliza a él. La respuesta del señor Ford ante el reclamo de su amigo es una lección para todo vendedor en cualquier circunstancia, y con eso me refiero a todos nosotros. Le dijo: "Nunca me lo pediste".

EL VENDEDOR "TÍMIDO"

Si alguna vez ha habido un ejemplo típico de lo que se puede lograr con esfuerzo, valor y perseverancia, ese ejemplo es el de Horace (Judge) Ziglar. Aunque Judge no tuvo mucho éxito al comenzar su carrera de vendedor, a lo largo de los años logró marcas que prevalecieron a través del tiempo. Mi hermano menor era un enamorado de las ventas. Más adelante, cuando los demás lo instaron a que compartiera sus secretos, se convirtió en uno de los mejores conferenciantes del país.

Antes de su muerte prematura, en octubre de 1990, Judge había ayudado a miles de personas a triunfar tanto en las ventas como en la vida.

Cuando pienso en el cierre de la venta, no se me ocurre una persona más capaz que mi hermano. Tenía una "actitud de concertación" más desarrollada que cualquier otra persona que yo haya conocido en esta gran profesión de vender. Como dije antes, Judge se basaba en el principio de que uno tenía el dinero de *él* en el bolsillo, y que eso estaba bien, puesto que él tenía el producto de *uno* en su poder.

Antes que se apresure a juzgarlo, permítame aclararle que mi hermano SIEMPRE pensó en la mejor manera de favorecer al cliente potencial. SIEMPRE creyó en el producto que vendía y SIEMPRE supo que las personas quedaban en mejor situación después de hacer el cambio (el dinero de ellas por el producto de él).

Judge escribió un libro titulado *Los vendedores tímidos tienen hijos flacos*, y tenía toda la razón. El año en que estableció la marca mundial en ventas de baterías de cocina fue el año en que tuvo que vencer más adversidades que las que puede encarar un vendedor durante toda su carrera: un hijo en el hospital por largo tiempo (Judge les vendió a las enfermeras); un accidente de tránsito en el cual quedó totalmente destruido el vehículo (le vendió al agente de seguros); la muerte de dos parientes cercanos y la pérdida de la voz (el médico le dijo que no podría hablar durante seis semanas, de manera que hizo lo único que podía hacer: conseguir otro médico).

EL INTERÉS DEL QUE LOGRA LA VENTA ES VERDADERO

Imaginemos, por favor, la siguiente escena. Es 31 de diciembre, víspera de Año Nuevo. Todo el mundo sabe que en la

> **Los vendedores tímidos tienen hijos flacos.**

víspera de Año Nuevo sencillamente no se vende. Son las diez y cuarto de la noche, y Judge tiene una cita de ventas. Ya ha superado en $2 000 la marca mundial, pero le faltan $140 para cumplir con su meta personal. ¿Qué habría hecho usted en su lugar?

La pareja joven a la cual visitó Judge Ziglar esa noche vivía en un apartamento de un solo cuarto. No tenían cocina ni refrigerador. Pero a las once y media de esa noche eran *propietarios* de un juego de ollas de acero inoxidable resistente.

Judge tenía varias razones para insistir tanto en esa venta. Había fijado la meta de vender determinada cantidad de mercancía, y no poder cumplirla estando tan cerca era algo que no iba a soportar (especialmente después de todo lo que había sufrido ese año). Pero más importante aún era que Judge sabía que una pareja con recursos tan escasos NECESITABA un juego de ollas que pudiera poner sobre el hornillo portátil que estaba usando para cocinar. Sabía que NECESITABAN unas ollas resistentes de acero inoxidable que trabajaran con sello al vacío y condujeran bien el calor, a fin de que pudieran cocinar alimentos nutritivos y ahorrar en víveres, y así recuperar en poco tiempo lo que habían invertido esa noche.

En pocas palabras, Judge SABÍA que su manera de actuar ERA LA MEJOR PARA SUS CLIENTES POTENCIALES, de manera que no tuvo reparo en proponerles que hicieran el pedido.

Es probable que usted tenga una actitud muy diferente de la de mi hermano. Yo la tengo. Lo decisivo en este caso no es realmente "cómo" proponer que hagan el pedido. Lo decisivo es PROPONER que hagan el pedido: *lanzarse al agua*.

SATISFACER LAS NECESIDADES

Todo lo que hemos dicho en los primeros nueve capítulos de este libro ha servido para traernos hasta este punto del proceso de venta. El cuarto paso de nuestra fórmula del éxito es satisfacer las necesidades. Un análisis apropiado nos permite comprender las necesidades y los deseos del cliente potencial. El siguiente paso es tomar conciencia de las necesidades; es el paso mediante el cual nos cercioramos de que comprendemos las necesidades y los deseos del cliente potencial. Y de que el posible cliente comprende también sus necesidades y deseos. Una vez que tanto nosotros como el posible cliente hayamos tomado conciencia, podemos pasar a ofrecer la solución de las necesidades por medio de nuestro producto o servicio. Así, finalmente, hemos llegado al momento de la verdad: la satisfacción de las necesidades.

Si usted es de los que llegan a este punto del proceso de venta y, cuando el cliente potencial dice: "¿No estará tratando de venderme algo, o sí?", su respuesta es: "Nooo, no, claro que no", creo que es mi deber preguntarle: "¿Entonces qué es usted? ¿Un visitante profesional?" El cierre de la venta no tiene por qué representar un sufrimiento para usted o para el cliente potencial. Por el contrario, si usted es la persona "indicada" que vende el producto "indicado" a un precio justo y con intenciones "rectas", la situación es favorable para ambos. Y una situación favorable para ambos significa que cerrar la venta es una experiencia positiva y agradable para usted y para el cliente potencial.

¿ES NECESARIO PROPONER *SIEMPRE* EL PEDIDO?

Algún "sabio" dijo una vez que el 100% de los pedidos que no proponemos son ventas perdidas. Eso no es totalmente cierto, puesto que, a pesar de nuestra ineptitud y aunque no propongamos el pedido, siempre habrá ocasiones en las cuales encontraremos personas tan decididas a comprar que nos empujarán diciendo: "Bueno, llene el pedido. Lo compro". ¿Que cómo sé esto? Muy sencillo.

Una tarde, en una ciudad cualquiera y en un centro comercial cualquiera, vi en una vitrina una colección de suéteres preciosa. Instantáneamente me atrajo un suéter de color rojo vivo que estaba en el centro de la vitrina. Entré en el almacén,

> **El 100% de los pedidos que no proponemos son ventas perdidas.**

busqué desesperadamente a alguien que se dignara atenderme y, al no hacerlo, salí de allí algo descorazonado. Estuve comprando por ahí otros diez minutos y no resistí la tentación de regresar a mirar ese hermoso suéter una vez más. Si bien no me dejaban comprarlo, por lo menos eran lo suficientemente amables para dejar que deleitara la vista.

Estaba frente a la vitrina cuando tuve la sorpresa de que se me acercara una señora que parecía vendedora. No lo era. Trabajaba en el almacén, pero estaba tan embebida en sus pensamientos que aunque su presencia física diera prueba de que existía, sólo Dios sabe dónde tenía la mente. Me habló en términos abstractos, no mostró interés alguno en hablar conmigo (ni con ninguna otra persona), me enseñó el suéter como quien no quiere la cosa, como tratando de decirme: "Llévelo o déjelo". Me sentí tan enojado que regresé al hotel (el cual quedaba dentro del centro comercial) para leer durante unos minutos. ¿Quién habría pensado que era tan difícil comprar un suéter?

Mi inquietud aumentaba a cada instante, porque no podía alejar de mi mente ese magnífico suéter rojo. Tras unos instantes de reflexión, decidí que no sería una empleada indiferente y nada profesional la que me impediría disfrutar del suéter. Entonces regresé al almacén.

Con no poco esfuerzo logré (gracias a mis años de experiencia y al deseo de no ceder ante los obstáculos) superar todos los reparos que oponían para venderme el suéter, exigí mi derecho de comprar y salí triunfalmente con mi suéter rojo.

P.S. Por si acaso no se ha dado cuenta, adoro ese suéter. Pero permítame aconsejarle que nunca sea tan difícil con sus clientes potenciales. Con una actitud de ésas PUEDE SER que haga algunas ventas, pero NO podrá sobrevivir.

PIENSE CONMIGO

Si (y me doy cuenta de que éste será otro SI CONDICIONAL bastante GRANDE) ha cumplido con los tres primeros pasos de la fórmula del éxito, proponer el pedido es la siguiente etapa natural del proceso.

¿Qué es lo peor que puede pasar? ¿Será acaso la escena que ha estado imaginando y que describo a continuación?:

— ¿Desea tomar una decisión? — pregunta usted con algo de temor y ansiedad.

— ¡Por supuesto que no! — replica el cliente potencial, con rudeza.

— ¿Por qué no? — inquiere usted, sintiendo que pierde el control sobre el tono de la voz.

— Porque peor que ese producto, inferior y de mala calidad, es usted con su ineptitud e incompetencia — es la respuesta. Ante eso, lo único que usted puede decir es:

— Ah, entiendo — y salir del recinto arrastrando los restos de su amor propio.

LA GENTE DESEA DECIR SÍ

Nunca olvide, como persona que trata de persuadir a otra, sea usted médico, odontólogo o vendedor de computadores, que en la mayoría de los casos el cliente potencial realmente desea comprar, especialmente si usted es agradable, profesional y amable. En realidad a nadie le gusta dar una negativa, porque ella implica el final de una relación. Aunque el proceso de ventas haya sido breve, si usted es una persona agradable y está verdaderamente interesado en ayudar al cliente potencial, éste sabrá por instinto que un "no" significará el fin de lo que hay entre ustedes dos. Es posible que el cliente potencial no pueda poner en palabras esa sensación, pero ella existe, e inclina la balanza en favor del vendedor. Por consiguiente, proponga el pedido, mi querido amigo. Hágalo con afabilidad y profesionalismo, pero PROPÓNGALO.

VALOR PARA PREGUNTAR

David A. Mezey vende equipos médicos en North Olmsted (Ohio). Cuando le ampliaron el territorio para incluir el que antes tenía a su cargo el gerente de Pittsburgh, tuvo que hablar varias veces por teléfono con éste a fin de ponerse al día con respecto a la situación de algunas cuentas. El gerente de Pittsburgh le habló de una de las cuentas, la de dos radiólogos importantes, uno de los cuales era muy receptivo y siempre estaba dispuesto a adquirir productos nuevos con el propósito de evaluarlos, mientras que el otro se limitaba a prestar atención a la presentación pero nunca decidía.

Durante su primera visita al cliente, David habló con el supervisor técnico del departamento de radiología sobre las características, las funciones y los beneficios de varios productos nuevos. El supervisor le dijo que valía la pena que hablara con uno de los médicos. Esto es lo que cuenta David: ''Me pareció bien, puesto que sabía que me compraría algo y, en efecto, al terminar mi presentación, el médico aceptó comprar varios productos. A la noche siguiente hablé de nuevo con el representante de Pittsburgh para agradecerle la información y contarle que el doctor Lazeroni, en efecto, había comprado. Para mi sorpresa, me dijo que el doctor Lazeroni jamás le había comprado nada, cualquiera que fuese la oferta. No cabía duda de que había hablado con el médico 'equivocado'. Desde ese día, el doctor Lazeroni ha sido un cliente fiel y se ha ayudado a sí mismo y a sus pacientes comprando otros productos''.

Como he dicho varias veces, y lo seguiré diciendo hasta el cansancio, en las ventas, como en la vida, todos hemos NACIDO PARA TRIUNFAR. Pero antes de llegar a ser los TRIUNFADORES que todos queremos ser, debemos hacer PLANES para triunfar, PREPARARNOS para el triunfo y LUEGO sí aspirar a ese TRIUNFO. En el caso de David, éste planificó la presentación, se preparó debidamente y tenía la aspiración de hacer la venta. Ésta es la actitud que todos los profesionales de las ventas se esfuerzan por cultivar...es la actitud de venta que USTED debe esforzarse por cultivar. Si usted se PREPARA y tiene un PLAN, no hay razón para que no pueda ASPIRAR a vender.

PARA "TENER" HAY QUE "PEDIR"

Anteriormente mencioné a mi amigo Gerhard Gschwandtner, que publica la revista *Personal Selling Power*. Sinceramente creo que esa publicación es la mejor revista sobre ventas que existe en el mercado. Gerhard dice que durante los últimos 75 años se han publicado más de tres mil libros sobre el arte y la ciencia de las ventas. Sin embargo, menos del 1% de estos libros trata exclusivamente del procedimiento para cerrar la venta. Ésta es una de las razones por las cuales mi libro *Secrets of Closing the Sale* ha tenido tantísima acogida y sigue siendo el único libro sobre métodos de venta que haya llegado a la lista de éxitos de librería del *New York Times*.

Aunque en el libro aparecen más de cien ejemplos concretos del cierre de la venta, setecientas preguntas que se deben hacer en ventas y una docena de sugerencias, técnicas y secretos para triunfar como profesional de las ventas, no se presenta un proceso cronológico específico que sirva para cerrar más ventas con mayor frecuencia. De eso precisamente trata el presente capítulo. Esto es importante porque el técnico de ventas Chris Hegarty informa que más del 63% de todas las entrevistas de venta terminan con un vendedor que no es capaz de proponer al cliente que haga el pedido.

OTRO DATO "CHOCANTE"

Una investigación del doctor Herb True, de Notre Dame, revela que el 46% de los vendedores a quienes entrevistó proponían el pedido una sola vez y después se daban por vencidos; el 24% proponía dos veces el pedido antes de cejar en su empeño; el 14% lo proponía tres veces, y tan sólo el 12% se aferraba a su propósito, haciendo cuatro intentos antes de tirar la toalla. Hablamos de un 96% en total que se daba por vencido después de *cuatro* intentos y, no obstante, el mismo estudio demuestra que el 60% de todas las ventas se hacen después del quinto intento. Puesto que el porcentaje de vendedores que no proponían la compra las cinco veces necesarias constituía el 96%, es obvio que sólo un 4% de los vendedores están haciendo el 60% de las ventas (y ganando el 60% de las comisiones).

Si usted es de los que no desean proponer a los clientes más de una o dos veces que hagan el pedido, por temor a dejar la impresión de estar presionándolos, piense en esto: cuando los lanzadores de béisbol rechazan una pelota, la pelota se le regresa al árbitro, quien la guarda en la bolsa junto con otras. Más tarde, el lanzador recibe esa misma pelota. Y es rara la ocasión en que la misma pelota es rechazada dos veces. El cliente potencial verá la oferta con distintos ojos la segunda, la tercera, la cuarta e incluso la quinta vez. De la misma manera que el árbitro ofrece la misma pelota al lanzador, también el vendedor profesional debe ofrecer el mismo producto varias veces.

PERSISTENCIA Y PERSUASIÓN

John Cummings, de Mundelein (Illinois), es gerente general de una concesionaria automovilística. Uno de los vendedores a quien estaba entrenando había tratado inútilmente de hacer que un cliente comprara un vehículo.

También el jefe de sección había fracasado en el intento. Puesto que entre los dos habían propuesto el pedido por lo menos cuatro veces, la perspectiva de cerrar la venta se veía bastante gris. Fue entonces cuando el aprendiz, Jim Borgman, tuvo una idea. Calculando que hubiese pasado una hora desde que el cliente potencial llegara a su casa, Jim le telefoneó, saludándolo con la mayor cordialidad:

— Habla Jim Borgman, de Bernard Chevrolet. ¿Interrumpo algo importante?

Después de cerciorarse de que no era inoportuno (lo cual constituyó una jugada bastante sabia), continuó:

— Me gustaría preguntarle un par de cosas, si no le molesta. Concedido el permiso para continuar, Jim preguntó:
— ¿Visitó a nuestra competencia?
El cliente potencial respondió:
— Bueno, sí, claro.
Jim fue directo al grano y preguntó:
— ¿Compró el automóvil?
— No — fue la escueta respuesta.
— Tienen unos precios bastante altos allá, ¿no es así? — anotó Jim.
— Sí, realmente sí.
— ¿Le molestaría contestarme sólo una pregunta más?
— No — respondió el cliente potencial.
— ¡Excelente! — dijo Jim con entusiasmo —. ¿Adónde piensa ir de viaje cuando tenga su Suburban, de Bernard Chevrolet?
Tras una breve pausa, el cliente potencial respondió:
— ¡A Kentucky!
Y con una sonrisa enorme (señal de que tanto el cliente potencial como el vendedor acababan de sentir el "triunfo mutuo"), Jim dijo:
— Perfecto, perfecto. Regrese. Estoy seguro de que podremos llegar a un acuerdo satisfactorio para ambos.
— Salgo para allá inmediatamente, Jim.

En un principio, Jim y el cliente potencial estaban a $1 500 de hacer el negocio, pero gracias al entusiasmo, la creatividad, la cortesía y la persistencia del vendedor novato — combinados con su conocimiento del cliente potencial, su capacidad para comprometerlo emocionalmente y el hecho de PROPONERLE UNA VEZ MÁS EL PEDIDO —, Jim Borgman pudo lograr la venta. Lo que ya he dicho vale la pena repetirlo, porque es verdad: Un vendedor "novato" con ansias de progresar vende más que un vendedor "experimentado" pero sin ánimos.

Proponer el pedido cinco o más veces puede ser muy difícil si usted: a) No tiene absoluta confianza en el valor de su producto o servicio; b) No ha cumplido debidamente con los primeros tres pasos (analizar las necesidades, tomar conciencia y solucionar las necesidades) de la fórmula de cuatro pasos; o c) no aspira a hacer la venta.

Déjeme señalar, además, que entre uno y otro intento por lograr la venta es necesario ofrecer al cliente potencial otras razones, características, funciones y BENEFICIOS que lo induzcan a tomar EN ESE MOMENTO una decisión favorable. Al ofrecer información adicional, usted da al cliente potencial la oportunidad de tomar una decisión "nueva" con base en esa información complementaria. A riesgo de insistir demasiado en la necesidad de aspirar a hacer la venta, permítame darle otro ejemplo. Tener la firme aspiración a hacer la venta puede establecer una gran diferencia en su carrera, tal como lo demuestra el ejemplo siguiente.

EL VENDEDOR NUEVO OBSERVA Y APRENDE

Cuando yo trabajaba en el ramo de seguros y era un verdadero neófito, hice con el agente general de mi compañía una visita a un cliente de 55 años, bastante pasado de peso. Este señor, que no estaba amparado por seguro alguno, me había comprado una póliza de $100 000. En el momento de hacerle entrega de la póliza, el agente general dio una explicación tan maravillosa de los beneficios, que el cliente no dudó en adquirir una segunda póliza inmediatamente. Para mi asombro, el agente general sacó de su maletín una segunda póliza de $100 000 (que traía elaborada de antemano) y acto seguido se la entregó al cliente. Ese día aprendí mucho sobre lo positivo de aspirar a hacer la venta... Y sobre cómo prestar un mejor servicio a mi cliente, puesto que, en vista de sus condiciones de salud (el peso y la edad), la póliza inicial de $100 000 no representaba un amparo suficiente para él o su familia.

ALIMENTAR A LA FAMILIA O ALIMENTAR EL YO

En uno de los capítulos anteriores hablamos de alimentar a la familia o alimentar el yo, desde una perspectiva diferente, pero la lección también se aplica en este caso. Muchas veces nos abstenemos de proponer el pedido, por temor a escuchar una respuesta negativa. Es ahí cuando debemos realizar un examen de conciencia.

Ya le he recomendado que debe repasar todas las visitas de venta inmediatamente después de concluirlas; es decir, buscar un lugar apartado y vivir nuevamente la experiencia. Esto tiene un resultado muy positivo, especialmente cuando se lleva un diario, del cual hablaremos más en el capítulo 15, "Organización y disciplina". Pero cualquiera que sea su método de autoentrenamiento, hay una cosa que usted DEBE responder acerca de toda visita que termine SIN proponer el pedido: ¿por qué?

¿Acaso fue "porque no era el momento adecuado"; "porque el cliente potencial se distrajo"; "porque había demasiada gente"; o "porque él necesitaba más tiempo para pensarlo"? Éstas son algunas de las EXCUSAS que usamos para no proponer el pedido. No me entienda mal. Hay ocasiones en que es prudente dar marcha atrás y regresar otro día, en particular si la inversión que usted solicita es cuantiosa. Sin embargo, en la gran mayoría de los casos, es necesario tener lo que Louise Padgett definía como "valor y coraje", y estar decidido "a remachar el asunto", como se dice popularmente.

Por cada venta perdida al intentar lograrla en el momento equivocado perderá una docena por no intentarlo.

CONFIANZA FRENTE A EXCESO DE CONFIANZA

Infortunadamente, las ventas también se pierden cuando los vendedores "dan por hecho" que "tienen la sartén por el mango". La venta jamás está *segura* mientras el cliente potencial no haya firmado el pedido, cancelado el valor de los bienes o servicios, Y esté satisfecho.

Tener confianza en sí mismo como persona y como vendedor es esencial; sin embargo, el exceso de confianza conduce a la arrogancia, y es entonces cuando Buster Douglas deja inconsciente a Mike Tyson y se convierte en campeón de los pesos pesados con "una sola pelea". También es cuando los vendedores pierden las ventas que consideraban "seguras".

David Ray, consejero de admisiones del Malone College, de Canton (Ohio), cuenta cómo tomó una idea y la adaptó a la situación de la universidad, para aumentar el número de matrículas. David envió a sus candidatos una carta de postventa basada en un modelo creado por Thom Norman, instructor en ventas. Tres días más tarde, cuando salía para su casa, David se tropezó en el pasillo con uno de sus alumnos. Era un estudiante con el cual David venía trabajando desde octubre del año pasado y que se perfilaba como uno de "esos candidatos 'seguros', alguien que estaría sin lugar a duda en la universidad el otoño siguiente". Sin embargo, cuando David le preguntó, se enteró de que el muchacho, por miedo a las exigencias académicas, había decidido no ingresar en la universidad, pese a su compromiso inicial. Entonces escuchó unas palabras que fueron como "bálsamo para sus oídos". David cuenta: "El muchacho había estado atemorizado hasta que recibió mi carta. Después de leer la carta de postventa, se dio cuenta de que había decidido acertadamente al optar por ingresar en la universidad, y ese día, al salir del trabajo, se había apresurado a pagar la matrícula".

Ésta es una copia de la carta que envió David:

> Al sentarme a escribir esta carta recordé que falta menos de un mes para que usted se convierta en uno de los alumnos del Malone College. Si mi memoria no me falla, yo también me sentí emocionado, asustado, nervioso, optimista y preocupado antes de ingresar en la universidad. ¿Ha sentido algo parecido? Si es así, no está solo. Muchos de sus futuros condiscípulos

están pasando por lo mismo. Si pudiera decirle una sola palabra de aliento, esa sería *felicitaciones*.

Estoy orgulloso de saber que ha decidido formar parte de la historia del Malone College cuando celebremos en 1992 cien años de estar ofreciendo educación cristiana de primera calidad. Usted está a punto de experimentar los beneficios que han hecho del Malone College la preferida entre las universidades cristianas en el presente decenio.

Gracias por la confianza que ha depositado en mí como consejero de admisiones. Espero que nuestra relación continúe una vez que usted comience sus estudios. Mi puerta siempre estará abierta.

Fue un placer para mí conocer a su familia. Espero que estén tan emocionados con el nuevo "pionero" como lo estoy yo. Bienvenido a la promoción del 94.

Será un placer verlo el 25 de agosto.

LECCIONES PARA TODOS

Esta historia nos enseña un par de lecciones fundamentales. La primera es que ninguna venta está segura mientras el cliente potencial no haya firmado el pedido, haya recibido el producto o servicio, lo haya pagado y esté satisfecho con la transacción.

La segunda es que la "venta segura" no estuvo segura hasta cuando el cliente potencial recibió otra voz de aliento. Debo señalar que esta carta deja traslucir mucha empatía y comprensión. También tranquiliza al estudiante al hacerle saber que hay otros en su misma situación. La carta de David indica que está orgulloso del joven y tiene además la ventaja de agradecer al "futuro alumno" por su confianza en la institución. David también personaliza la carta al decir: "Fue un placer para mí conocer a su familia. Espero que estén tan emocionados con el nuevo 'pionero' como lo estoy yo. Bienvenido a la promoción del 94". Es interesante anotar que el mismo día en que el estudiante recibió la carta salió del trabajo corriendo a completar los trámites de matrícula.

UN CIERRE COMPLICADO

Howard Donnelly, de Aurora (Colorado), aprovecha la hora del almuerzo no sólo para alimentar el cuerpo sino TAMBIÉN la mente. Lee material inspirativo o educativo o escucha grabaciones para "renovar el autoestímulo". Durante uno de esos "laboratorios de aprendizaje" escuchó un excelente casete sobre la importancia de proponer al cliente que haga el pedido. Howard es vendedor de una distribuidora mayorista de productos electrónicos. Esa misma tarde llamó un cliente para solicitar información sobre uno de los productos más costosos de la compañía. Howard le habló de la disponibilidad y de la inversión (el precio). El cliente le agradeció su ayuda y seguidamente puso fin a la conversación con un "bueno, muchas gracias". Por suerte, Howard recordó lo que había oído en la grabación y antes de colgar preguntó: "¿Desea pedir uno?" Eso fue todo lo que dijo.

Hubo una pausa, tras la cual el cliente respondió: "Sí, creo que lo mejor es comprarlo y salir de eso de una vez por todas". Así de sencillo, y la venta se hizo. Lo peor que hubiera podido pasar habría sido una negativa. La verdad es, como dice Howard, que "si no hubiera planteado que hiciera ese pedido, el hombre seguramente no habría llamado nunca más".

NO LO HAGA MÁS DIFÍCIL DE LO QUE ES

Donald Henry, de Glenview (Illinois), recurrió al ingenio, la creatividad y el sentido del humor para ayudar a un cliente a decidir. Donald le ofrecía la oportunidad de invertir en acciones de una compañía del espectáculo. Donald conocía al caballero desde hacía un tiempo, de manera que decidió, justamente en medio de la conversación, correr premeditadamente un riesgo. Golpeó el auricular del teléfono tres veces contra el escritorio y, reanudando la conversación, preguntó: "¿Escuchó eso, señor?" Difícil hubiera sido no escuchar semejante ruido, de manera que la respuesta fue: "Sí".

Donald le preguntó si sabía qué ruido era y, al recibir una respuesta negativa, procedió a explicar: "Era la oportunidad llamando a su puerta, y creo que no debe dejarla pasar". El cliente potencial comenzó a reír a carcajadas, reconoció que la técnica era insuperable y que nunca había imaginado que un vendedor pudiera hacer tal cosa. Entonces Donald le propuso nuevamente que hiciera el pedido, ante lo cual el cliente potencial dijo: "Debe de ser algo muy bueno, para que usted recurra a una cosa así. Lo compro". ¿Cursi? ¡Sí! ¿Creativo? ¡Naturalmente! Y esta vez la "cursilería creativa" le sirvió a Donald para conseguir algo de dinero.

Recuerde que Donald conocía al cliente potencial. Había aprendido mucho sobre éste después de años de hacer negocios con él. Además, Donald estuvo dispuesto a ensayar algo distinto, en especial tratándose de una broma. Pero lo más importante es que de ahí pasó a proponer el pedido... y a conseguir la venta.

PEDIR Y RECIBIR

Aunque hay cientos de formas de proponer que se haga un pedido, quisiera que usted se concentre solamente en tres. "No complicar las cosas" ha sido el grito de batalla desde que los habitantes de las cavernas se vendían leña para encender el fuego. Estoy seguro de que conoce más de cien formas de lograr la venta, pero mi pregunta es: ¿Las conoce lo suficientemente bien para aplicarlas espontáneamente cuando es el caso?

Utilizando durante un período de noventa días una de las tres formas de proponer el pedido, usted podrá lograr ventas con más frecuencia... Y prepararse para crear tres procedimientos propios basados en su experiencia. La clave es la siguiente: no trate de volver a inventar la rueda. Aprenda de las experiencias de los demás. Utilice estos tres métodos como pilares para construir su éxito en las ventas.

Por favor, recuerde que usted puede estar vendiendo la razón por la cual un adolescente debería prestar atención en clase; la razón por la cual su paciente debería continuar con determinado tratamiento; la razón por la cual un empleado debería llegar puntualmente a trabajar; o la razón por la cual su cónyuge debería salvar el matrimonio. El proceso de persuasión siempre es el mismo, y con sensibilidad, amor e interés usted podrá proponer el pedido, cualquiera que sea el producto o el servicio.

TRES PREGUNTAS MENCIONADAS ANTES

Anteriormente hablamos de las tres preguntas que los profesionales de éxito utilizan cuando proponen hacer el pedido. Espero que ya las haya puesto en sus propias palabras. Recordémoslas.

- ¿Puede ver en qué forma el producto _____ ? En el espacio en blanco va el beneficio principal (le ahorrará dinero, le permitirá pasar más tiempo con su familia, etc.) que induzca al cliente potencial a comprar.
- ¿Le interesa_____ ?
- Si fuese a comenzar a _____ , ¿cuándo cree que sería el mejor momento para hacerlo?

En la página 128 hay más detalles sobre estas preguntas, pero recuerde que puede incluir cualquier motivo de compra en el espacio en blanco, siempre y cuando sea el motivo principal que usted ha descubierto a través de su análisis y del cual ha hecho tomar conciencia a su cliente potencial durante las etapas anteriores del proceso de venta.

EL CIERRE DENOMINADO 'DE LA PROBABILIDAD'

Cuando el cliente potencial se encuentre ante el momento de la verdad, pregunte lo siguiente para lograr que haga el pedido u obtener la información necesaria para conseguir que lo haga.

"Señor Gómez, en una escala de 1 a 10, en la cual 10 corresponde a su decisión de hacer el pedido, ¿dónde se encuentra ahora mismo?"

Observe las sutilezas de la pregunta y escoja sus palabras con cuidado. No dije que 1 significara que "no estaba interesado". No se trata de sembrar semillas de indiferencia.

Espere con paciencia la repuesta y, cuando la obtenga, continúe con la siguiente pregunta: "Si se encuentra en _____ (el número mencionado) en este momento, ¿qué necesitaría para llegar a 10?"

Si una y otra vez le responden con números por debajo de 7 es porque ha habido algo mal en las primeras etapas de su proceso de venta. Esta forma de cierre es muy eficaz cuando, si bien se halla cerca de conseguir el pedido, siente un poco de resistencia y considera que lo mejor es poner las cartas sobre la mesa. Tan importante es manejar esta resistencia (objeciones), que dediqué todo un capítulo al correspondiente procedimiento (capítulo 11). Sin embargo, es imposible controlar una objeción que no ha salido a la luz. Esta forma de cierre pone de manifiesto los problemas, para que usted pueda manejarlos como mejor convenga.

EL CIERRE DENOMINADO 'DEL RESUMEN'

Esta forma de cierre podría parecerle demasiado elemental, pero no subestime la importancia de lo que a primera vista parece obvio. El cierre 'del resumen' consiste en recapitular los puntos de la presentación que produjeron una chispa en los ojos del cliente potencial — que encendieron la luz — para proponerle seguidamente que haga el pedido. Por ejemplo: "Señor Carlson, usted dijo que querría que sus vendedores lograran más ventas. Dijo que si pudiera enseñarles a sus vendedores técnicas más concretas ellos podrían lograr ventas con más frecuencia, con lo cual aumentaría considerablemente el volumen de negocios de su compañía. También dijo que VENDER: UNA FORMA DE VIDA le ofrecía exactamente lo que estaba buscando. ¿Es así?" En caso de que la respuesta sea afirmativa, es cuestión de preguntar con seguridad: "Señor Carlson, puesto que es obvio que desea aumentar su volumen de negocios, ¿podría elaborarle ahora mismo un pedido por

250 ejemplares del 'Manual para llegar a ser el mejor vendedor profesional'?"

Durante el proceso de venta, los clientes potenciales encienden el fuego con el combustible y los fósforos que usted les proporciona. Sin embargo, durante el proceso surgen distintas circunstancias o distracciones que apagan el fuego. Al resumir aquellas cosas que produjeron una chispa, usted reaviva el fuego en el momento preciso en que solicita a sus clientes potenciales que hagan una inversión. Cuanto mayor sea el componente de "sentimiento" que haya en ese momento, mayor será el número de ventas que usted podrá cerrar.

EL "REMACHE" FINAL

Uno de los comentarios más eficaces para asegurar la venta una vez que el cliente potencial ha hecho el pedido es el siguiente: "Señor Carlson, sería de gran ayuda para mí y lo consideraría un favor personal el que me dijera una vez más por qué está tan emocionado con la perspectiva de ———— (adquirir este producto)".

No dude en pedir un favor en ese momento. Acaban de comprarle, y una de las razones por las cuales lo han hecho es porque usted les agrada. Los clientes potenciales están dispuestos — e incluso impacientes — a hacerle el favor. Esto fortalecerá la relación, y la venta quedará todavía más asegurada.

No importa si su cliente desconoce en ese momento la razón exacta por la cual compró. Si usted deja que la persona compre por razones "emocionales" y luego no encuentre una razón lógica para justificar lo que hizo, lo más probable es que se pierda la venta o que usted termine con un cliente insatisfecho. Por lo tanto, no hay nada de malo en ayudarle a recordar la razón de la emoción. Es la oportunidad perfecta para que usted enumere los beneficios lógicos y emocionantes de los cuales podrá disfrutar el cliente ahora que tiene el producto. El "remache" final es la forma de terminar el proceso de venta con una nota altamente positiva.

TODAS LAS VISITAS GENERAN UNA VENTA

Si bien es cierto que ni siquiera el más cruel de los gerentes de ventas aspira a que usted cierre tratos con el 100% de los clientes potenciales a quienes visita (aunque usted debería lograr que hagan el pedido en el 99.9% de esas visitas), toda visita genera una venta. El solo hecho de que no se haya firmado el pedido NO significa que la venta esté perdida.

En cada entrevista se hace una venta. Usted convence a los clientes potenciales de que necesitan sus productos o servicios ahora — para poder terminar la transacción — o ellos lo convencen a usted de que no desean sus productos o servicios, y menos ahora.

En teoría, la balanza se inclina a su favor, puesto que son muy pocos los consumidores que leen libros, asisten a cursos o escuchan grabaciones sobre la forma de no comprar. Usted, por el hecho mismo de estar leyendo este libro, está haciendo un esfuerzo deliberado por aprender a conseguir una respuesta favorable del cliente potencial. Sin embargo, la realidad es que para que la venta cristalice debe haber dos decisiones "favorables": por una parte, el cliente potencial debe decir: "Sí, deseo comprar" y, por la otra, usted, el vendedor, debe estar dispuesto a decir: "Sí, deseo vender". Esto podría parecer algo ridículo a primera vista, pero he visto muchos vendedores que con su conducta, falta de profesionalismo, negativismo, poca integridad y muchas otras cosas, parecen decir que no desean vender o no aspiran a hacerlo, con el mismo resultado en ambos casos.

Ahora bien: entiendo perfectamente que a veces no se debe hacer la venta. En ocasiones he tenido que hablar con personas que venden productos que no satisfacen mis necesidades ni mis deseos. El verdadero profesional reconoce y acepta ese hecho. En esas condiciones, es mil veces mejor dejar pasar la venta que hacer la venta equivocada (con la cual ni el cliente potencial ni el vendedor se benefician a largo plazo). Hay una cosa peor que perder una venta cuando existen la necesidad y la capacidad para comprar, y es hacer la venta cuando no existe la necesidad o el producto no satisface los mejores intereses del cliente. Cuando eso sucede, el vendedor pierde prácticamente cualquier posibilidad de que se le envíe a otras personas o de hacer más negocios con ese cliente potencial. En nuestro negocio, la única forma de sobrevivir — para no hablar de prosperar — es contar con clientes que se conviertan en nuestra mano derecha y estén dispuestos a recomendar nuestros servicios y a relacionarnos con otros clientes potenciales.

EL VERDADERO SECRETO PARA CERRAR LA VENTA

Al terminar la presentación — sea el resultado positivo, negativo o dudoso — el vendedor de éxito siempre pide al cliente potencial nombres de otras personas que podrían beneficiarse con el producto o servicio que acaba de describir. Si usted no se siente dispuesto a solicitar esa información, más vale que se pregunte hasta qué punto cree en lo que vende. Conseguir pistas sobre posibles compradores cuesta entre $20 y $2 000, de manera que las referencias de los clientes reducen considerablemente los costos de la compañía. Y lo que es más importante: las referencias garantizan la permanencia del trabajo del vendedor. Recuerde que, por excelente que sea la calidad de su producto o de su presentación, usted quebrará o quedará sin trabajo si no tiene a quién contarle su historia. Cuando comenzaba mi carrera, tuve la suerte de trabajar con un gerente de ventas excepcional, el señor Bill Cranford (a quien dediqué *Secrets of Closing the Sale*). Fue Bill quien me ayudó a comprender la importancia vital de esta noción.

Uno de los mejores cumplidos que me han hecho fue el de una clienta a quien acababa de hacerle la primera venta y le había solicitado nombres de otras personas. En un esfuerzo por ayudarle a esta nueva clienta a comprender que no pretendía someter a sus amigos y conocidos a ningún tipo de presión, le expliqué que con las personas a quienes era enviado me limitaba a hacer la presentación, y si decidían comprar, muy bien; pero si no compraban, no pasaba nada, puesto que mi intención no era presionar a nadie.

En ese momento me interrumpió la clienta diciendo: "Sí, estoy segura de que eso es cierto. Usted es uno de los vendedores más inofensivos que he conocido". Es interesante anotar que esa clienta acababa de comprar prácticamente todo lo que tenía para venderle. Pero la clave está en estas palabras: "La clienta acababa de COMPRAR". No sentía que le hubieran VENDIDO, y ahí es donde, en mi opinión, está la clave. Nuestra labor es convertirnos en auxiliares de compras y ayudar al cliente potencial a hacer la compra... no a hacerlo sentir que le han vendido.

VOLVAMOS A JUDGE

Puesto que comencé el capítulo hablando de mi hermano, Horace (Judge) Ziglar, es apenas justo finalizarlo de igual manera. Además de ser la persona más hábil para concretar las ventas que jamás he visto, mi hermano era una especie de histrión. Tenía el instinto de cuándo debía actuar (de cuándo debía proponer el pedido) que complementaba con la convicción de que lo que vendía era lo mejor que un cliente potencial podría comprar.

En lo que se refería a cerrar la venta, él y yo éramos polos opuestos a pesar de que conseguíamos los mismos resultados. Aunque el último año en que trabajé todo el tiempo en ventas directas logré hacerlas en más del 90% de mis presentaciones, él tuvo la audacia de acusarme de ser una mediocridad en cuestión de cerrar ventas. La diferencia estaba en el estilo, no en los resultados. Judge."iba directo a la yugular" y estaba convencido de que si no proponía el pedido — y varias veces — le estaba prestando un deficiente servicio al cliente potencial. Por mi parte, estaba convencido de que si ponía suficiente lógica y emoción en la presentación, el deseo del cliente potencial de poseer el producto sería tan grande que al proponerle el pedido no iba a dudar ni por un segundo, y la venta sería casi automática. La lección para usted es que trabaje dentro del marco de su propia personalidad y no dé su brazo a torcer: ¡PROPONGA SIEMPRE EL PEDIDO!

JUDGE Y EL ABOGADO

Una noche mi hermano Judge ("Juez" de sobrenombre, no de título) visitó el hogar de un abogado. Éste tenía una mente parecida al concreto: una mezcla endurecida de todo. Le dijo a mi hermano que no pensaba comprar y le explicó por qué. Judge respondió a la objeción y le propuso que hiciera el pedido. El abogado presentó otra objeción, y de nuevo mi hermano la respondió y le reiteró su propuesta de que hiciera el pedido. Así continuaron hasta la décima objeción. Mientras tanto, yo observaba, esperaba y me preguntaba por qué mi hermano se obstinaba en perder el tiempo. Para mí era obvio que el señor no tenía intención alguna de comprar.

Cuando el abogado presentó la undécima objeción, mi hermano se golpeó la rodilla, saltó del asiento y dijo:

— Ah, bandido. Debería hacerlo fusilar.

El abogado quedó mudo, y en su rostro se pintó una expresión de asombro e incredulidad y comenzaron a subirle los colores.

— ¿Me puede explicar qué quiso decir con eso? — preguntó. A lo cual mi hermano respondió:

— Al fin me di cuenta de lo que usted trata de hacer. Sólo desea saber hasta dónde puedo llegar. Desea conocer la respuesta a cada una de las objeciones que existen sobre la tierra, para usarlas en los tribunales — Judge se rió y continuó —: Créame, aprecio mucho a las personas como usted, que saben lo que desean, pero la clase de ventas terminó. Vaya a buscar su chequera. Le prometo que cuando me gire el cheque por el pedido continuamos con la clase, pero no antes.

Trabaje dentro del marco de su propia personalidad y no dé su brazo a torcer: ¡PROPONGA SIEMPRE EL PEDIDO!

Hasta el día de hoy no sé por qué el abogado compró. Nunca se declaró culpable de la acusación, aunque tuvieron tiempo para conversar agradablemente después de girar el cheque. Salimos de ahí dejando una pareja feliz y un abogado sonriente y admirado de lo que había sucedido.

Confesión: Ésa es una venta que yo hubiera perdido. También creo que el 99% de los vendedores la hubieran perdido. Sin embargo, la anécdota deja un mensaje para usted: independientemente de las circunstancias, el conocimiento técnico, el tipo de cliente potencial, la experiencia, la inversión, o cualquier otra cosa, ¡PROPONGA SIEMPRE EL PEDIDO!

¿QUÉ HACER SI LA RESPUESTA ES NO?

La razón por la cual los clientes potenciales dicen *no* suele ser falta de "conocimiento" suficiente para dar el *sí*. Hay un método para ayudarles a descubrir la información adicional que se necesita para concretar la venta. Se trata del concepto P.C.I.E.P. para superar las objeciones y lograr más ventas con mayor frecuencia. El capítulo 11 tiene por objeto ayudarle a superar la negativa comunicando "conocimiento" al cliente potencial.

CUARTA ETAPA DE UN BUEN PROCESO DE VENTA: SATISFACER LAS NECESIDADES

1. P.S.E.P. = proponga siempre el pedido; los vendedores pierden el 100% de las ventas que no ofrecen.

2. El cierre de venta de las tres preguntas abre el camino hacia el pedido:
   A. ¿Puede ver en qué forma el producto _____? En el espacio en blanco incluya el beneficio principal (le ahorrará dinero, le permitirá pasar más tiempo con su familia, etc.) que induzca al cliente potencial a comprar.
   B. ¿Le interesa _____?
   C. ¿Si fuese a comenzar a _____, cuándo cree que sería el mejor momento para hacerlo?

3. El cierre denominado 'de la probabilidad' ayuda al cliente potencial a comprender cuán cerca está de comprar:
   A. En una escala de 1 a 10, en la cual 10 corresponde a su decisión de hacer el pedido, ¿dónde se encuentra ahora mismo?
   B. ¿Qué necesitaría para llegar a 10?

4. Aunque el cierre denominado 'del resumen' pueda parecerle elemental, no se deje engañar por la simplicidad:
   A. Resuma todas las razones que le ha dado el cliente potencial para comprar y PROPÓNGALE EL PEDIDO. Reavive la llama mediante el resumen.

5. Pida al cliente potencial que le diga por qué decidió comprar y asegure la venta.

CAPÍTULO 11

MÁS VENTAS CON MÁS FRECUENCIA

El método P.C.I.E.P. para superar las objeciones

Por la época en que yo comenzaba a vender, los clientes potenciales a veces me preguntaban por qué era necesario un depósito. La explicación que les daba generalmente era que el depósito se tomaba como prenda de buena fe. Seguidamente explicaba que, puesto que la compañía invertía en el empaque y el transporte de la mercancía, los gerentes necesitaban estar seguros de que el pedido era en serio.

De cuando en cuando un cliente potencial preguntaba: "Ese depósito es para usted, ¿no es así?", queriendo decir que mi interés en hacer la venta se debía a que la cuota inicial era para mí. A través de los años ideé una respuesta que me ayudaba a romper el hielo, hacer un amigo y lograr la venta al mismo tiempo. Mirando al cliente potencial directamente a los ojos, le respondía sin alterar un ápice mi expresión: "No, el depósito no es para mí, pero sé que muchas compañías trabajan así". Luego, sin cambiar de expresión, decía: "¡Yo envío el depósito a la compañía y me quedo con el resto!" La carcajada era infalible y allanaba el camino.

Siempre había un cliente potencial que decía: "Usted desea que yo compre sólo para ganarse el dinero". Puesto que lo decía con toda seriedad, mi respuesta era: "Aunque yo recibiera el 100% de lo que usted invierte, serviría solamente para cubrir una pequeña fracción de mis necesidades mensuales. Si ése fuera mi motivo para vender, no duraría mucho tiempo en este negocio. Mis ganancias por esta transacción desaparecerán en cuestión de días — o quizá de horas —, pero usted obtendrá el beneficio de usar toda la vida mi producto. Déjeme preguntarle lo siguiente: ¿Si realizamos esta transacción, quién cree usted que será el principal beneficiado?"

LAS MEJORES ALIADAS DEL VENDEDOR PROFESIONAL

Las tres objeciones básicas que debe responder un vendedor de elefantes son: ¿Dónde duerme este animal? ¿Qué come? ¿Quién limpia el estiércol? Es probable que usted no esté en el negocio de vender elefantes, pero todos los profesionales de las ventas deben enfrentarse a preguntas y objeciones. Hay quienes temen que esas preguntas y objeciones conduzcan al temido "no" en el momento de cerrar la venta. Pero LA VERDAD ES QUE LAS OBJECIONES SON NUESTRAS MEJORES ALIADAS.

El hecho de hacer una pregunta o presentar una objeción refleja interés o sentimiento. Piense en algo que no le interesa o que atrae muy poco su atención. Bien sea que haya pensado en el baloncesto, la ópera, la pesca, el golf, la televisión, el ballet o las carreras de automóviles, si es algo que no le interesa, no tendrá ninguna pregunta (objeción) que hacer. Para mí es la pesca. Independientemente de la calidad, la marca, el sitio o cualquier cosa relacionada con esa actividad, sencillamente es algo que no me interesa, de modo que soy, en cuanto a artículos de pesca, un pésimo cliente en perspectiva. Un vendedor de elementos de pesca podría desperdiciar muchísimo tiempo conmigo, porque seguramente yo respondería con amabilidad y cortesía pero sin tener la más remota intención de comprar.

Ahora bien, con el golf me sucede algo totalmente distinto.

Si un vendedor de elementos de golf desea hablar de los méritos de los mangos de caucho comparados con los de cuero, soy todo objeciones y preguntas. ¿Palos de acero comparados con los de grafito? ¡Hablemos! Como soy un entusiasta del golf, la oportunidad de "engancharme" emocionalmente es mucho mayor que cuando se trata de hablar de pesca.

¿Acaso pregunta usted acerca de las cosas y las ideas que no le interesan? ¿No siente, en cambio, la necesidad de expresar su opinión durante una charla sobre algo que le apasiona? Los verdaderos profesionales de las ventas son felices cuando escuchan preguntas y objeciones, porque saben que son pocas las ventas que se hacen cuando los clientes potenciales no tienen interés suficiente para preguntar y objetar.

CAMBIE LA NEGATIVA POR CONOCIMIENTO

Ahora que se ha convencido de que es bueno que los clientes potenciales hagan preguntas y objeciones, ¿qué sucede cuando las respuestas no son satisfactorias y los clientes potenciales se niegan a comprar?

Esto podrá sorprenderlo, pero cuando un cliente potencial ha dicho no, usted no podrá hacerlo cambiar de opinión para que le compre. Los vendedores veteranos dicen que la mayoría de las ventas se cierran después que el cliente potencial ha dicho que no piensa comprar. Además, yo mismo dije antes que el 60% de las ventas se producían cuando el cliente potencial había dicho "no" cinco veces. No por eso cambio mi afirmación de que su cliente potencial "no cambiará de opinión".

Sin embargo, lo que sí hará es tomar UNA NUEVA DECISIÓN CON BASE EN LA INFORMACIÓN ADICIONAL. El vendedor de éxito entiende que cuando su cliente potencial dice "no" en realidad está diciendo que "no sabe" lo suficiente para tomar la decisión apropiada. En tal caso, no discuta con él. Comprenda que su trabajo está incompleto y encárguese de terminarlo, proporcionando la información que falta. Con esa información adicional, él "sabrá" suficiente para tomar una nueva (y favorable) decisión.

REPITO

El gran vendedor de seguros Ben Feldman dijo esto mismo de otra manera: "La venta comienza cuando los clientes dicen no. En muchos casos, el 'no' sólo significa que el cliente o cliente potencial se niega a comprar porque 'no SABE' lo suficiente para decir sí. Lo que en realidad está diciendo es: «Debo decir 'no' porque valoro más la gran cantidad de dinero que me cuesta que la escasa cantidad de beneficios que me reporta»".

EL MÉTODO P.C.I.E.P.

Veamos un concepto que le será útil para manejar las objeciones verdaderas de una manera eficaz y eficiente para que pueda lograr más ventas con mayor frecuencia.

Cuando hay objeciones, el profesional de las ventas debe recurrir a la fórmula P.C.I.E.P. Cada una de las letras de la fórmula representa una palabra que le permitirá ayudar a sus clientes potenciales a obtener la información suficiente para vencer las objeciones. Cuando escuche una objeción, haga una pausa y piense en la fórmula P.C.I.E.P.

P. Comience con una PREGUNTA.

C. Formule la pregunta con el objeto de COMPRENDER la objeción.

I. Cuando haya comprendido la objeción, trate de IDENTIFICARLA.

E. Para identificar cuál es la verdadera objeción (y no dejarse engañar por una falsa objeción), es necesario establecer una corriente de EMPATÍA con el cliente potencial.

P. Si en lugar de simpatizar con el cliente potencial usted establece una atmósfera de empatía, tendrá el camino abierto para someter a PRUEBA la objeción. Una vez que haya sometido a prueba la objeción y esté seguro de que es real, estará en condiciones de disipar las preocupaciones del cliente potencial y tener una mejor posibilidad de hacer la venta.

PREGUNTAS

En VENDER: UNA FORMA DE VIDA he hecho mucho hincapié en la necesidad de preguntar. Las preguntas que usted debe hacer en este caso son muy semejantes a las que ya ha aprendido. Formule una pregunta de puertas cerradas para limitar la respuesta a determinado campo. Quizá también pueda hacer una pregunta de sí o no.

Nuestro seminario "Nacido para triunfar" tiene una duración de tres días y se realiza seis veces al año en Dallas (Texas). Todos los días doy una conferencia, y durante los recesos y a la hora del almuerzo me reúno con los participantes. Nuestro personal organiza grupos de interacción a fin de que los participantes aprenden a aplicar en la vida diaria los principios que han aprendido. La inscripción cuesta tan sólo $595, suma increíblemente baja (considerando que el seminario incluye la evaluación completa de la personalidad, la sesión especial sobre liderazgo y gran cantidad de material de apoyo), puesto que la mayoría de las compañías están acostumbradas a pagar entre $1 500 y más de $3 000 por los seminarios de tres días. Sin embargo, algunas personas y familias que no están al tanto de lo que sucede en el campo de la instrucción se sorprenden cuando escuchan la cifra. ¿Qué quiere decir eso de que se sorprenden? Eso es precisamente lo que debemos averiguar por medio de preguntas.

Las reacciones que escuchan los vendedores de nuestros cursos cuando invitan a la gente a pasar tres días con nosotros en Dallas y le informan que la inversión será de tan sólo $595 son muy variadas. Cuando el cliente potencial responde con mucho entusiasmo y dice: "¡Vaya, $595!", ¿qué significa esa reacción para el vendedor? Mientras el profesional de las ventas no formule una pregunta, esa reacción no significa nada.

"¿Qué opina de esa inversión?" sería una excelente pregunta de puertas cerradas. O podría formular una pregunta de sí o no como la siguiente: "Es una inversión maravillosamente reducida por un seminario de tres días, ¿no lo cree?" Mientras el vendedor no sepa si el "¡vaya!" indica sorpresa por lo elevado o reducido del precio, no tendrá forma de continuar con el proceso de venta.

La mayoría de las veces uno sabe

Sí, admito que en la mayoría de los casos uno sabe si habrá o no habrá problema con el precio. Mi ejemplo tiene por objeto ilustrar un punto. ¿Cuál es el propósito de la pregunta en la fórmula P.C.I.E.P? El vendedor de éxito formula la pregunta para comprender e identificar la objeción.

Como dije antes, una de las formas más eficaces de manejar la objeción sobre el precio es convertir la afirmación del cliente potencial en una pregunta. Cuando este cliente dice: "¡El precio es demasiado alto!", usted sencillamente hace una pausa, baja la voz y repite: "¿El precio [pausa] es demasiado alto?" En realidad usted no sabe lo que el cliente potencial quiere decir con eso de que "el precio es demasiado alto". La objeción puede significar muchas cosas: "No tengo el dinero ahora mismo; retirar el dinero de las cuentas es todo un problema; no tenemos presupuestado un gasto como éste; la 'gran' cantidad de dinero que me pide está muy por encima de la 'reducida' cantidad de beneficios que me ofrece; sencillamente no comprendo por qué es tan costoso el producto". Cada una de las razones de una objeción sobre el precio debe manejarse de manera diferente, y si usted trata de dar una respuesta preelaborada a cualquier objeción sobre el precio en general, su éxito no será tan grande como el que puede llegar a obtener.

El vendedor de éxito formula la pregunta para comprender e identificar la objeción.

COMPRENDER E *I*DENTIFICAR LAS OBJECIONES

Sus preguntas le permitirán comprender e identificar la objeción. He aquí un ejemplo concreto: Don Jarrell, de Garden Grove (California), vende matrículas para una escuela de educación superior, muy acreditada, en Long Beach (California). Cree firmemente en la escuela y en todo lo que ésta representa. Hace varios años se presentó en su oficina un señor acompañado de tres hijas para hablar sobre el ingreso de éstas en la escuela. El costo total era superior a los $16 000. Como es natural, el cliente potencial tenía dudas.

Como Don había cumplido con las etapas de análisis de las necesidades, toma de conciencia y solución de las necesidades, disponía de la información suficiente para proponer el pedido (satisfacer las necesidades). Había descubierto que el señor se hallaba en plena capacidad de efectuar la inversión. Cuando observó que dudaba (una objeción sin identificar), Don recurrió a la fórmula P.C.I.E.P. Comenzó preguntando lo siguiente: "¿Invierte usted en la bolsa de valores?" Tras recibir una respuesta afirmativa, Don continuó: "¿Considera que el desembolso del dinero necesario para la educación de sus hijas es una inversión o un gasto?" El cliente en perspectiva respondió que la matrícula era una inversión, de manera que Don pasó a la tercera pregunta: "¿Cuánto valen sus hijas como inversión?"

Con esa pregunta, Don le estaba pidiendo al cliente potencial que pensara cuánto valoraba y amaba a sus hijas; cuán importante era su futuro y hasta qué punto una inversión en la bolsa era insignificante comparada con el futuro de sus hijas. Una inversión en la bolsa podría producirle o no producirle utilidades, pero la inversión en la educación de las hijas era garantía de obtener resultados y dividendos constantes a través de los años.

Con este enfoque sencillo pero profundo ganaron Don Jarrell, el padre y las tres hijas. Todos triunfaron, porque la respuesta del cliente fue matricular a las tres hijas en la escuela. Por mi parte, me alegra informar que las tres se graduaron y en la actualidad compiten con éxito en el mercado laboral. Don tuvo éxito porque formuló las preguntas necesarias para comprender e identificar la objeción de su cliente potencial, la cual no significaba otra cosa que falta de conocimiento con respecto al rendimiento de la inversión. Basado en los principios de la fórmula P.C.I.E.P., Don ayudó al individuo a comprender que al enviar a sus hijas a la universidad no estaba haciendo un "gasto" sino que estaba "invirtiendo" en el futuro de ellas.

¿Este hombre habría hecho la inversión si Don no hubiese formulado la pregunta adecuada? Eso nunca lo sabremos. Pero hay algo que sí sé: son muchas las personas que han tomado decisiones favorables gracias a que un vendedor profesional hábil (que vende productos y servicios que valen la pena) ha sabido persuadirlas de la necesidad de actuar por su propio bien. Infortunadamente, también sé que muchas personas no actúan en beneficio propio, en situaciones que valen la pena, por falta de un buen profesional que las ayude... un profesional que sepa formular las preguntas adecuadas para encaminar a esas personas hacia la decisión justa. Como profesionales, tenemos la responsabilidad de progresar y mejorar día a día, a fin de prestar un servicio cada vez mejor a nuestros clientes.

EMPATÍA EN VEZ DE SIMPATÍA

Don podría haberle mostrado simpatía a su cliente potencial diciéndole: "Sí, comprendo sus dudas, porque yo también tengo hijos y cuando pienso en la universidad sencillamente no sé qué voy a hacer. Las matrículas están por las nubes, ¿no es cierto?" Sin embargo, sin sentir lo mismo que su cliente potencial (simpatía), Don comprendió lo que éste sentía (estableció una corriente de empatía), y gracias a ello hizo la venta.

Si usted está navegando con amigos y uno de ellos se marea y comienza a vomitar, seguramente comprenderá lo que su amigo está sintiendo, puesto que es bastante probable que usted haya vomitado alguna vez en la vida. Cuando comprende cómo se siente una persona porque usted ha pasado por "la misma experiencia", es posible sentir gran empatía hacia ese otro ser humano. En cambio, hay simpatía cuando usted, al ver a su amigo vomitar, sale corriendo para hacer lo propio. Sin embargo, eso de nada le sirve a su amigo. Si hay empatía, usted estará al lado de su amigo en la barandilla, poniéndole una toalla húmeda en la frente y dándole algún remedio para aliviar el malestar estomacal.

Un caso de empatía
Se necesita empatía para alcanzar el éxito en la carrera de las ventas. Además de la empatía, el vendedor profesional cultiva la intuición y el conocimiento de la psicología humana, lo cual tiene un efecto muy positivo sobre los resultados de su trabajo. Muchas veces hace falta experiencia, pero en la medida en que usted se esfuerce por poner en práctica una verdadera sensibilidad — escuchando lo que realmente está diciendo el cliente potencial y no sólo sus palabras — aprenderá a sentir empatía.

K. J. Hartley, de Cheshire (Inglaterra), visitó a una pareja joven con el fin de venderle una póliza de seguros a la esposa. El marido estaba amparado por una buena cobertura, pero la esposa carecía de seguro. K. J. sabía que la joven pareja tenía un hijo y estaba esperando otro, de manera que la necesidad era manifiesta. La objeción que surgía una y otra vez era: "No tenemos ese dinero", aunque la prima mensual era tan sólo de 12 libras esterlinas. Preguntando con el fin de comprender e identificar el problema, K. J. descubrió que la pareja había establecido un tope mensual de 10 libras esterlinas. Como a muchos de sus otros gastos mensuales destinaban un máximo de 10 libras esterlinas, tenían un bloqueo mental contra cualquier cifra superior.

Mientras recogía los papeles y se preparaba para retirarse, K. J. se dio cuenta de que quizá estaba simpatizando con los clientes potenciales y se detuvo a pensar en la fórmula de P.C.I.E.P. Había escuchado palabras, ¿pero en realidad había escuchado lo que decían? "¿Creen que les sería difícil disponer de tres libras o menos *a la semana?*", fue la pregunta de K. J. Los dos estuvieron de acuerdo en que sería fácil disponer de esa suma. La respuesta demostró que el problema no era económico. El problema estaba en la barrera mental de las 10 libras esterlinas.

Entonces K. J. multiplicó 12 libras por doce meses, lo cual daba 144. Dividió las 144 libras por 52 semanas y obtuvo la cifra perfectamente aceptable de 2.76 libras a la semana. Reducir a una suma aceptable la objeción contra las 12 libras mensuales fue la clave para hacer la venta.

Es obvio que 2.76 libras a la semana y 12 libras al mes son exactamente lo mismo. Pero, por favor, observe que K. J. no "engañó" a la pareja sino que satisfizo la necesidad de una manera psicológicamente aceptable. Ellos necesitaban la protección y tenían el dinero. Lo que les hacía falta era un vendedor que tuviera empatía y pudiera comprender lo que sentían, a fin de mostrarles la vía que les convenía a ellos, sus hijos y su futuro. Adoptando el enfoque P.C.I.E.P., K. J. Hartley derribó una barrera psicológica (dar el paso grande de pagar 12 libras al mes era difícil para ellos, mientras que dar el paso *pequeño* de pagar 2.76 libras a la semana era fácil), ayudando a una pareja que tenía un problema y necesitaba la solución que él ofrecía.

SOMETER A *PRUEBA* LA OBJECIÓN

Hay algunas personas que no *expresan* la verdadera objeción, y otras que sencillamente la *desconocen*. En ambos casos están actuando en la esfera del "sentimiento". El cliente potencial que siente vergüenza de admitir que no tiene dinero o no comprende la oferta, probablemente no admitirá su verdadera objeción. Al sentirse pobre o falto de conocimiento, su orgullo o amor propio lo inducirán a decir que no está interesado.

Polvo de gorila

Para el profesional de las ventas, las objeciones falsas son "polvo de gorila". Seguramente habrá visto los documentales

> **Hay algunas personas que no *expresan* la verdadera objeción, y otras que sencillamente la *desconocen.***

sobre los hábitos y el comportamiento de los gorilas. La pelea entre dos machos es todo un espectáculo. Dan vueltas y vueltas rasguñando el suelo y recogiendo puñados de tierra que luego lanzan al aire formando una especie de nube de polvo o "cortina de humo". Esto es lo que llamamos "polvo de gorila", y es un proceso por el cual pasan muchos de los clientes potenciales.

Seguramente usted conoce el chiste del hombre que no quiso prestarle la cortacésped al vecino. Cuando éste le pidió una razón, el hombre respondió:

— Porque todos los aviones están demorados hoy.

— ¿Qué clase de razón es ésa? — fue la respuesta del indignado vecino.

— No es ninguna razón, pero cuando uno no desea hacer algo ni tiene la menor intención de hacerlo, cualquier razón es buena — dijo el hombre.

Sin embargo, para el vendedor profesional NO es buena una razón cualquiera. De manera que para descubrir las verdaderas objeciones, es necesario someterlas a prueba.

La prueba de las "suposiciones"

Hay dos pruebas que le ayudarán a distinguir entre "polvo de gorila" y objeciones reales. Estas pruebas también le sirven al cliente potencial que no tiene clara la objeción pero sabe que no se siente cómodo con la decisión de comprar.

La primera es la prueba de las "suposiciones": "Supongamos que no mediara esa circunstancia, ¿compraría usted mi producto o servicio?"

"Suponga que ——— no fuera un factor, ¿compraría usted?"

- "Suponga que estuviera seguro de _____ , ¿compraría usted?"
- "Suponga que _____, ¿tomaría usted una decisión afirmativa?"

Al identificar la verdadera objeción se pueden tomar las medidas necesarias para superarla o pasar al siguiente cliente potencial en vez de tratar de desvanecer la nube de polvo o intentar cerrar una venta que nunca se producirá.

La prueba de "aislar y validar"

La segunda prueba consiste en "aislar y validar". Es un proceso de dos pasos encaminado a saber si en realidad ha salido a la luz la verdadera objeción. El primer paso consiste en preguntar: "¿Hay alguna otra razón que le impida aprovechar la ventaja de mi oferta ahora mismo?" El objetivo es sacar a flote cada una de las objeciones. Una de las cosas más frustrantes que pueden sucederle a un vendedor es manejar las objeciones con profesionalismo e idoneidad para luego ver que surgen otras. Después de responder a dos objeciones y antes de responder a la tercera, es necesario preguntar concretamente: "¿Es esto lo único que lo separa a usted de nuestro producto, o hay algo más?" No se trata de dar la impresión de que pretende quedarse con el cliente potencial todo el día hasta que éste finalmente tenga una objeción que usted no pueda responder.

Cuando el cliente potencial le diga: "No, no hay nada más", haga un resumen para validar esa respuesta. "Entonces, señor, ¿está usted diciendo que si _____ y _____ no fueran un problema, usted compraría ahora mismo?" Llegado a ese punto, estará usted listo para cerrar la venta.

La anécdota típica

En el libro *Secrets of Closing the Sale* incluí una de mis anécdotas favoritas sobre la prueba de "aislar y validar". La reproduzco aquí porque es un ejemplo muy ilustrativo del método P.C.I.E.P.

Mi buen amigo Jay Martin, de Memphis (Tennessee), es el director de la National Safety Associates, compañía que vende detectores de humo y fuego. Una tarde trabajó con uno de sus distribuidores más jóvenes, quien hizo una presentación acertada y terminó proponiendo el pedido. Así me describió Jay la escena: "Zig, el veterano, que tal vez ni siquiera tenía un año de estudios, se echó para atrás en la silla, cruzó los brazos y dijo: Bueno, hijo, estoy seguro de que está enterado de mi accidente. El joven no sabía nada, de manera que el cliente potencial pasó a explicarle los detalles".

El cliente potencial comenzó a aplicar la fórmula P.C.I.E.P. con el vendedor de Jay sin que éste le hubiera formulado pregunta alguna. Por fortuna, tanto Jay como el joven vendedor prestaron la atención debida para comprender e identificar. Escucharon las palabras Y además lo que el cliente potencial trataba de decirles con la explicación: "Hace un par de meses íbamos mi esposa y yo por la autopista cuando un imbécil que cruzaba por la calzada equivocada nos dio de frente, destrozó nuestro vehículo y nos envió directo al hospital. Estuve hospitalizado casi dos semanas y, como consecuencia del accidente, el tobillo me quedó un poco rígido. Como no he podido desplazarme con la misma facilidad, mis ingresos han disminuido. ¡Le aseguro que eso duele!

"Mi esposa estuvo hospitalizada más de seis semanas y, como tardó tanto en regresar al trabajo, eliminaron el cargo y ahora no tiene puesto. Cuando se ha estado acostumbrado a dos ingresos y de un día para otro se acaba uno de ellos, la situación es seria. La cuenta del hospital nos costó más de $20 000. Sé que la compañía de seguros cubrirá esta suma algún día, pero, entre tanto, estamos muy nerviosos.

"Para colmo de males, la semana pasada nuestro hijo regresó de la marina y, la primera noche de estar con nosotros, tomó una curva a mucha velocidad, cayó por un terraplén y terminó en una gasolinera. El resultado fue que destruyó nuestro otro automóvil y un anuncio de la gasolinera, que nos cuesta $6 000. Sé que el seguro cubre los daños del vehículo, pero no sé qué va a pasar con el valor del aviso. Si nos toca desembolsar $6 000, ¡nos vamos a ver en un gran aprieto y no sé qué va a ser de nosotros!

"Y, por si fuera poco, anoche inscribimos a mi suegra en uno de los más costosos hogares de ancianos del condado. Además de nosotros sólo está vivo un hermano de ella, y sé que no hará nada. Ni siquiera hemos sabido de él en más de un año y, aunque supiéramos dónde está, de nada serviría 'dispararle'. Sé que me tocará llevar toda la carga".

¿Simpatía o empatía?

Si usted fuera el vendedor y al oír la historia se llenara de simpatía, seguramente diría: "Eso es terrible y no sé por qué creo que todavía es peor, sólo que no desea contarme el resto para no hacerme sentir mal. Pero permítame hacerle una pregunta: ¿No hay algo que pueda hacer el gobierno, o la Cruz Roja? ¿Y qué hay de sus vecinos? ¿No podrá conseguir una contribución de la Iglesia? ¿Al menos podrá conseguir bonos para comprar alimentos?" No cabe duda de que eso es simpatía. Pero según Jay Martín, el vendedor no mostró simpatía sino empatía.

La empatía nos permite ver el problema emocionalmente de lejos para poder ofrecer soluciones. Es trasladarnos al lado de la mesa donde está el cliente potencial. En realidad, es allí donde se hará la venta y, estando de ese lado, las probabilidades de hacer la venta son mucho mayores, puesto que la presentación se hace desde el punto de vista del cliente potencial.

Los vendedores profesionales aíslan y validan

Nuestro joven héroe miró a su cliente potencial directamente a los ojos y le dijo: "Dígame, señor: ¿además de todo eso habría alguna otra razón por la cual no podría decidirse a proteger la vida de su familia instalando estos detectores de humo y fuego en su casa?"

¡Qué valor! ¿No le parece toda una audacia preguntarle a un cliente potencial con esa cantidad de problemas si había alguna otra cosa que le impedía comprar? Bueno, eso fue exactamente lo que hizo el asociado de Jay. Sobra decir que el asombro del cliente potencial fue casi tan grande como el mío cuando supe la historia. Soltó una carcajada estruendosa, se golpeó la pierna y dijo: "No, hijo, ésas son las únicas razones por las cuales no podemos comprar las alarmas ahora mismo. ¡Ja, ja, ja!" (Creo que no me equivoco al afirmar que hasta ese momento el señor ni siquiera había contemplado la posibilidad de comprar.)

Es para vender que usted trabaja
Estratégicamente, el vendedor hizo muy bien su trabajo. El profesional de las ventas sabe sacar a flote todas las objeciones lo más pronto posible, a fin de ocuparse de cada una de ellas. Los profesionales de las ventas suelen tomar la objeción — la razón para no comprar — y usarla como principal motivo por el cual el cliente potencial debería comprar. Veamos cómo sucedió eso mismo en el caso que nos ocupa.

En el momento en que el vendedor supo que no había más razones para no comprar, supo también lo que tenía que hacer. Abrió el maletín y sacó uno de los detectores. Lo puso contra la pared para que el cliente potencial lo pudiera apreciar y dijo:

— Señor, calculando por encima, creo que en este momento tiene usted deudas por cerca de $30 000 [pausa], y $300 más ni quitan ni ponen — bajó la voz, miró a su hombre directamente a los ojos y le dijo suavemente —: Señor, el fuego, en cualquier circunstancia, tiene efectos devastadores. Pero en su caso, sería el golpe de gracia.

La técnica fue profesional y la lógica contundente. El vendedor hizo la venta gracias a la fórmula P.C.I.E.P.

OBJECIONES QUE TODOS VEMOS

El objetivo de la presentación de ventas es brindar un servicio a los clientes potenciales porque uno *puede* tener todo lo que desea en la vida si tan sólo está dispuesto a proporcionar a los demás suficiente ayuda para que también puedan conseguir lo que desean. Las objeciones revelan cosas que le servirán para satisfacer las necesidades y deseos de ellos.

Las objeciones forman parte de la vida de todo profesional de las ventas. En nuestra actitud hacia ellas radica la diferencia en la forma como podremos manejarlas. Dennis Landrum, de Bryan (Texas), es gerente de una compañía que ofrece muchos servicios a las empresas, entre ellos consultas relativas a los microcomputadores. Dos de las objeciones que suele encontrar son las mismas dos que prácticamente todos los vendedores encuentran cientos y hasta miles de veces durante su carrera. Creo que le gustará conocer el leve giro que Dennis da a sus respuestas.

Dennis tiene una respuesta fantástica para la objeción típica de: "Tenemos un amigo (sobrino, profesor, tío, etc.) que nos ayuda cuando necesitamos ese tipo de servicio". Preste mucha atención a la forma como escoge las palabras:

"Tiene mucha suerte de contar con alguien. Sin embargo, en este momento estamos aquí para ofrecerle distintas soluciones para mejorar su negocio. Y, lo que es más importante, estaremos con usted siempre para ayudarle a medida que su empresa crezca, y no nos limitaremos a esperar a que usted nos llame cuando nos necesite. Cada vez que sepamos de algo que le sirva nos pondremos en contacto con usted, puesto que ése es nuestro trabajo y es lo mejor para usted. Lo único que hacemos es ayudar a empresarios de éxito como usted, de manera que podemos dedicar a su empresa todo el tiempo y el esfuerzo que merece. Ése es el tipo de servicio que usted desea y necesita, ¿no es así?

EL OBSTÁCULO CEREBRAL

Para la famosa objeción de: "Me gustaría pensarlo" o "Déjeme pensarlo unos días", Dennis tiene una respuesta igualmente atractiva:

"En mi negocio muchas veces he estado sentado frente a un vendedor y he dicho exactamente lo mismo que usted acaba de decir. Con los años me he dado cuenta de que cada vez que pedía tiempo para 'pensarlo' realmente estaba diciendo una de tres cosas:

"En primer lugar, quizá en realidad deseaba pensarlo porque tenía dudas que no habían sido aclaradas. Si eso es lo que usted trata de decirme, me dará mucho gusto aclararle esas dudas ahora mismo.

"O lo que realmente quería decir era que no estaba interesado en comprar pero no deseaba lastimar al vendedor, aunque no tenía la menor intención de considerar la propuesta. Si ése es su caso, respeto su decisión pero me gustaría que me lo dijera ahora mismo, pues así los dos ahorraríamos tiempo.

"O pedía tiempo para pensarlo, cuando realmente tenía otra objeción. En ese caso también le pediría que fuera sincero conmigo, como yo lo he sido con usted, y me dé la oportunidad de responder cualquier pregunta u objeción que pueda tener".

Vale la pena señalar que estas respuestas a las objeciones más comunes son el medio para sacar a flote las inquietudes, a fin de poder absolverlas de la manera más eficiente, eficaz y profesional que sea posible y obtener una decisión. Después de todo, si la decisión es favorable, usted, su compañía Y el cliente podrán comenzar a disfrutar de los beneficios AHORA MISMO. Si la respuesta es negativa, usted podrá enfocar su energía y atención en el siguiente cliente potencial, con la tranquilidad de saber que no dejó sobre la mesa un pedido sin llenar.

YA REGRESO

Tim Jones, de Campbellsville (Kentucky), descubrió una manera muy interesante de manejar la objeción de "voy a pensarlo". Después de documentarse e informarse muy bien sobre un cliente potencial, procedía a buscar que se definiera. Si pedía tiempo para "pensarlo", Tim sonreía, se ponía de pie y decía: "Perfecto, entonces voy a la vuelta de la esquina a tomarme una taza de café. Regreso dentro de quince o veinte minutos, para que ustedes puedan hablar tranquilamente".

Antes que la persona tuviera tiempo de responder, Tim había atravesado el umbral, dejando todos sus papeles sobre la mesa. Al regresar, Tim reanudaba la conversación en el punto en que había quedado, diciendo: "¿Cuál es entonces la mejor forma de proporcionarles este ahorro: primas mensuales, descuento automático o primas anuales?" Casi nunca perdía una venta.

EL PISTOLERO

Algunos vendedores se aficionan a disfrutar en exceso de las objeciones. Dejan que su yo entre en escena y llegan incluso hasta a fomentar las objeciones para hacer alarde de inteligencia y destreza. Estos vendedores se vuelven con el tiempo como los pistoleros: ávidos de pelea: "Haz tu jugada, para cualquier cosa que digas tengo una respuesta".

¿ES EL PRECIO EL PROBLEMA?

Antes de abandonar el tema de las objeciones, me gustaría darle un ejemplo típico sobre cómo manejar eso de "¿Ése es el último precio?" o "Vamos, saque su lápiz; estoy seguro de que me puede dar un precio mejor".

Larry Spevak, de Maplewood (Minnesota), responde de la siguiente manera: "No, ése no es el último precio". La mayoría de las veces, los clientes abren desmesuradamente ojos y boca. Larry termina con la siguiente explicación lógica: "Puedo darle un precio menor, pero tendré que poner de mi bolsillo la diferencia. Y, al igual que usted, no puedo trabajar sin ganar nada. Estoy seguro de que no me desea tal cosa, como no se la deseo yo a usted".

Larry dice que una vez un cliente potencial "se quedó mirándome a los ojos, aparentemente anonadado por esa explicación tan franca y, con una expresión de alivio en el rostro, estiró la mano y declaró solemnemente: 'Larry, usted es una persona honrada y eso es importante para mí. Anote el pedido'". Era obvio que Larry acababa de hacer efectiva una cuenta de credibilidad que había venido acumulando con el tiempo.

Y POR ÚLTIMO...

Larry tiene también un método genial para manejar otra objeción bastante común: la del cliente potencial que advierte de antemano que ese día NO PIENSA COMPRAR. Las excusas van desde "Siempre pienso las cosas" hasta "Siempre consulto todo con mi cuñado".

Larry cuenta que, en una ocasión, no bien se habían saludado con el cliente potencial cuando éste dijo: "Mire, deseo que sepa desde ahora que no pienso comprar hoy mismo porque nunca compro lo primero que se me presente. Si no desea darnos una cotización y permitir que lo pensemos, entonces pierde su tiempo y nosotros el nuestro" (Larry vende mejoras para la casa).

"Él esperaba que yo tomara mis cosas y saliera", explica Larry, "pero lo sorprendí. Lo miré de frente y, en tono muy serio y firme, le dije: 'Señor, usted tiene toda la razón y estoy totalmente de acuerdo. Al igual que usted, nunca compro lo primero que se me presente, *pero* [y puse énfasis en el PERO] cuando veo algo que realmente me gusta y que sé que solucionará mi problema, y el precio es justo, considero seriamente la posibilidad de hacer una excepción. Ahora, permítame mostrarles a usted y a su esposa lo que nuestro producto puede hacer por ustedes'".

Eso sirvió para tender el puente entre la presentación y el cierre de la venta. Larry obligó al cliente potencial a bajar la guardia y a abrir la mente para escuchar la presentación. Como dice Larry: "Al decirle que estaba de acuerdo con él, gané diez puntos más en mi reputación de buena persona y no me fue muy difícil convencerlos de que, puesto que yo obraba como amigo, mi producto les solucionaría sus problemas desde ese mismo momento". Larry hizo una demostración convincente, que no dio pie a ninguna objeción. Con un poco de tacto logró convertir en compradores felices a dos buscadores de gangas frustrados. Como dice Larry: "Si nos dejamos intimidar por el anuncio de que el cliente potencial no piensa comprar en el momento, la presentación se torna aburrida y monótona y perdemos el poder para controlar la situación, con lo cual acabamos por cederle la venta a la competencia".

PELIGRO

Recuerde: Su objetivo no es demostrar a cuántas objeciones es capaz de responder, sino demostrar hasta qué punto el cliente potencial se podrá beneficiar de los bienes y servicios que usted ofrece.

IMPORTANTE

La venta no termina cuando usted ha vencido todas las objeciones y el cliente acepta comprar. En realidad, ése es apenas el comienzo de la venta. El capítulo siguiente tiene por objeto ayudarle a comprender cómo se debe tratar con los clientes y clientes potenciales, tanto los contentos como los descontentos.

Uno de los peligros que el vendedor enfrenta al manejar las objeciones (y durante muchas otras etapas del proceso de venta) es dejar de mostrar "interés y empuje" para convertirse en una persona "enojosa e insoportable". El capítulo 12 trata precisamente de la forma de mantener la energía y el empuje ante los clientes y de cómo conservar la confianza de los compradores.

CAPÍTULO 12

DESPUÉS DEL SERVICIO VIENE LA SATISFACCIÓN DEL CLIENTE

¿Qué hace usted: renunciar, rectificar o proseguir?

Hace ya muchos años venían en el tren dos vendedores, uno viejo y otro joven, que regresaban a casa el último día de la semana. Conversaban con toda franqueza. El joven se quejaba de lo mal que había sido tratado toda la semana. Las ventas habían sido malas, la gente había sido grosera y había sido insultado repetidas veces. El veterano se quedó pensando un momento, tras lo cual anotó: "Bueno, sabe, a mí me han cerrado la puerta en las narices, me han invitado a salir y a no regresar jamás, he sido blanco de maldiciones y hasta me han escupido, pero ¿INSULTADO? ¡Jamás!"

MEDICINA PREVENTIVA

Los días en que la medida de la excelencia era el "servicio al cliente" han quedado atrás. En la actualidad TODO EL

MUNDO habla de la importancia del "servicio" al cliente. En el mercado competido de hoy, la única forma de salir adelante (y a veces de sobrevivir) es sobrepasando el servicio para garantizar la satisfacción del cliente.

La mejor forma de evitar que un cliente o un cliente potencial se torne descontento es brindándole un servicio excelente ANTES que surjan los problemas. Como ya dije, en noruego la palabra *vender* es *selje*, cuyo significado literal es 'servir'. La pregunta es sencilla: ¿Es ésa una buena estrategia de ventas? Carl Sewell está convencido de que el servicio es la clave e ilustra a fondo el concepto en su libro *Customers for Life*. Según parece, le da muy buen resultado, puesto que a través de su red de distribuidores de vehículos en Dallas (Texas) genera $250 millones al año en ventas.

El señor Sewell ha calculado que cada cliente representa, durante toda la vida de éste, un valor de $332 000 en automóviles y, por supuesto, aspira a que ese dinero quede en una de sus cinco agencias. ¿Qué hace para garantizar la segunda, tercera, cuarta y quinta venta? Bueno, comencemos por los más de 250 automóviles que presta a sus clientes cuando éstos traen sus vehículos para mantenimiento. Dicho sea de paso, el representante de servicio se encarga de llevar el vehículo prestado hasta la casa del cliente y recoger el que debe ser reparado. ¿Problemas en la carretera? Si uno ha comprado el vehículo en la empresa del señor Sewell lo único que tiene que hacer es marcar un número para emergencias y el técnico de servicio se encarga de todo, desde fabricar una nueva llave hasta traer gasolina o reparar un neumático.

¿Cree usted que esta manera de mimar a los clientes da resultado? Respuesta: Un vendedor común y corriente de una agencia común y corriente vende entre seis y ocho vehículos al mes, pero Carl Sewell espera que sus vendedores profesionales vendan quince automóviles de lujo. Después de todo, cuentan con un apoyo enorme del departamento de relaciones públicas y, lo que es más importante aún, del departamento de servicio. Si el personal del departamento de servicio no realiza un trabajo a la perfección, tiene que repetirlo... en su tiempo libre. ¿Toman a mal esto los trabajadores? Por el contrario: se sienten socios de la empresa. Además, el gerente de servicio es quizá el mejor pagado de todo el sector, si no de toda la industria. Recibe el 10% sobre el incremento anual de las utilidades de su departamento, y para él un ingreso de $150 000 no es raro.

Habrá quienes digan que Sewell se ha tomado el trabajo de ir diez veces más lejos de lo que hace falta. Lo que sucede es que no se contenta con ser tan bueno hoy como lo fue ayer, de manera que estudia a los especialistas para aprender la forma de mejorar día tras día. De la gente de Disney aprendió a fijarse en los detalles. Los pisos relucen de limpieza. Si encuentra un papel en el piso, él mismo lo recoge. Stanley Marcus, de Neiman-Marcus, le enseñó la importancia de decir "sí" a los clientes. Los japoneses y el más grande consultor de gerencia de este siglo, W. Edwards Deming, le enseñaron el valor de medirlo todo. En pocas palabras, es un vendedor que cree que conservar un cliente sólo cuesta la quinta parte de lo que vale la publicidad para conseguir uno nuevo.

YO VENDO AUTOMÓVILES

Durante años, Tom Armstrong fue el mejor vendedor de Cadillac en Texas. Siendo vendedor de Sewell Village Cadillac, Tom vendió vehículos por más de $7 millones en un solo año, y eso en la época en que los automóviles valían un 40% menos de lo que valen hoy. Cerca del 80% de todas sus ventas las hacía a clientes antiguos. Tom sabe exactamente en qué consiste su negocio y lo que él personalmente desea en la vida. Tiene a su cargo el disfrito de más altos ingresos, gana una cifra de seis dígitos al año y ni siquiera piensa en montar su propia empresa de distribución, porque no desea perder ingresos.

Se mueve en los círculos más altos de la sociedad y cuando alguien le pregunta en qué trabaja (para disgusto de algunos de sus amigos), sencillamente responde: "Soy vendedor de automóviles". Ni siquiera incluye el prestigioso calificativo

Cadillac. Anota que los vendedores de automóviles supuestamente no son gran cosa, pero añade: "Estoy orgulloso de mi éxito. Me esfuerzo por mantenerlo y me encanta. Por eso digo que soy vendedor de automóviles... y punto". En un solo año vendió 326 Cadillacs. Ésa es una cifra bastante respetable. Patrocina su propia liga infantil de béisbol y el nombre que el equipo exhibe en las camisetas es *Armstrong Cadillacs*.

¿Qué es lo que realmente vende? Tom dice: "Vendo el sueño estadounidense. Poseer un Cadillac es lo que la mayoría de las personas de nuestro país asocia con el éxito". Trabaja duro y disfruta enormemente cuando logra una venta con personas que han trabajado y luchado durante años para convertir en realidad el automóvil de sus sueños. Para él es de vital importancia entregar un automóvil nuevo y perfectamente brillado a los orgullosos propietarios. Hace sentir a esos nuevos propietarios como el rey y la reina que Tom considera que son. Es quizá el vendedor más dedicado a servir que uno pueda conocer, y además trabaja para la empresa más orientada al servicio que uno pueda conocer.

Tom comenzó a trabajar hace poco en la agencia de Lexus, de Carl Sewell, y ahora vende el lujoso Lexus con la misma actitud de servicio.

LA VENTA NO FINALIZA CON EL CIERRE

A las veinticuatro horas de entregar el automóvil con todo y "alfombra roja", Tom se comunica con sus clientes para cerciorarse de que todo esté bien y de que ellos estén contentos. También sabe que ése es el momento preciso para conseguir nombres de otros clientes potenciales (lo cual generalmente logra). Deja perfectamente en claro que si llega a surgir algún problema, es con él con quien deben comunicarse. Tom hace hincapié en que él y el gerente del departamento de servicio trabajan pensando primordialmente en un objetivo: servir al cliente.

Tom es una de las personas más trabajadoras que he conocido. Trabaja duro, no porque tenga que hacerlo, sino porque es un verdadero enamorado del trabajo. Comienza su jornada a las seis de la mañana, hora a la cual llega a la agencia para dedicarse durante tres horas a revisar los informes de servicio relacionados con automóviles vendidos por él. Hacia las diez de la mañana comienza a ocuparse con la lista de clientes potenciales, compuesta de nombres que le han dado sus compradores, de nombres de personas que han visitado el almacén pero no han comprado y de nombres que le han dado otros clientes. Hace por lo menos diez llamadas todos los días. También mantiene informados a quienes le han comprado automóviles acerca de los precios de éstos en el mercado de vehículos usados. No trabaja en la sala de exhibición de la agencia sino en su oficina. Efectúa la mayor parte de sus negocios mediante cita previa y por lo general tarda cerca de una hora haciendo una venta.

Sobra decir que su clientela está constituida por gente muy adinerada, y es precisamente por eso que sus consejos son tan valiosos. Dice: "Los clientes adinerados no son muy distintos de la mayoría de la gente. Sin embargo, sea como sea, con ellos no deben utilizarse métodos de venta agresivos. La forma de llegar a ellos es mediante el aplomo y la confianza. Como poseen estos atributos, esperan hacer negocios con personas que sean como ellos". También sabe que las personas no compran el automóvil por lo que es, sino por lo que hace y representa. Por tanto, no se detiene en los detalles técnicos del vehículo y ni siquiera levanta la tapa del motor. "A ese tipo de cliente le interesa mucho más todo lo que significa esa forma de transporte de primera clase", dice.

LOS "EXTRAS" Y EL SERVICIO

Un granjero se presentó en un comercio de automóviles a comprar un vehículo "rebajado". Sin embargo, cuando sumaron el valor de todos los accesorios especiales, el precio acabó siendo muy superior al de la oferta inicial. Sobra decir que eso dio mucho que pensar al granjero, hasta que un día el vendedor de automóviles se presentó en la granja a comprar una vaca. El granjero le informó que la vaca costaba $275. Entonces el vendedor dijo:

— Está bien. La compro.

— Discúlpeme un momento — dijo el granjero — mientras elaboro la factura.

A los pocos minutos regresó y dijo:

— Aquí está. El total es $805, más $64 del impuesto, para un gran total de $869.

El vendedor de automóviles quedó anonadado y replicó:

— Pero usted me dijo que la vaca valía $275.

El campesino respondió que ése era el precio básico, pero que la vaca venía con algunos "accesorios especiales".

— Por ejemplo — prosiguió —, el empaque de cuero auténtico de dos tonos cepillado a mano en el que viene esta belleza vale $175. Tiene incorporada una fábrica de abono por $95. Los cuernos hechos a la medida valen $30 cada uno. Cuatro dispensadores de leche, a $10 cada uno, son $40. Un estómago de más, por $95, y un matamoscas acondicionado por $65, para un total de $805, más $64 de impuesto a las ventas, nos da un gran total de $869.

Estoy seguro de que muchos de nosotros hemos experimentado cierto grado de frustración al comprar aspiradoras, computadores, pólizas de seguros, servicios de aseo doméstico, servicios de mantenimiento de patios y jardines y muchas otras cosas más, y descubrir que el precio era, a causa de todos los "extras", mucho más alto de lo que habíamos previsto. Por favor no entienda mal. Muchas veces esos accesorios son la diferencia entre el simple goce de un producto y su eficiencia y, en muchos casos, realmente valen la pena. El motivo por el cual he incluido este ejemplo es para hacerle ver que, como vendedores, tenemos la responsabilidad de ofrecer a los clientes las cosas que les faciliten la vida y les ayuden a ser más productivos y, al hacerlo, preguntarnos siempre lo ineludible: "¿Estoy recomendando esto para beneficio de mi cliente potencial o para el mío propio?" Me doy cuenta de que la diferencia es muy sutil. Ciertamente, no estamos en condiciones de tomar una decisión por el cliente potencial. En muchos casos está bien ofrecer la opción adicional para hacer la venta, pero siempre debe ser una oferta que nos haga sentir bien. Al mismo tiempo tenemos una responsabilidad hacia el cliente potencial.

El caso típico del vendedor que no actuó pensando en el mejor interés del cliente me ocurrió cuando apenas comenzaba a vender seguros de vida. Me había esforzado mucho por vender una de nuestras pólizas a un joven cartero de pueblo. El hombre no tenía seguro pero sí esposa y un hijo pequeño. Fue una de las ventas más difíciles de mi vida, por un gran total de $5 000. Aunque sucedió hace muchos años, una póliza de $5 000 — incluso en esa época — no servía de nada. La prima adicional por indemnización doble, en caso de muerte accidental, valía sólo unos cuantos dólares más; sin embargo, tuve miedo de que si insistía, aunque fuera por un momento, perdería la venta. Confieso que en ese momento pensaba sólo en no perder la venta y no en la mejor forma de servir al cliente. Nunca le ofrecí la indemnización doble. Menos de un año después tuve que cumplir con el triste deber de entregar a la joven viuda un cheque totalmente insuficiente que hubiese sido por el doble si tan sólo hubiera tenido yo el valor y el interés de favorecer a mi cliente. Nunca olvidé la lección que aprendí ese día. Pero lo trágico de todo esto es que esa joven viuda fue quien pagó mi aprendizaje.

Mensaje: Si los "extras" son para beneficio de su cliente, usted tiene la responsabilidad profesional de ofrecérselos y alentarlo a tomarlos.

ESTO ES VENDER

El interés que usted demuestre por sus clientes después de la venta le servirá para vender mucho más. En 1985 construimos la casa de nuestros sueños, con vista a la salida del hoyo quince del campo de golf del Glen Eagles Country Club, en Plano (Texas). Fue un proyecto en el que pusimos todo nuestro empeño y que nos produjo enormes alegrías. Infortunadamente, construimos justo cuando el mercado de bienes raíces comenzó a desmejorar aceleradamente. Las tasas de interés subieron y la venta de inmuebles usados se tornó muy difícil.

Penny Magid, vendedora de gran experiencia en bienes raíces, nos ayudó a vender la casa (que habíamos ocupado y disfrutado durante diecisiete años). Penny y sus socios tenían un cliente potencial verdaderamente serio, al cual le vendieron nuestra casa. Pero ésa no es la razón por la cual estoy contando la historia.

Dos años después de construir la casa de nuestros sueños, las tasas de interés estaban muy bajas. Un buen día, Penny nos llamó emocionada para informarnos que había encontrado a alguien que ofrecía un tipo de interés hipotecario muy favorable. Nos puso en contacto con la persona y pudimos obtener otro préstamo con intereses mucho más favorables que los del préstamo original. Desde entonces, La Pelirroja y yo hemos ayudado a Penny a vender por lo menos tres casas más. ¿Por qué lo hicimos? Muy sencillo. No vemos en Penny a una vendedora, aunque es excelente. Vemos en ella a una amiga. Demostró ser el tipo de persona que vale la pena recomendar, puesto que mostró interés permanente por nosotros.

El profesional interesado en forjarse una carrera nunca olvida a su cliente después de la venta. El verdadero profesional lleva pormenorizados registros de sus clientes, a fin de tenerlos en cuenta siempre que surja algo nuevo que pueda beneficiarlos. Penny Magid es un ejemplo claro del credo del vendedor profesional que hemos citado en este libro: UNO PUEDE TENER TODO LO QUE DESEA EN LA VIDA CON SÓLO QUERER AYUDAR A LOS DEMÁS LO NECESARIO PARA QUE OBTENGAN LO QUE DESEAN.

LA HISTORIA CONTINÚA

La historia de Penny Magid tiene otro capítulo. En 1991 los tipos de interés bajaron de nuevo y Penny se encargó de estudiar los detalles de un préstamo hipotecario mucho más favorable que el que nos había conseguido en 1987. Cuando nos ocupábamos en ultimar los detalles del préstamo, Penny sufrió un in-

> **UNO PUEDE TENER TODO LO QUE DESEA EN LA VIDA CON SÓLO QUERER AYUDAR A LOS DEMÁS LO NECESARIO PARA QUE OBTENGAN LO QUE DESEAN.**

farto grave y estuvo clínicamente muerta. Por suerte, tras someterse a una cirugía mayor, se está recuperando rápidamente.

En el mismo momento en que escribo estas palabras, Penny está pasando por uno de los mejores meses de toda su carrera. ¿Cómo puede ser eso, si se está recuperando en un hospital? La respuesta es muy sencilla: Penny no es sólo una amiga especial para La Pelirroja y para mí; también es amiga especial de otros clientes y colegas. Todos los negocios que tenía andando en el momento de su hospitalización (entre ellos el de mi hijo y su esposa) se los están acreditando a Penny. Los clientes han exigido que así sea, y Forester-Clements, la firma de bienes raíces para la cual trabaja, y todas las personas asociadas a la compañía están encantadas de poder ocuparse de los detalles y los trámites mientras Penny se recupera por completo. Esto es absolutamente cierto. Si la persona obra bien, el vendedor que vive en ella también.

DETALLES DE CORTESÍA

El 15 de febrero de 1991 me disponía a viajar en el vuelo 538 de Orange County a Dallas. Siempre he preferido el asiento del lado del pasillo, pero no quedaba ninguno cuando hice la reservación. Le dije a la representante de la aerolínea en el aeropuerto que, en caso de que desocuparan alguno, me gustaría cambiar. La muchacha anotó mi nombre de muy buen grado y dijo que estaría atenta y, si quedaba un puesto disponible, sería para mí.

Subí al avión y estaba cómodamente sentado trabajando cuando escuché una voz masculina muy agradable: "¿Señor Ziglar?" Alcé los ojos y vi la mano amistosamente tendida de

Geoffrey M. Gregor. Se presentó como gerente de servicios especiales de la American Airlines y me dijo que había encontrado a una persona que tendría mucho gusto en cambiar de asiento conmigo. En ese momento entró en escena Don Wilhelm, la persona que tenía el asiento del lado del pasillo. Le agradecí su gentileza e hicimos el cambio.

Durante el vuelo, Don pasó por donde yo estaba y le pregunté si era empleado de la aerolínea. Me aseguró que no lo era, y entonces le pregunté cómo se había iniciado la conversación cuando Geoffrey le pidió que cambiara de puesto conmigo. Me explicó que él y Geoffrey habían sido amigos durante muchos años y que Geoffrey era de esas personas que siempre hacían lo posible por complacer a la gente y prestar un servicio.

Muchos pensarán que esta anécdota no tiene nada de extraordinario... y así es. Pero la diferencia entre las personas que alcanzan el éxito y las que no lo alcanzan radica en que los triunfadores siempre tienen ese "algo más": algo sencillo que ofrecer. Éste es un ejemplo de cómo saber vender con profesionalismo. Claro está que el hecho de que Geoffrey se hubiera tomado la molestia de conseguirme el asiento que yo quería no va a aumentar notablemente las utilidades de la American Airlines ni a mejorar radicalmente la carrera de Geoffrey, pero estoy seguro de que éste ocupa un cargo excelente gracias a su forma de tratar a las personas.

VENTA DE SERVICIO

Bob Dunsmuir, de Victoria (Columbia Británica, Canadá), es propietario de una de las estaciones de servicio más grandes del mundo. Además tiene originales y eficacísimas ideas en cuanto a las ventas, el servicio y la persuasión. En el instante mismo en que un vehículo se estaciona al lado del surtidor de gasolina aparecen cuatro empleados. Uno llena el tanque, el otro revisa el motor, un tercero se encarga de limpiar los vidrios y el cuarto somete a la acción de la aspiradora el interior del vehículo y limpia los ceniceros. Incluso cuando la estación está "atestada", y todos los surtidores se hallan ocupados, siempre hay como mínimo un trabajador adicional que pone manos a la obra y duplica esfuerzos para brindar el tipo de servicio al cual están acostumbrados los clientes de Bob.

Dunsmuir Shell tiene una de las tasas más elevadas de cambio de personal de todo Canadá. No me entienda mal. No es que a los jóvenes no les agrade su trabajo ni agradezcan lo que Dunsmuir ha hecho por ellos. Para la mayoría de estos triunfadores concienzudos y dispuestos a servir, una carrera en una estación de gasolina no es la meta de su vida. Por tanto, Bob Dunsmuir los capacita e inspira para tratar a todo el mundo con auténtico respeto y cordialidad, para ir más allá del deber cuando se trata de brindar servicio y para trabajar con entusiasmo, alegría y cortesía. Bob les enseña lo que deben decir y cómo decirlo para alcanzar esos objetivos. Luego les hace notar que la próxima persona que llegue a la estación bien podría ser el próximo jefe de ellos. Muchos de los patronos de la localidad que buscan personal fuera de serie se limitan a ir a la estación Dunsmuir para encontrar las personas llenas de entusiasmo y ambiciones que están buscando.

No cabe duda de que la situación es interesante: la estación Dunsmuir se ha convertido en campo de instrucción para muchas de las empresas de la ciudad. La relación de Bob con esas empresas es excelente. De ninguna manera se resiente cuando uno de sus empleados se va a trabajar a otra parte. En realidad, es algo que le favorece mucho, puesto que a los jóvenes que aspiran a trabajar en la estación les puede decir con certeza que cuando "vayan más allá del deber", dando lo mejor de sí al trabajo, tendrán la recompensa de una mejor oportunidad de trabajo.

UNA CONCEPCIÓN *ÚNICA* ACERCA DE LAS VENTAS Y EL SERVICIO

¿Qué tal esa concepción? ¿No prueba otra vez que "uno puede tener todo lo que desea en la vida con sólo querer ayudar a los demás lo necesario para que obtengan lo que desean"? ¿No cree que brindar excelente servicio crea una situación en la que todo el mundo gana? ¿No cree que trabajar en una estación "despachando gasolina" es el ejemplo típico de cómo una persona puede convertir una situación aparentemente negativa en una de las más positivas que pueda uno imaginar? Bob Dunsmuir ha demostrado que, si adopta una actitud apropiada para vender, cualquier persona "puede convertir los limones en limonada".

Otra lección importante que nos deja el ejemplo de la estación de servicio Dunsmuir Shell es la necesidad de dar lo mejor de nosotros mismos, independientemente de cuán prosaica o desesperanzadora nos parezca una situación. En primer lugar, es nuestro deber dar lo mejor de nosotros mismos. Fuimos nosotros quienes aceptamos el trabajo, de manera que debemos cumplir con él y hacerlo bien. En segundo lugar, todo empleo representa una oportunidad. Basándome en más de 65 años de experiencia y observación directa, puedo decirle que las personas que cumplen con su trabajo y lo hacen bien no tienen que buscar empleo: el empleo les llega. Quizá no siempre con la rapidez que desean, pero LES LLEGA. Si en realidad desea un empleo mejor del que tiene en este momento, cumpla con su deber lo mejor que pueda y verá que, o bien el trabajo que desempeña ahora se convertirá en el mejor que existe, o bien el empleo que desea vendrá a buscarlo.

Nota para las personas de ambiciones: Si en este momento no realizan con entusiasmo y eficacia un trabajo "humilde" o de primer escalón, ¿por qué querría su actual o futuro patrono pensar que están dispuestos o capacitados para hacer un trabajo más exigente?

SORPRENDA A SU GENTE HACIENDO ALGO BUENO

Ken Blanchard tenía toda la razón cuando dijo en su libro *The One Minute Manager*: "Sorprenda a su gente haciendo algo bueno". Ese mismo concepto encaja como anillo al dedo en el mundo de las ventas, bien tratemos de ayudar a un cliente

> **Ken Blanchard dice: "Sorprenda a su gente haciendo algo bueno".**

angustiado, infeliz, enojado o airado, o bien de impedir que nuestro cliente tenga que sufrir alguno de esos estados de ánimo.

Son muchas las personas que cuando tienen una venta difícil o un conflicto tratan de "probar" que tienen la razón y hacerle ver al cliente que está equivocado. Aunque no necesariamente comparto la teoría de que "el cliente siempre tiene la razón", sí estoy convencido de que nuestra actitud como vendedores profesionales — especialmente orientados a servir — debe ser la de hacer todo lo posible por SORPRENDER AL CLIENTE HACIENDO ALGO BUENO.

Coloquémonos por un momento del lado de la mesa donde está el cliente y escuchemos con atención su versión para averiguar por qué siente lo que siente. Durante la conversación es necesario que nos preguntemos a cada momento: "¿Y esto qué implicaciones tiene?" Supongamos que usted "gana" y rechaza la petición de un reembolso o de un ajuste de precios. ¿Cuánto le costará esa victoria a usted? Si el problema o la preocupación del cliente se puede medir en centavos o en dólares, piense entonces lo que significará para usted que el cliente pueda seguir conservando un buen nombre. ¿Por qué no evaluar (con cabeza fría) lo que pueden valer los negocios futuros con ese mismo cliente? ¿Realmente prefiere ganar la batalla y correr el riesgo de perder la guerra, o prefiere buscar un entendimiento? ¿Puede reconocer sinceramente, sin poner en entredicho sus propias normas de trabajo, que el cliente tiene la razón en ciertos puntos que merecen seria consideración? ¿Es suficientemente sabio para hacer la pregunta mágica de "¿qué cree usted que sea lo justo?"?

ORGULLO PERSONAL FRENTE A ATENCIÓN, COMPASIÓN E INTERÉS

En muchísimos casos, lo único que desea el cliente es ser escuchado. Si bien es cierto que todo el mundo desea tener la razón, es todavía más cierto que todo el mundo desea ser comprendido. Si los clientes saben que un vendedor los comprende, por lo general tienen un cambio de actitud favorable. Cuando esto le suceda a usted, trate de que sus clientes ganen cuanto sea posible. Refuerce la actitud favorable y gánese el corazón y la mente de sus clientes. Haga concesiones con agrado y sin dejar de sonreír, reiterando cuánto los aprecia y cuán feliz está de que hayan confiado en usted y su empresa.

¿PODEMOS DARNOS EL "LUJO" DE TENER CLIENTES DESCONTENTOS?

¿Reacciona usted con grosería y beligerancia cuando encuentra una persona grosera, beligerante y descontenta, o recuerda más bien que en sus manos está el poder de escoger?: escoger entre responder con amabilidad y cortesía o reaccionar con rudeza y beligerancia.

Seré el primero en admitir que esto es más fácil de decir que de hacer. Sin embargo, siga leyendo, pues deseo mostrarle distintos métodos que le ayudarán a escoger la actitud indicada.

¿Cómo se siente cuando su cliente tiene un problema serio porque usted o alguien de su compañía ha abandonado la batalla o cometido un error o algún pecado horrible (como no hacer el despacho a tiempo, enviar la mercancía del color equivocado, elaborar mal una factura, etc.)? ¿Qué piensa usted cuando, sin ser responsable del problema porque usted es "sólo el vendedor", el cliente lo culpa de todo y se halla muy disgustado? De la forma como usted se conduzca con ese cliente va a depender en gran medida su éxito en la profesión de las ventas.

Los estudios indican que aproximadamente el 90% de nuestros clientes dejan de hacer negocios con nosotros sin decirnos absolutamente nada. Lo malo es que sí hablan de su descontento con los amigos, los familiares, los vecinos y hasta los extraños. Pregunta: ¿Podemos darnos el lujo de tener clientes descontentos?

Es fácil mostrarnos amables, gentiles, corteses, cordiales, entusiastas y optimistas con las personas que nos compran, que se muestran afables con nosotros y con las cuales es fácil tratar. Pero, amigo mío, si eso es lo único que puede hacer, recuerde que igualmente fácil es para su compañía encontrar a cualquiera para manejar a esas personas (y pagarle mucho menos de lo que usted está en capacidad de ganar). El valor que usted representa para su compañía radica en su capacidad para tratar con eficacia y profesionalismo a cualquier clase de persona, sin excluir a los clientes enojados.

PRINCIPIOS BÁSICOS DE RELACIONES "HUMANAS"

¿Cómo puede saber si está tratando a la gente en la forma debida? Comience por recordar que todo el mundo desea tener la razón y ser comprendido. Claro está que nadie puede tener siempre la razón. Sin embargo, si usted trata a las personas como debe ser (con profesionalismo, cortesía y dignidad), es mucho más fácil que rectifique. Piense que, si usted estuviera en la situación del otro, seguramente estaría igualmente disgustado por los hechos que generaron el conflicto.

EJERZA DOMINIO SOBRE SÍ MISMO

En vez de saltar al cuello de la persona, lo cual suele ser la primera reacción ante una persona enfurecida, respire profundo, suelte los brazos y ESCUCHE LO QUE LA PERSONA TIENE QUE DECIR... ¡sin interrumpir! Me faltan palabras para hacer hincapié en que ésta debe ser la primera forma de reaccionar ante una persona airada.

Una persona, por enojada que esté, no puede VOLCAR esa

> **ESCUCHE LO QUE LA PERSONA TIENE QUE DECIR.**

ira en palabras o acciones por más de dos minutos. Si no me cree, haga la prueba. Enójese tanto como pueda y grite, zapatee, tírese al suelo, arránquese los cabellos y haga todo lo que se le ocurra para desahogar su ira-frustración-irritación. Escuchar mientras la persona descarga la ira facilita la primera fase de desahogo. *Pero si uno interrumpe, la persona toma aliento otra vez y los dos minutos comienzan de nuevo.*

Usted habrá experimentado esto cada vez que una discusión se agrava y lo único que se escucha es "¡La culpa es suya!" y "¡No lo es!" En vez de llegar a eso, ¡ESCUCHE! ¿Cómo cree que puede encarar el problema si no entiende exactamente de qué se trata? Si usted escucha, da un trato cortés al cliente y obtiene al mismo tiempo la gran ventaja de conocer toda la información sobre el problema o la situación.

VOZ Y DICCIÓN

Una vez que el cliente se haya desahogado, la táctica siguiente es bajar la voz y pronunciar pausada y claramente cada palabra. No olvide que su interlocutor se encuentra en estado de gran irritación. Son muchas las personas que se ponen en el mismo plano del cliente airado. Es un error subir el tono de la voz, gesticular y decir cosas "sin sentido", al igual que el cliente o cliente potencial. Para conducir a la persona a un plano de sosiego, relájese físicamente, escuche hasta el final y luego responda en un tono más bajo, pronunciando con claridad cada palabra.

Es probable que no esté de acuerdo con lo que dice el cliente, y nada de malo hay en ello. Sin embargo, es vital expresarse apropiadamente. Comience a responder agradeciendo a la persona, si es del caso hacerlo. Sé que se estará preguntando cómo es posible mantener la calma suficiente

> **¡ESCUCHE!**

para agradecer a un agresor. Bueno, no es fácil. La mejor forma de guardar la compostura es alejándose emocionalmente de la situación. Nada de eso tiene que ver con usted. Pero si el asunto pasa al plano personal, aléjese físicamente de la situación. Al responder con toda calma: "Señor, deseo agradecerle su franqueza", en nada se compromete usted ni compromete a la compañía. Tampoco equivale a darle la razón a la persona airada. Lo único que se busca con esa respuesta es informar a la persona que usted está dispuesto a manejar el asunto con profesionalismo y cortesía.

Haga saber con claridad que está dispuesto a ayudar. En realidad, declare que su firme deseo es ayudar. Memorice el párrafo que aparece a continuación y úselo sin dudar cada vez que se enfrente a una persona enfurecida:

"Señor, le agradezco mucho su franqueza. Es importante que usted sepa que estoy dispuesto a ayudarle. Entiendo cómo se siente y tiene todo el derecho de sentirse así. ¿Querría colaborar conmigo para encontrar una solución a esta situación tan incómoda?"

Esta corta "presentación de venta" es la forma de mostrar buena fe sin renunciar a su experiencia o autoridad. No es una forma de dar la razón al cliente sino de darle la oportunidad de expresar sus sentimientos personales. Al fin y al cabo, todos tenemos ese derecho.

Mientras busca la solución al problema (y no a alguien a quien culpar) recuerde que son pocas las personas que se enojan de verdad, y todavía menos las que pueden permanecer enojadas con una persona que está haciendo lo posible para solucionar el problema y poner fin a la enojosa situación.

> "Señor, le agradezco mucho su franqueza. Es importante que usted sepa que estoy dispuesto a ayudarle. Entiendo cómo se siente y tiene todo el derecho de sentirse así. ¿Querría colaborar conmigo para encontrar una solución a esta situación tan incómoda?"

RECONOZCA SUS ERRORES

Si ha habido un error, no se ponga a la defensiva. Reconocer el error es un paso importante hacia la solución del problema y contribuye a aplacar la ira del cliente. Y cuando la compañía no ha cometido un error, es todavía más importante hacer lo que acabo de decir. Muchas veces, la queja, la ira y la irritación son producto de la acumulación de otros factores de la vida personal, como el maltrato, el abandono, el desprecio de los demás o muchas otras cosas que pueden afectar a la persona. Sin embargo, si usted demuestra voluntad de ayudar, podrá aplacar la ira y no sólo conservar al cliente sino hacer un amigo.

¿Qué pasa cuando los clientes o clientes potenciales se calman y tienen tiempo de reflexionar? Es en ese momento cuando usted tiene la oportunidad de conservarlos como compradores e incluso de aumentar el volumen de negocios con ellos. Es la oportunidad de brindarles un servicio excelente y a la vez de ayudarse a sí mismo. Después que el episodio haya terminado, si el cliente estaba equivocado reconocerá su error y sentirá vergüenza. Por tanto, es de vital importancia comunicarse con él y hablarle con toda la amabilidad, optimismo, cordialidad y entusiasmo de que sea capaz para reiterarle cuánto le agradeció la franqueza y el deseo de colaborar. Dígale cuánto valora esa relación de negocios que hay entre los dos.

Ésta es una forma de fortalecer la relación con los clientes. De lo contrario, sabedores de su error, se sentirán tan avergonzados por su conducta que no querrán regresar a donde usted. Es el viejo principio del "último esfuerzo" aplicado otra vez en la vida y en las ventas. Los instructores de ventas llevan muchos años diciendo que es necesario aplicar en la vida el principio de "ese algo más". Si usted ha hecho todo lo que se espera de usted como profesional y luego da "ese algo más", puede estar seguro de que su carrera como vendedor será extraordinaria.

UNA ACTUACIÓN DE CLASE

Una característica que distingue al verdadero profesional y le facilita el éxito es tener clase. Según el diccionario, una de las acepciones de la palabra *clase* es "distinción, categoría personal". Una *actuación de clase* es "la de muy alta calidad o excelencia". Un profesional de las ventas tiene clase, y la mejor forma de saberlo es observando la forma como trata con la persona que no la tiene. ¿Qué hace usted cuando se relaciona con personas menos afortunadas o con menos clase que usted? ¿Se rebaja y las trata como ellas a usted, quizá hablando fuerte, sin pensar, con grosería y sin consideración? ¿O demuestra su clase haciendo lo posible por mantener la dignidad y el decoro para elevarlas hasta su nivel?

"¡NO PUEDO CREER QUE USTED HAYA DICHO ESO!"

Una de las formas menos dignas de proceder es recurrir a expresiones soeces y vulgares. La razón primordial para que esto ocurra es la pobreza de lenguaje, la cual suele traducirse en falta de madurez y de control emocional. Las personas que utilizan palabras soeces básicamente están diciendo que no tienen la suficiente inteligencia ni el dominio de sí mismas para hablar comedidamente.

Una pregunta que viene a la mente es: ¿Cómo puede el profesional de las ventas tratar con una persona que opta por el lenguaje grosero? Puesto que ocho de cada diez veces el insulto se recibe por teléfono, las pautas que aparecen a continuación han sido concebidas dentro de ese contexto. Sin embargo, los mismos principios son válidos para los enfrentamientos cara a cara.

Lo primero es recordar que no debe tomar las palabras como una ofensa personal. En la mayoría de los casos, el cliente — potencial o actual — no lo conoce lo suficiente para lanzar un ataque personal. Usted es simplemente el objeto del desfogue de unas frustraciones.

El segundo paso para tratar con la persona airada que maldice y recurre al lenguaje soez consiste en no hacer NADA. Permanezca en silencio. No diga nada. El silencio absoluto tiene el poder de sorprender Y, lo que es más importante, de calmar a la persona airada. Las personas groseras suelen ser "buscapleitos" que desean entablar una pelea de palabras. ¿Para qué seguirles el juego? Quédese en silencio hasta que la persona pregunte: "¿Me escucha?" En ese momento, si desea divertirse un poco y "ganarse al cliente" en lugar de "ganarle al cliente", escoja la parte más ridícula y exagerada de toda la diatriba. Diga: "Según veo, su problema es _____ ". Y repita con toda claridad y precisión lo que acaba de escuchar. Lo más probable es que el cliente, algo avergonzado, "confiese" que quizá la cosa no era "tan grave".

En ese momento usted va camino hacia la solución. Se habrá "ganado al cliente", y ¿acaso no es eso lo que interesa cuando de vender se trata? Pregunta: ¿Cuántas ventas ha generado "ganando" en una confrontación y haciéndole ver al otro que no tenía razón? CLARO ESTÁ que eso no significa que deba aceptar el mal trato o las humillaciones. Siga leyendo.

LO QUE DEBE RESPONDER DESPUÉS DE ESCUCHAR

El siguiente es otro párrafo que puede memorizar o escribir en una ficha para usarlo en ocasiones especiales, cuando sea víctima de las maldiciones de un cliente potencial:

"Señor, cuando usted me habla de esa manera siento que ya no puedo serle de ayuda. Si desea colaborar conmigo y concentrarse en el problema, estoy seguro de que encontraremos la solución. Sin embargo, si insiste en utilizar un lenguaje soez y ofensivo, mi integridad me dice que debo poner fin a esta conversación".

Si los insultos no cesan, cumpla lo prometido. Si está tratando la cuestión por teléfono, espere un tiempo hasta que las cosas se enfríen, antes de volver a llamar. Lo más seguro es que el cliente esté avergonzado de su comportamiento, y será mucho más fácil tratar con él. En realidad, si usted tiene rectas intenciones y no está interesado en vengarse, tendrá una oportunidad inmejorable para hacer la venta o consolidar la cuenta. La razón es la siguiente: el cliente o cliente potencial siente que le hizo algo a usted y ahora piensa que debe hacer algo *por* usted. Ese "algo" podría ser una disculpa, la voluntad de escuchar, e incluso el deseo de "arreglar las cosas" comprando algo o continuando como cliente.

LOS PRINCIPIOS ESENCIALES

Si desea obtener buenos resultados al tratar con una persona enojada, recuerde lo siguiente:

NINGUNA PERSONA PUEDE HACERLE DAÑO SI USTED NO LO PERMITE. POR TANTO:

- ESCÚCHELA Y PERMÍTALE DESFOGAR SU IRA.
- TENGA PACIENCIA.
- ACTÚE CON TACTO.
- ESTABLEZCA UNA CORRIENTE DE EMPATÍA.
- RECONOZCA QUE LA PERSONA ES IMPORTANTE.
- RESPONDA PAUSADAMENTE, EN VOZ BAJA Y CON TACTO.
- NUNCA PERMITA QUE LA OTRA PERSONA LO DOMINE.

EL "SERVICIO": UNA REALIDAD DE LA VIDA

Es una realidad que si usted piensa permanecer por mucho tiempo en el mundo de las ventas, tendrá que enfrentar numerosos desacuerdos y quejas. Es algo inevitable. Pero la forma como maneje esos desacuerdos determinará en gran medida la duración y el éxito de su carrera. Al mismo tiempo, le conviene recordar el proverbio árabe: "Donde hay desierto hay sol", lo cual quiere decir que sin dificultades nunca podrá desarrollar todo su potencial ni poner en práctica los procedimientos necesarios para pasar de la sima de la mediocridad a la cima del éxito. Vea en los clientes descontentos y enojados oportunidades para progresar y alcanzar mayor éxito en su carrera.

CAPÍTULO 13

EL ENCANTO DEL CAMINO

Un mito sobre la profesión de vendedor

Como seguramente se habrá dado cuenta, estoy convencido de que todo en el mundo es venta. El pastor Rex Hensley, de la iglesia bautista de Addyston (Ohio), cuenta la anécdota de un joven que hizo imprimir su hoja de vida en veinticinco camisetas, que después llevó personalmente a veinticinco empresas. En el borde inferior de las camisetas se leía lo siguiente:

"Pienso que le convengo perfectamente a su empresa".

Fue llamado a veinte entrevistas. Algunas de las empresas que no tenían vacantes quisieron entrevistarlo sólo para conocerlo. Y lo más importante de todo es que pudo escoger entre varias ofertas.

EL PROBLEMA DE VIAJAR

Los viajes han sido idealizados desde el momento mismo en que se inventó la rueda. Somos muchos los que deseamos saber qué hay "más allá del horizonte" y estamos dispuestos a gastar grandes cantidades de tiempo y dinero para averiguarlo. Si tuviéramos la oportunidad de conocer la lista de "deseos" de la mayoría de la gente, viajar estaría entre los primeros.

Sin embargo, al igual que muchos otros aspectos da, los viajes deben verse desde dos puntos de vista.

LA JUSTA PERSPECTIVA

Era la primera carta que la pareja recibía de su hija desde hacía varias semanas, de manera que su alegría fue inmensa. Sin embargo, poco a poco, la alegría se convirtió en angustia:

"Queridos papá y mamá:

"Perdón por no haberles escrito durante tanto tiempo. Ante todo, quiero que sepan que estoy bien y me estoy recuperando maravillosamente del accidente.

"Hubo un incendio en los dormitorios y, al salir por la ventana del segundo piso, resbalé, caí y sufrí una concusión. Por suerte pasaba por allí un joven del vecindario que, al verme en dificultades, me llevó para su casa y me cuidó con mucho cariño. Los médicos dicen que no sufrí ninguna lesión permanente.

"Mi benefactor ha demostrado ser una de las personas más amables y amorosas que he conocido. Pertenece a una familia maravillosa y a ustedes les encantará saber que pensamos casarnos muy pronto. Sé que siempre han deseado nietos, y estoy segura de que les complacerá escuchar el anuncio de la llegada del primero de ellos dentro de pocos meses. La ecografía reveló que es un varoncito y que todo marcha perfectamente. Los mantendré al tanto de todo.

"Su hija que los ama, Sally.

"P.D. Realmente no hubo incendio en los dormitorios, no sufrí ninguna concusión, no estoy viviendo con nadie y no van a tener un nieto. Pero sí perdí dos materias y casi pierdo otra, y deseaba que pudieran ver ese fracaso desde una justa perspectiva".

LAS DOS CARAS DE LA MEDALLA

Estar lejos de las actividades de la vida cotidiana; cenar en restaurantes donde otros preparan la comida y recogen los platos; dormir en habitaciones de hoteles que otros arreglan para uno; ver sitios históricos y recorrer lugares donde han estado los grandes hombres y mujeres que han gestado la historia; volar en aviones de propulsión a chorro; viajar en trenes de lujo que se desplazan a grandes velocidades; o conducir por parajes de gran belleza que ofrecen imágenes que sólo habíamos visto en postales... sí, las emociones de la vida del viajero son imágenes vívidas en la imaginación de muchos.

Infortunadamente, la vida de quien viaja por negocios es completamente distinta. Llevar con nosotros las actividades cotidianas; comer albóndigas de pollo en uno u otro restaurante, cualquiera que sea quien recoja los platos; dormir en hoteles y leer a la luz de unas lámparas clavadas en la mesa de noche y preguntarse SI la ropa de cama fue cambiada después de dormir en ella el anterior huésped; repasar sitios que pasan como relámpagos por la pantalla de la imaginación al ir del aeropuerto al lugar de la reunión; mirar el rostro de otro auxiliar de vuelo, conductor de tren o agente de alquiler de vehículos pensando en la posibilidad de perderse en esa nueva ciudad por no recibir correctamente las instrucciones o por leer mal los nombres o los números de las calles... sí, desde el punto de vista del viajero de negocios el panorama es totalmente distinto del que disfrutan los que viajan por placer.

La ironía radica en que las personas que viajan con frecuencia detestan la realidad del camino, mientras que las que no pueden viajar se ilusionan con poder hacerlo. Muchas veces, nuestra actitud es gobernada por el ángulo desde el cual vemos las cosas, y es ahí donde comenzamos a aprender a tolerar los viajes y a disfrutar de las oportunidades que nos

EL "SOSTÉN DE LA FAMILIA" SALE DE VIAJE

Desde los albores del tiempo ha habido confusiones y equivocaciones sobre lo que sucede cuando el "sostén de la familia" deja el hogar durante largo tiempo. La persona que "se queda" se siente "excluida" de la diversión y de las emociones del viaje. Y aunque hay quienes enriquecen su experiencia con los rigores del camino, la gran mayoría de los agentes viajeros se sienten como el protagonista de nuestra siguiente historia.

UN VIAJERO, MUCHOS PUNTOS DE VISTA

El dueño del establecimiento reconoció a su agente viajero favorito cuando Chris se acercó al mostrador.

— Chris, ¿cómo le ha ido, hombre? — dijo en voz alta.

— De maravilla, señor O'Connor, ¿y a usted? — contestó Chris.

— Bien, muy bien. Pero me podría estar yendo de maravilla si acabara de llegar de Las Vegas.

— Vamos, señor O'Connor, sabe que estuve allí asistiendo a una conferencia de ventas. Además, tuve que salir un día antes para visitar a una de nuestras cuentas más importantes en Chicago.

— Chris — prosiguió O'Connor, haciendo caso omiso del esfuerzo de Chris por restarle importancia al viaje a Las Vegas y a Chicago —, me dicen que Las Vegas es un sitio fuera de serie. Quizá algún día pueda ver esos enormes anuncios luminosos.

— Bueno, tengo que admitir que en todos mis viajes no he visto otro sitio igual. El juego dura toda la noche y los espectáculos son realmente extravagantes. El vestuario, la música, la agitación... de verdad es fácil comprender por qué dicen que Las Vegas es la ciudad que nunca duerme.

El señor O'Connor sonrió de placer:

— ¿A quién estuvo visitando en Chicago?

— A la jefa de compras de Sears. Es más difícil llegar a la

oficina de ella que al establecimiento de usted, señor O'Connor. Tuve que tomar un ascensor presurizado para subir noventa y ocho pisos de la torre de Sears.

— ¡Noventa y ocho pisos! — exclamó el señor O'Connor — ¡Debe de ser el edificio más alto del mundo!

— En realidad — repuso Chris —, la torre de Sears tiene 110 pisos, el mismo número que la más alta de las torres del World Trade Center de Nueva York. La última vez que estuve allí, el cliente me dijo que en ese edificio trabajan más de doce mil personas.

Una mirada melancólica, perdida en la distancia, cruzó por los ojos del señor O'Connor.

— Chris, tiene mucha suerte de poder conocer todos esos sitios maravillosos, mientras yo estoy atado a este almacén entre doce y catorce horas diarias todos los días del año. Incluso los días que no abrimos debemos hacer trabajo administrativo y poner mercancía en las estanterías. A veces pienso que esto será mi tumba.

Chris no quería matar las ilusiones del señor O'Connor diciéndole "toda la verdad y nada más que la verdad", de manera que, en lugar de quitarle más tiempo a su presentación de ventas, nuestro profesional dio comienzo a su charla.

— Sí, esas ciudades son maravillosas. Nunca hay un momento de aburrimiento. Oiga, tengo un producto nuevo que deseo darle a conocer pero, antes de hacerlo, dígame cómo van las ventas del envío que hicimos después de mi última visita.

NO SÓLO CLIENTES

No era la primera vez que Chris escuchaba estas ideas equivocadas sobre el "encanto del camino". Cuando llegó a casa, su esposa, aunque complacida de verlo, tenía varias preguntas.

— Bienvenido a casa, mi amor. ¿Cómo te fue esta semana?

— Pat — respondió Chris —, no vas a creerme. Debiste ver

el Caesar's Palace. ¡La iluminación nocturna es increíble! Y la visita a la granja de caballos árabes de Wayne Newton... ¡qué belleza de animales! El conferenciante de la Corporación Zig Ziglar fue la atracción central de la reunión. Pero lo mejor de todo fue que cerré la venta de Sears el viernes y, si la compañía no convierte a Sears en cuenta centralizada, creo que veremos unas comisiones muy jugosas — y, casi como si se le ocurriera algo nuevo, preguntó:

— ¿Y cómo te fue a ti?

— Bueno, veamos. Decidí podar el césped y hacer el trabajo de jardinería que siempre hacemos juntos, porque no pensaba aguardar hasta que regresaras. La profesora de Kelly me llamó tres veces al trabajo porque la niña estaba con dolor de oído. Al fin pude llevarla al médico el miércoles, pero el medicamento para la infección no ha surtido mucho efecto y Kelly ha estado inquieta y ha llorado toda la semana. Llamó tu madre — continuó Pat —, y me pareció que estaba deprimida. Creo que me preguntó unas tres veces si pensábamos ir a visitarla pronto. Todos preguntaron por ti en la iglesia el miércoles por la noche, aunque tuve que salir temprano porque Kelly estaba demasiado inquieta. Chris, ¿crees que podríamos ir juntos a Las Vegas si recibes la comisión por la venta de Sears? Un viaje nos vendría muy bien a los dos.

— Claro que sí, Pat — repuso Chris, mientras examinaba la correspondencia de la semana —. Se me olvidaba: ¿llamó tu hermano para preguntar si iremos al cine mañana por la noche?

UN VIAJE EN PAREJA

El siguiente viaje lo hicieron juntos. Al regresar, los vecinos los abrumaron con preguntas sobre esa experiencia tan maravillosa.

— Chris, Pat, qué bueno que estén de regreso. ¿Cómo estuvieron esas vacaciones? Estuvieron en Denver, ¿no es así? ¡Dios, cómo me gustan esas montañas!

— Bueno — comenzó Pat —, en realidad no fueron vacaciones. La reunión de ventas se hizo simultáneamente con una convención y una exposición nacional y, como estuve ayudando, acabé por trabajar dieciocho horas diarias.

— Sólo trabajo y nada de diversión, ¡ja!

— Si un viaje en canoa y un almuerzo al aire libre en el transcurso de once días son diversión — anotó Chris —, entonces sí nos divertimos. En realidad la pasamos muy bien, pero no logramos ver mayor cosa de Colorado. El viaje fue un cambio en la rutina, pero estoy agotado. Voy a necesitar unas vacaciones para recuperarme de estas vacaciones.

LA VERDAD SOBRE LOS VIAJES

El vendedor profesional de hoy sabe que el encanto de viajar se desvanece (por no decir: desaparece) después de unos cuantos viajes, y lo único que queda es el trabajo de siempre. Claro está que no deseo pintar un panorama completamente sombrío para el agente viajero. Si vemos las cosas desde el ángulo apropiado, podemos convertir una situación aparentemente negativa en una oportunidad para triunfar.

En efecto, ¿por qué no recordar algunos de nuestros "remedios" y usar el "balance de Ben Franklin" (el "balance del gran estadista"), al cual me referí en un capítulo anterior, para analizar el tema de los viajes? Recuerde que debe dividir la hoja en dos y hacer una lista de las cosas negativas a la derecha y de las positivas a la izquierda.

VARIEDAD

Tanto los vendedores nuevos como los veteranos que entrevistamos para VENDER: UNA FORMA DE VIDA nos dijeron que uno de los aspectos que más les agradaba de la profesión era la variedad de experiencias. "No hay un día igual a otro". "Cada día trae un nuevo desafío y una lección que aprender". "¡Ciertamente no es una profesión aburrida!" Esta variedad es algo que sencillamente no se consigue en otros tipos de trabajo (incluso en algunos cargos, en el ramo de las ventas, que no exigen viajar). Anotemos la *variedad* en la columna de cosas positivas.

VENTAJA COMPETITIVA

El profesional de las ventas que aprende a sacar provecho de los viajes frecuentes, representa bien a su empresa y logra mantener el equilibrio entre su actividad profesional y su vida familiar tiene una ventaja competitiva en el mercado laboral. La persona que se desempeña bien en esos campos acrecienta el valor de la organización y a la vez consigue una reputación positiva en su industria y como vendedor en general. La ventaja competitiva del vendedor lleva a que su compañía le pague más (o, de lo contrario, la competencia lo hará). Puesto que el vendedor muchas veces es la única persona de la compañía a quien el cliente conoce personalmente, el vendedor ES la compañía. Los gerentes de empresas estables reconocen la importancia del vendedor, lo cual conlleva un aumento en la remuneración y en la estabilidad laboral.

Anotemos la *ventaja competitiva* en la columna de aspectos positivos.

OPORTUNIDADES DE APRENDIZAJE

Las horas de viaje en el automóvil o en el avión se pueden aprovechar para leer o escuchar grabaciones, para lo cual nunca queda tiempo cuando está uno en la oficina. Muchos vendedores viajeros me han escrito diciéndome que han obtenido títulos de pregrado y postgrado, adquirido conocimientos de planeación financiera, aprendido otros idiomas, ampliado su vocabulario y todo cuanto uno pueda imaginar, aprovechando el tiempo durante sus viajes. Algunos llegan a ser expertos en su industria. Otros se convierten en especialistas en otros campos, lo cual les permite ampliar su base de conocimientos y llegar a ser mejores personas, compañeros, padres y, en últimas, mejores empleados. Si el tiempo que uno pasa fuera de casa se aprovecha para aprender, todos ganan — la empresa, el empleado y la familia — al beneficiarse de las retribuciones y los beneficios.

Otro punto positivo en el "balance del gran estadista".

ENRIQUECIMIENTO CULTURAL

Cuando los viajes de trabajo lo lleven a sitios de interés cultural, usted tendrá la oportunidad de ampliar su cultura y de enriquecer su vida personal y familiar. Además, el enriquecimiento cultural lo hará todavía más valioso para su empresa. Como sus gastos son pocos, puesto que el alojamiento y la alimentación corren por cuenta de la empresa, planificando bien las cosas podrá aprovechar oportunidades que quizá no vuelvan a presentarse.

¿Quién hubiera imaginado que el muchachuelo de Yazoo City (Misisipí) podría algún día subir a una colina para ver el punto donde se unen el verde del océano Indico y el azul del océano Pacífico; compartir la tribuna y hablar con presidentes, expresidentes y futuros presidentes; pronunciar el discurso de apertura de la convención internacional de la Cámara Junior en Suecia (el único invitado especial al acto de bienvenida, el día anterior, fue el rey de Suecia); montar en avestruz en las planicies de Sudáfrica; correr por el parque que está enfrente del palacio de Buckingham y por los campos de Australia, tierra de koalas y canguros; y compartir muchas de esas oportunidades culturales con los miembros de la familia? Crece nuestra lista de cosas positivas.

HABILIDAD PARA EL TRATO SOCIAL

Los viajes obligan a utilizar diariamente la habilidad para el trato social, que suele permanecer adormecida durante la permanencia en la oficina. Presentar a la gente, respetar la etiqueta a la hora de las comidas, recordar nombres, escoger regalos, enviar notas recordatorias y de agradecimiento, entablar las conversaciones apropiadas, constituyen habilidades para el trato social que son "obligadas" para el profesional que viaja.

La habilidad para el trato social que uno adquiere y se ve obligado a practicar se convierte en una forma de vida y nos permite actuar como pez en el agua en un nivel muy superior a aquél en que viven la mayoría de las personas.

BUEN ESTADO FÍSICO

Muchos vendedores toman los viajes como excusa para no cuidar de su estado físico, en lugar de aprovecharlos para prosperar en un aspecto tan importante como es el de la salud. Por mi parte, acostumbro, desde hace años, a trotar antes de dar mis conferencias. Esto no sólo me llena de energía y me da mayor claridad mental, sino que me sirve para pensar en la presentación y en el público que asistirá. Además, mi organismo se llena de endorfina, la sustancia orgánica natural que aumenta la energía y la creatividad aliviando a la vez el dolor y la ansiedad. Además, hay menos probabilidades de tener que cancelar el *programa* de ejercicios cuando uno está de viaje que cuando está sujeto a las interrupciones y distracciones del hogar y la oficina. La cuestión es que la mayoría de las personas no "se programan" para hacer ejercicio mientras están de viaje.

Algunos viajeros piensan que es difícil, si no imposible, controlar el peso mientras están fuera de casa. Ésta es una falacia que se le ha hecho creer a la mente y que ha sido aceptada por el organismo. La verdad es que hay menos probabilidades de visitar la nevera para buscar algo de comer cuando uno está de viaje. Hoy es mucho más fácil que antes seleccionar cuidadosamente las comidas en la carta (la mayoría de los restaurantes ofrecen comidas "sanas" y en la carta se señalan tanto las comidas bajas en colesterol como las altas en grasas y calorías). En una cafetería uno puede servirse un enorme plato de ensalada acompañado de las "cosas buenas" que se necesitan para mantener el organismo en regla. La mayoría de las aerolíneas ofrecen la posibilidad de solicitar comidas especiales sin costo adicional. Durante los viajes puede uno incluso romper con los malos hábitos de alimentación adquiridos en casa. Otro punto positivo para nuestra lista.

Este tema es tan importante que he dedicado parte del capítulo 16 a la importancia de un buen estado físico para el profesional de las ventas. Algunos de nuestros colegas que no viajan quizá no lean ese capítulo con la misma atención que usted, y es una lástima porque realmente todos debemos conocer este mensaje.

SOLEDAD

Los grandes vendedores — al igual que las demás personas que se destacan en otros campos de la vida — se han percatado desde hace tiempo de las virtudes de la soledad. Los viajes son la oportunidad para aprovechar los "momentos de paz" y dedicarse a la soledad y a la contemplación.

Lo sorprenderá ver cuánto pueden hacer quince minutos de soledad dos veces al día para ayudarle a tratar sus problemas y a la gente. La soledad produce tranquilidad, la cual mejora la calidad del sueño, lo que, a su vez, contribuye a aumentar las ventas.

TIEMPO PARA CREAR

El tiempo para pensar o para crear no es lo mismo que la soledad. El tiempo de paz no está sujeto a un programa, mientras que el tiempo para crear se usa para concentrarse en un cliente, una situación, un plan o un negocio.

Durante ese tiempo creativo usted puede estar solo o con sus clientes o clientes potenciales. Cuando las personas con capacidad creativa se reúnen a hablar de una idea, de un negocio, de un producto o de una forma de marketing, la situación es explosiva. Las chispas de la creatividad pueden producir todo un incendio forestal de ideas innovadoras. Una de las principales ventajas que tiene el viajero es esta posibilidad de entablar intercambios creativos.

No tema compartir ideas que puedan contribuir al éxito de

sus clientes. La actitud positiva y el hecho de estar siempre a la expectativa le traerán ideas nuevas en todo momento. Los profesionales que se mantienen alertas saben que muchas de las grandes soluciones para los problemas coyunturales de las ventas surgen a partir de la interacción humana. Ésta es una "buena noticia" y significa que no es usted quien tiene que hallar todas las respuestas.

SER LA MISMA PERSONA

Hasta este momento hemos hablado de las cosas positivas. Sin embargo, los viajes también tienen riesgos. El primer peligro es cambiar de personalidad durante el viaje. Tener muchas personalidades es algo muy peligroso. Claro está que no me refiero al doctor Jekyll y al señor Hyde, sino al simple hecho de llevar una vida distinta por la circunstancia de estar fuera de casa.

Los agentes viajeros suelen caer en la trampa de representar distintos papeles de una comedia cada semana: el intachable hombre de familia y pilar de la sociedad los fines de semana; el ruidoso y hablador hombre de parranda cuando está de viaje; y el soldado distinguido, ecuánime y creativo del regimiento de la compañía durante las reuniones en la oficina principal.

Estando en otra ciudad, donde pocas personas lo conozcan, usted se sentirá más libre. Sin embargo, no olvide que USTED se conoce... y USTED debe poder vivir consigo mismo.

William Shakespeare dijo: "Sé fiel a ti mismo". A eso yo agregaría que representar un papel ínfimo en una película de segunda categoría el resto de la vida sería como estar sentenciado a prisión. Es obvio — así lo espero — que aludo a cualquier tipo de conducta que, en caso de ser descubierta, ponga en peligro su relación con la compañía o con su familia. Mi mentor, el ejecutivo jubilado Fred Smith, dice que los grandes fracasos son fallas de *personalidad*. Estoy totalmente de acuerdo.

Deténgase antes de comenzar. Si ya comenzó, deténgase ahora mismo. Recuerde que tendrá éxito siempre que realice las actividades que más le gustan, las cosas que sabe hacer y que le permiten progresar como persona y como profesional.

Con el tiempo, toda persona progresa en los distintos aspectos de su vida. Ése es un fenómeno maravilloso, porque uno puede ser mejor hoy que ayer pero no tanto como podrá serlo mañana. Mi consejo es éste: sea la mejor versión de SÍ MISMO, pero asegúrese de ser USTED MISMO. Después de dos años de participar en un programa de orientación, una buena amiga mía dijo que lo mejor que había aprendido era a confiar en sus propios instintos. ¡Haga usted lo mismo!

UN RETO ESPECIAL

El momento más difícil de la jornada para el vendedor que viaja es la llegada de la noche, cuando ya ha cumplido con el trabajo y se le ofrecen una serie de posibilidades para pasar el tiempo. Muchos hoteles ofrecen un "rato feliz" y en la gran mayoría el precio de la habitación da derecho al consumo gratis de bebidas. Es ahí donde terminan muchos matrimonios felices y donde se dañan seriamente y hasta se destruyen muchas carreras de éxito.

Permítame sugerirle que tome de antemano una decisión, a fin de que pueda manejar este desafío de la manera debida. Si es casado, seguramente tiene un firme compromiso moral que desea mantener. Entrar en el bar de solteros a beber una copa es tentar al destino hasta un grado tal, que a muchos hombres y mujeres sencillamente·puede írseles de las manos. Es en estos casos cuando la disciplina, el compromiso y la responsabilidad entran en pugna con la imaginación y la emoción. La única forma de ganar la batalla es decidir de antemano qué hacer con el tiempo disponible por la noche.

En esta sociedad "liberada", en la cual "todo está permitido", hay muchos que coquetean con la infidelidad acudiendo a la vieja disculpa de que "los demás lo hacen"... como si ésa fuera la forma correcta de ver la vida. En primer lugar, no todos tientan al destino hasta el punto de caer víctimas de la imaginación y las emociones. Muchos viajeros dan muestra de valor y decisión HACIENDO PLANES DE ANTEMANO. Saben exactamente qué hacer con su tiempo y, gracias a su plan minucioso, sencillamente no tienen tiempo para llegar a situaciones que después tendrían que lamentar.

En segundo lugar, el precio de la estupidez es enorme. Sí, sé que suena duro, pero si uno considera las consecuencias que tiene para la familia y la carrera una decisión equivocada, es preciso insistir en que la imprudencia es cosa de estúpidos.

El síndrome del perezoso
Hace poco me alojé en un hotel de Houston (Texas), pues tenía que dar una conferencia en esa ciudad. Para mi sorpresa y disgusto, junto con la llave, el recepcionista me entregó una nota que decía: "Cuídese de las personas amables que encuentre en el vestíbulo y en los ascensores. Hay un delincuente que ha estado circulando por los hoteles de Houston haciéndose pasar por una persona amable para aprovecharse de los huéspedes. Sube al ascensor y dice: 'Creo que nos conocemos'. Espera a que el huésped apriete el botón del piso correspondiente y simula ir para el mismo piso. Sin dejar de conversar, sigue al huésped hasta la habitación y lo atraca.

"Si alguien llama a su puerta solicitándole monedas para la máquina dispensadora o una guía telefónica, no abra".

Los embaucadores y delincuentes han existido siempre, y es preciso tener mucho cuidado. Pero el mayor ladrón no es el embaucador ni tampoco el atracador; el peor de todos es la televisión.

Por favor, no me entienda mal. La televisión puede ser un medio excelente para adquirir cultura y descansar. Pero no cabe duda de que ejerce también un poder hipnótico avasallador. Todos hemos tenido la experiencia de quedar fascinados frente al aparato con algo totalmente "idiota" para, treinta minutos después, recuperar la cordura, preguntándonos "a dónde se fue el tiempo". Y con el énfasis que ponen al anunciar las películas (especialmente las películas para adultos) que se pueden ver en la habitación, el tiempo perdido es cada vez mayor. Varios de mis colegas me han dicho que les es muy difícil abstenerse de ver las películas para adultos que pasan a la medianoche. Uno de ellos manifestó incluso el temor de haberse vuelto adicto a la pornografía, y creía que la culpa era de las películas que había visto mientras estaba de viaje.

La felicidad viene de adentro
Mi amigo Cavett Robert dice: "Tener personalidad es ser capaz de cumplir con una resolución mucho tiempo después de desvanecido el entusiasmo del momento". Déjeme retarlo a no encender el aparato hasta haber consultado la guía para cerciorarse de que realmente tiene interés en ver un programa en particular. Si destina tiempo para ver determinado programa — encendiendo y apagando el aparato a la hora previamente decidida — la televisión trabajará para usted en vez de usted trabajar para ella. ¿Querría tomar esa resolución ahora mismo, por favor? ¿Se comportará como una persona de carácter y cumplirá ese compromiso consigo mismo? Está bien, le creo y sé que los resultados lo complacerán enormemente.

La lista de control del vendedor viajero
¿Entonces a qué dedicará sus noches? La respuesta es bastante simple. Puede hacer un sinnúmero de cosas productivas. Ante todo, ocúpese de su bienestar físico. Me refiero a una cena tranquila seguida de una caminata a buen paso, un trote o un poco de gimnasia. El resto de la noche estará libre para continuar cortejando a la persona que dejó en casa. Una llamada telefónica siempre viene bien y no cabe duda de que su pareja se sentirá encantada de recibir una carta detallando las actividades del día. Eso le servirá para centrar su pensamiento en la persona que ama y en el mutuo compromiso entre usted y ella, y además hará que el tiempo pase más rápidamente.

Segundo, ocúpese de los informes sobre las actividades del día, de manera que cuando regrese a casa no tenga que trabajar durante el fin de semana y pueda dedicar todo su tiempo, energía y atención a la familia.

Tercero, aproveche la oportunidad para mejorar como persona. Lea un buen libro o una revista o escuche un casete. Si un colega de su mismo sexo está en la ciudad, reúnanse para tener una sesión de entrenamiento, una sesión de ideas creativas o una sesión de ventas, a fin de prepararse para el día siguiente.

Después puede irse a la cama temprano para dormir bien y así estar preparado para las actividades del día siguiente.

Felicidad frente a placer

Hay una diferencia muy grande entre placer y felicidad. El placer es muy transitorio, mientras que la felicidad es duradera. Si cumple con los procedimientos que he sugerido, asegurará la estabilidad de su matrimonio, la felicidad de su hogar y su progreso profesional. Cuando regrese a casa, su familia estará feliz de verlo, y la soledad de la semana de viaje le ayudará a ver con claridad el deleite y la felicidad de estar con su pareja. Se sentirá mucho mejor consigo mismo después de una semana productiva en el camino. Podrá mirar a sus hijos y a su cónyuge directamente a los ojos y estará dispuesto a consagrar todo su tiempo, energía y atención a los seres amados. Los beneficios son enormes.

QUIEN MUCHO ABARCA POCO APRIETA

Otro de los riesgos para los profesionales entusiastas es la tendencia a querer "hacerlo todo". Se imponen metas poco realistas con respecto al número de visitas, la cantidad de ventas logradas y el dinero ganado, abarcando más asuntos que los que pueden atender. Aunque estoy de acuerdo con que se deben fijar metas que exijan un esfuerzo, algunas personas exageran, creando las condiciones para el fracaso.

El vendedor cuya presentación dura 45 minutos y se impone la meta de hacer diez visitas al día entre las ocho de la mañana y las seis de la tarde realmente no está pensando con la cabeza. Quizá no ha tomado en consideración el tiempo de desplazamiento, los recesos y los informes. Es probable que en el papel parezca posible, pero no cabe duda de que una meta de seis a ocho visitas es mucho más lógica.

Eso de sacarle el mayor provecho posible al tiempo es algo que merece ser examinado. En el capítulo 15 veremos más a fondo la diferencia entre eficiencia y eficacia. Por ahora, permítame decir que conviene hacer un esfuerzo porque, al igual que la banda de caucho que se estira demasiado y nunca recupera su forma y tamaño normales, también usted puede ampliar su capacidad. Sin embargo, algunas bandas de caucho se rompen. Para evitar que eso le suceda, comience con metas razonables que pueda aumentar gradualmente. No pretenda establecer la marca mundial el primer día; limítese a establecer una marca personal. Si fija metas personales cada vez más exigentes, con el tiempo superará la marca mundial.

LA COMUNICACIÓN

Vivimos en la era del telefax, de los teléfonos celulares, del correo oral computadorizado y de muchas otras formas de comunicación a distancia. La radio de pulsera de Dick Tracy pronto será una realidad, con la sola diferencia de que será un teléfono celular en vez de una radio de onda corta. Ya están probándose los prototipos. Sin embargo, cualquiera que sea la tecnología, su eficacia dependerá de la persona que la utilice.

La experiencia me ha enseñado que los viajes mejoran la comunicación. Las oportunidades de comunicación que se dan por sentadas cuando estamos en la oficina no existen cuando viajamos. Los viajes se prestan para escribir y leer notas, para el correo oral computadorizado y para la comunicación celular.

Con la familia, la comunicación es de especial importancia. Cuando estoy de viaje telefoneo TODAS las noches. Sí, no cabe duda de que es costoso. Sí, llamo para hablar con La Pelirroja. Sí, hablo con los demás miembros de la familia que puedan estar en casa. Sí, las conversaciones pueden tornarse repetitivas, pero no por eso dejan de ser informativas y emocionantes. No, mis conversaciones no son largas. No, nunca llamo durante las horas en que las tarifas son más altas.

La clave es la siguiente: cuando estoy de viaje dedico toda mi atención a mi familia durante quince minutos o más todas las noches. Es una situación en la cual no hay distracciones. Usted, como mercader de palabras y pintor de cuadros, no debe desperdiciar la oportunidad de usar sus habilidades con las personas que ama. "Véndales" SU amor y "véndase" USTED MISMO... y anote la "comunicación" en la lista de cosas positivas del "balance del gran estadista".

EL DESPRENDIMIENTO

Una de las etapas más difíciles del viaje es la partida misma. Si alguna vez ha tenido que escuchar una voz triste que le dice: "Papá, por favor no te vayas", o: "Mamá, ¿no podrías quedarte conmigo hoy?", sabe lo que es la agonía del desprendimiento. ¿Y por qué será que las mayores peleas con el cónyuge parecen producirse quince minutos antes de la partida? Todos hemos sufrido ocasionalmente los dolores asociados con el "desprendimiento" o con la partida.

Como en tantos otros campos de la vida, la clave del éxito al salir para un viaje está en la PREPARACIÓN. Deje un itinerario completo, con las direcciones y los números telefónicos, a cada uno de los miembros de la familia. Deje dicho cómo deben manejarse las emergencias. Comunique a los niños las cosas esenciales: cuándo, dónde, cuánto tiempo, con quién, por qué. Mi amiga, socia y colega Mamie McCullough (la señora del "sí puedo") mantiene un "calendario de viaje" en la puerta de la nevera. Marca con un color los días que estará en casa, y con otro los días de viaje. Así, los niños siempre han tenido un cuadro visual del programa de su madre, incluso cuando no sabían leer aún.

Tengo otro amigo que juega a la geografía con los niños. Tiene un mapa enorme de los Estados Unidos en el estudio y antes de salir para un viaje marca el itinerario con alfileres de colores, para beneficio de los niños. Cuando llama durante la semana, los niños hablan desde un sitio donde puedan ver el mapa y saber dónde se encuentra su papá (lo cual tiene, además, la ventaja de ejercitarlos en comunicación y geografía).

Media hora pasada con la familia varios días antes de la partida será un tiempo muy bien invertido. Repase con ellos la información sobre su itinerario, las personas a quienes visitará, algunas de las cosas agradables que pasarán mientras usted no esté, algunas de las preguntas que hará cuando llame a casa ("Querré saber lo mejor que les suceda todos los días, de manera que piensen en ello antes de mi llamada").

Si usted tiene hijos pequeños, permítame sugerirle que grabe cuentos, mensajes de amor y palabras que les recuerden las cosas que lo hacen sentir orgulloso de ellos. Sin embargo, hay una advertencia. No trate de programarles la vida mientras está lejos de casa. Los mensajes deben ser de afecto, cariño, estímulo y apoyo. Haría bien en comprar libros infantiles o sacarlos de la biblioteca para dejar grabado un cuento por cada día de ausencia. Así, su cónyuge podrá poner las cintas todas las noches, y los niños se beneficiarán tanto de los cuentos como del sonido de su voz, al saber que usted estaba pensando en ellos cuando hizo la grabación.

LA DESCOMPRESIÓN

Hay ocasiones en que el regreso es más difícil que la partida. En el "camino" se vive a cierto ritmo y velocidad que rara vez coinciden con el fluir de las actividades en el hogar.

Como un meteorito que se precipita hacia la tierra, nuestro vendedor viajero está en trayectoria de colisión aunque no lo parezca. ¿Acaso lo primero que hace, al regresar, es preguntar cómo transcurrió la semana del cónyuge que no viajó, o comparte con éste las experiencias del viaje? ¿Inicia la conversación o responde a ella?

Una pareja que reconoció el peligro constituido por las primeras dos horas después del regreso, encontró una solución. Después de un saludo muy BREVE, CORDIAL y AFEC-

TUOSO, el recién llegado debía retirarse a la alcoba y, sin importar la hora del día o de la noche, tomar un baño refrescante. Esos minutos de relajación debía aprovecharlos para llenar la mente de pensamientos positivos sobre el cónyuge y el hogar y a la vez repasar los aspectos del viaje que podía comentar con la otra persona, quien tendría la paciencia necesaria para escuchar.

Mientras tanto, el cónyuge que no había viajado debía sentarse en silencio a escuchar música instrumental y a hacer lo mismo que el otro: pensar en cosas positivas sobre el cónyuge, el hogar y los sucesos de la semana. Después tomaban turnos para empezar a hablar. En un período de seis meses, la "peor" pelea que tuvieron (y realmente no fue una pelea) fue sobre quién debía hablar primero.

Otra viajera que conozco aprovecha como "cámara de descompresión" el recorrido del aeropuerto a la casa. Toma una ruta que la saca de la ciudad por un paraje campestre con árboles, arroyos y patos. Durante el trayecto escucha grabaciones de los sonidos del mar o de la lluvia. El recorrido dura apenas diez minutos más que por la ruta directa, aunque por la tranquilidad que le produce no importaría que tardara media hora más.

La clave está en la relajación y en comprender el peligro que constituyen las primeras horas después del regreso. Si usted se sienta a hablar de este peligro con su familia ANTES DE PARTIR, y entre todos dan ideas sobre la forma de hacer la "descompresión", verá que su regreso a casa será un acontecimiento importante y positivo en vez de una experiencia traumática.

Lo que pretendo decir con todo esto es que usted debe hacer con su cónyuge el convenio de hablar *PRIMERO* de los aspectos positivos y agradables de lo sucedido durante su ausencia. Con el tiempo, este sistema hace que en la mente de todos quede grabado el hecho de que el regreso del viajero siempre es emocionante.

NOTA CRÍTICA: Una vez cumplida la reincorporación agradable y que las cosas hayan regresado un poco a la normalidad (no antes de la cena), es necesario ocuparse con calma y tranquilidad de las "dificultades" que hayan surgido durante su ausencia.

Estoy convencido de que programar y cumplir con estos procedimientos es una forma de enriquecer la vida personal y familiar, perfeccionar y prolongar la carrera y mejorar el matrimonio y la vida misma.

EL PLACER DE VIAJAR

Considerados desde un punto de vista apropiado, los viajes de negocios pueden ser un verdadero placer. Gran parte de lo que sentimos depende de la forma como vemos las circunstancias. Observando el balance de aspectos positivos y negativos, podrá ver que los viajes de negocios encierran más cosas positivas que negativas. La variedad, la ventaja competitiva, las oportunidades de aprender, el enriquecimiento cultural, la habilidad para el trato social, el buen estado físico, la soledad, el tiempo para crear, son razones excelentes para considerar los viajes de negocios algo muy positivo para la vida.

¡CUIDADO!

Conociendo los peligros que pueden surgir, podemos PLANIFICAR, PREPARARNOS y ASPIRAR a TRIUNFAR en nuestros viajes. Preguntándonos: "¿Haría esto si estuviera en casa?", podemos ser fieles a nuestra personalidad y ser la misma persona en casa y fuera de ella.

Casi todo el mundo ha escuchado la frase "Un buen plan impide un mal desempeño". Bueno, pues con un buen plan podemos evitar abarcar más de lo que podemos apretar. Y comunicarnos con las personas indicadas en el momento indicado.

Planificar las cosas también facilita el "desprendimiento" y la "descompresión" (salir a recorrer el mundo y regresar a casa) y ayuda a manejar esos momentos difíciles de una manera conducente a la armonía y no al caos.

UNA ÚLTIMA REFLEXIÓN IMPORTANTE SOBRE LOS VIAJES

Durante muchos años relaté, como conferenciante, la historia del vendedor viajero que pensaba constantemente en su familia mientras estaba de viaje, y que mientras estaba en casa sólo pensaba en su trabajo. Mi forma de ilustrar la historia era diciendo: "Cuando el vendedor estaba de viaje, tenía la mente en casa [yo corría de un lado de la plataforma al otro]. Cuando estaba en casa, tenía la mente en el trabajo [yo me devolvía]. Y él solía decirles a los amigos, vecinos, clientes, familiares y a cualquiera que estuviera dispuesto a escuchar, que jamás tenía tiempo para hacer las cosas que más le agradaban. Bueno, no es sorprendente que estuviera 'viajando' a toda hora".

Al verme correr de aquí para allá por la plataforma, y como todos nos hemos sentido así alguna vez, el público reía a carcajadas y, lo que es más importante, aprendía una lección. Y a riesgo de sonar como seudoterapeuta, permítame pedirle que "viva el momento". Cuando esté en casa, CERCIÓRESE DE ESTAR AHÍ. Cuando esté de viaje, trabaje lo mejor que pueda y aproveche cada minuto para atar los cabos sueltos de manera que cuando llegue a su casa pueda ESTAR AHÍ. Concéntrese en lo que está haciendo. Conceda toda su atención a su cónyuge, sus hijos y sus amigos mientras esté en casa. Estoy seguro de que ni siquiera se le pasaría por la mente hacer una visita de ventas sin tener un plan. ¿Por qué habría de dedicar un día especial a estar con la familia sin contar con un plan? No estoy diciendo que todos los días deban estar llenos de paseos, acontecimientos y sucesos extraordinarios. Haga planes para algo tan simple como una conversación. Póngase la meta de dedicar determinado tiempo para hablar

---

Cuando esté en casa, CERCIÓRESE DE ESTAR AHÍ.

a solas con cada uno de los miembros de su familia. Haga planes para estar a disposición de ellos cuando lo necesiten (tenga cuidado de no tomar esto como excusa para no planificar).

El mensaje es el siguiente: Un poeta dijo alguna vez: "La vida es lo que sucede mientras uno está ocupado haciendo otros planes". La vida es demasiado frágil y corta como para desperdiciar un solo momento. Por supuesto que es importante detenerse a aspirar el aroma de las rosas. No me refiero a un plan inamovible que pueda convertirse en fuente de irritación para los demás. ¡Aproveche la ocasión! Viva cada hora de cada día como si fuera la última, porque algún día llegará esa última hora de la vida. ¿Fue buena la última hora de su vida? ¿Aprovechó cada uno de los momentos preciosos que tuvo? ¿Y qué me dice de esta hora, la que está viviendo en este momento?

Viva plenamente cada día dondequiera que esté y hágalo con resolución, pasión y persistencia.

CAPÍTULO 14

UN SISTEMA INMEJORABLE DE APOYO A LAS VENTAS

Cómo pueden la compañía y la familia consolidar su carrera

A la entrada de la aduana en Toronto (Ontario), hay un aviso en el cual aparecen los "tres idiomas oficiales de Canadá". Debajo dice: "La facultad de elegir el que prefiera es suya. El placer de servirlo es nuestro". ¡Eso es saber vender!

CÓMO HACER UNA CARRERA

Para hacer una carrera en el mundo de las ventas se necesita el apoyo y la cooperación de muchas personas. Comencemos con los integrantes del equipo de trabajo: el departamento de contabilidad, el departamento de facturación, el departamento de despacho, el departamento de servicio y quizá hasta el departamento de relaciones públicas. Aunque en la mayoría de los casos el pedido llega, se procesa, se despacha y todo se maneja sin problemas, demoras ni errores, hay ocasiones en que todo parece salir mal. Esto es todavía más cierto cuando es necesario adaptar el proceso a las necesidades particulares de determinado cliente.

Cuando algo sale mal, es probable que no tenga nada que ver con usted, el vendedor, pero siendo como es la naturaleza humana y considerando que fue usted quien persuadió al cliente para que actuara e hiciera el pedido, puede estar seguro de que ese cliente lo hará responsable de la irregularidad. Bien sea que lo culpen o no, si algo sale mal y se pierde la venta, la transacción afectará sin duda alguna su comisión, su bonificación, su sueldo, su trabajo o su carrera. Por esa razón, la persona que desea forjar una carrera debe prestar mucha atención a la mínima falla en cualquier transacción. Es mayor el daño que causa un cliente insatisfecho al comunicar su descontento a muchas personas, que el cliente satisfecho que no habla mucho sobre la forma maravillosa como usted maneja la cuenta. Y la situación es todavía peor si en algún momento del proceso alguien trata con descortesía al cliente.

EL MUNDO REAL

Cuando tuve el privilegio de visitar el centro de apoyo al cliente de Hewlett-Packard, en Atlanta (Georgia), QUEDÉ IMPRESIONADO. Desde el momento en que Tom Walsh me recogió en el hotel hasta que me dejó en el aeropuerto, me sentí realmente emocionado por el espíritu de equipo y la unidad con que trabajaba su gente.

Joe Lingle y David Halford, directores de dicho centro, se encargaron de atenderme y con todo entusiasmo y orgullo me hicieron palpar el éxito de Hewlett-Packard en lo referente a la satisfacción de los clientes. Mientras Joe y David explicaban orgullosamente todos los sistemas y procedimientos, entendí por qué Data Pro Survey, una firma independiente, había calificado al grupo de trabajo de Hewlett-Packard como el primero en cuanto al logro de la satisfacción del cliente en la industria de computadores. Escuchando las conversaciones entre los clientes que tenían las necesidades y los ingenieros y el personal de servicio que estaba allí para satisfacer esas necesidades, entendí también por qué Hewlett-Packard es una organización multimillonaria que aún continúa creciendo.

Vi cómo Julie Huntington atendía las necesidades de uno de sus clientes de manera excepcional. Mientras observaba, me di cuenta de que el cliente no le daba oportunidad de responder o de aportar recomendaciones ni sugerencias. Julie escuchaba con paciencia, tratando de responder, pero casi inmediatamente había una interrupción. Durante más de seis interrupciones en una sola llamada telefónica, la expresión de interés, preocupación y concentración de Julie no se alteró ni por un momento. Nunca percibí la más leve señal de enojo, irritación, frustración o ira. En las pocas palabras bien moduladas que logró intercalar siempre dejó ver interés y control.

¿SON TODOS ASÍ?

Para que no piense que Julie Huntington es sólo una excepción (aunque creo que en realidad es una estrella), permítame señalar otro factor del compromiso de Hewlett-Packard para con el servicio a los clientes. En un esfuerzo por tener clientes satisfechos en lugar de clientes irritados, Hewlett-Packard mantiene en funcionamiento modelos de cada uno de los computadores que ha creado. Aunque la mayoría de las llamadas de los clientes se manejan con relativa facilidad en pocos minutos, las preguntas y los problemas más complicados son atendidos por profesionales desde el mismo modelo del computador del cliente. En él reproducen el problema para que los ingenieros altamente especializados puedan buscar la solución. En la mayoría de los casos, el cliente recibe la llamada con la solución apenas transcurridos unos pocos minutos. Por difícil que sea el problema, todos los profesionales de Hewlett-Packard muestran la misma paciencia y el mismo interés de que hablé anteriormente, y SIEMPRE llaman al cliente para darle la solución.

Un ejemplo concreto es el siguiente. El 21 de marzo de 1991, a las cuatro y cuarto de la tarde, entró una llamada de John V. El cliente tenía problemas con una máquina graficadora (*plotter*). El problema le fue asignado al ingeniero Fred Cardinal, de Atlanta. Dos minutos después de su llamada, el cliente tenía la respuesta al problema. A los dieciséis minutos y catorce segundos, el cliente llamó nuevamente para informar sobre el resultado: "Todo está perfecto. Muchas gracias por su ayuda. Si Hewlett-Packard tiene su propia galería de la fama, ¡usted debería figurar en ella!" ¡Ésa es la forma de construir el prestigio de una empresa!

INGENIEROS ANIMOSOS

En los ingenieros vi siempre entusiasmo por el trabajo y la profesión. Muchos ingenieros son introvertidos, callados, dignos y circunspectos. Bueno, pues en este grupo no sabían nada sobre esas características, porque el sitio de trabajo era más una sala de exhibición y ventas que una sala de servicio al cliente. A medida que iban solucionando los distintos problemas, todos sonreían dando a entender: "¡Lo logramos de nuevo! ¡Otro trabajo bien hecho!"

El mensaje es el siguiente: Cuando todo el personal de la empresa tiene la misma actitud optimista y positiva en lo que se refiere a servir a los clientes y mantenerlos satisfechos, no hay necesidad de preocuparse por las importaciones, la balanza comercial ni ningún otro problema de la economía.

¿Cómo puede usted ayudar en este campo de vital importancia? Comprendiendo quiénes son en realidad sus clientes.

CLIENTES INTERNOS

¿Alguna vez se ha detenido a pensar en que tiene dos grupos de clientes? Aquéllos a los cuales visita para presentarles el producto o servicio son sus clientes externos: que no pertenecen a su empresa. El segundo grupo es el de los clientes INTERNOS que trabajan *dentro* de su empresa. Aunque es obvio que no les vende los mismos productos y servicios, de todas maneras les vende.

El solo hecho de que la persona que firma el cheque de su sueldo sea la misma persona que firma el cheque de la recepcionista no significa que no sea su cliente. El contador, el despachador, las secretarias y los gerentes de servicio merecen la misma cortesía (si no mayor) que la que reciben los posibles clientes y clientes potenciales. ¡Piense! ¿Trataría usted a un cliente potencial de la misma manera como trata a las personas de su oficina? ¿Cree que es lógico usar las mejores "relaciones humanas" por fuera de la oficina y olvidarlas tan pronto entra en su edificio? Si no trata a sus compañeros de trabajo con la misma cortesía y el mismo respeto con que trata a sus clientes, tendrá que pagar el precio que pagan muchos vendedores fracasados que olvidan quiénes son realmente sus clientes.

APLICAR LOS PRINCIPIOS DE "SERVICIO" CON *TODOS* LOS CLIENTES

Hemos descubierto que un cliente enojado que recibe un trato displicente habla de su mala experiencia con otras once personas, pero por lo general nunca comenta el incidente con alguien que pueda hacer algo al respecto; es decir, con el supervisor del empleado en cuestión. Lo triste es que cada una de esas once personas que se han enterado del problema hablarán con otras cinco. Haga cuentas: cincuenta y cinco personas que habrán oído hablar mal de usted y de su compañía. No se necesita un número muy grande de clientes insatisfechos para provocar la quiebra de una empresa y acabar con la carrera de un vendedor.

Lo mismo sucede cuando usted trata con descortesía o grosería a un compañero de trabajo. En términos generales, esa persona comentará el incidente con otros once compañeros, quienes a su vez hablarán con cinco personas más cada uno. Incluso en las organizaciones grandes no se necesita mucho tiempo para crearse una mala reputación.

El procedimiento para manejar este problema es muy semejante al utilizado para manejar los problemas de servicio al cliente. Tan pronto como una dificultad llegue a su conocimiento, apresúrese a corregirla. A los clientes (internos y externos) por lo general no les interesa oír excusas; desean una solución a su problema. No quieren escuchar excusas o acusaciones contra otros. No buscan encontrar al culpable sino arreglar el problema. Si desea dar un gran paso para afianzar su buena reputación "interna", apresúrese a presentar disculpas por la molestia o la demora y dedíquese a encontrar una solución lo antes posible.

Averigüe cómo puede dejar contento a su apreciado compañero de trabajo y solucione el problema. Una vez "arreglado" el problema, comuníquese con ese compañero uno o dos días después, para cerciorarse de que todo marche bien y la solución sea permanente. Una nota de su puño y letra, enviada una semana más tarde, le servirá para ganar puntos. La verdad es que el vendedor dinámico y animoso aprovecha todas las oportunidades para "hacer amigos e influir sobre la gente". Y hablando de este principio de Dale Carnegie...

UNA DISCULPA NECESARIA

Hace muchos años, cuando trabajaba con Dale Carnegie en Nueva York, aprendí una gran verdad que me ha servido muchas veces. La gente de Carnegie me enseñó que, cuando uno mete la pata, debe dar un paso atrás para mirar lo que ha hecho. Pero más importante todavía es reconocer que la triste hazaña es de uno.

Gerry Clonaris, de Charlotte (Carolina del Norte), da un nuevo significado a esta verdad con una de sus anécdotas. Según Gerry, el primer temor de todas las personas que trabajan para una empresa de ventas al por menor es dilapidar la "cuenta de compras". Una vez que en cualquier compañía bien administrada se agota la cuenta de compras, el comprador queda eliminado hasta que se repone la cuenta, para lo cual quizá tenga que esperar hasta la siguiente temporada. Gerry cuenta que un día acababa de concebir una colección maravillosa de bolsos de última moda para uno de los principales proveedores del Japón cuando se percató de que no tenía dinero en su cuenta de compras. Había gastado hasta el último centavo. Pero tuvo el valor de reconocer que la causa del problema había sido su falta de previsión (no se culpó sino que *reconoció* el problema, para facilitar la *solución*).

Gerry tenía un problema. ¿Cómo debía dirigirse al tesorero de la compañía, que era conocido por su falta de compasión y comprensión hacia personas que, como Gerry, no planificaban bien las cosas? Gerry usó un método que no vacilo en recomendar. Primero escribió una frase resumiendo su dificultad. Reducido el problema a una frase, ya no se veía insalvable. Por lo tanto, Gerry pudo concentrarse en buscar la solución en lugar de dejarse vencer por el problema.

Esto fue lo que escribió: "Problema: ¿Cómo debo dirigirme al tesorero en esta situación y explicarle que necesito más dinero para comprar, si sé que este caballero tiene la fijación de "almorzarse" a los compradores cuando le solicitan más dinero para la cuenta de compras?"

Por favor, no subestime la importancia de escribir lo que parece obvio. Poner las cosas en el papel sirve para ver los datos a la fría luz de la realidad, mientras que guardar las ideas en la cabeza puede llevarnos a exagerar (o a minimizar) esos datos. En la mente, el problema se mide desde el punto de vista de la emoción y la imaginación. En el papel, la lógica se impone sobre todo lo demás.

UNA SOLUCIÓN NECESARIA

Tras analizar detenidamente la situación y reflexionar con la ayuda del papel, Gerry optó por lo siguiente:

Se presentó en la oficina del tesorero, sin tratar de ocultar que se sentía frustrado y compungido, y le dijo:

— Ray, estoy en dificultades. ¡Metí la pata!

— Bueno, ¿qué pasó? — preguntó Ray.

Gerry procedió a contar su caso. Explicó que había creado la nueva línea de productos sólo para desperdiciar la oportunidad, puesto que, por falta de previsión, había agotado la cuenta de compras.

— Escuche — dijo Ray —: usted no es el primero en exce-

derse en invertir el dinero para compras. Al menos lo reconoce. Ahora veamos su plan para ver qué se puede hacer.

Ray encontró la forma de conseguir más dinero para esa nueva línea, la cual, dicho sea de paso, resultó todo un éxito.

Según Gerry, eso le enseñó que cuando se cometía un error lo mejor era bajar la cabeza y pedir ayuda. Esta experiencia, además, le enseñó mucho sobre la naturaleza humana. Por lo general, cuando debemos tratar con personas difíciles, pero nos dirigimos a ellas de la manera apropiada, nos damos cuenta de que no solamente están dispuestas a ayudar sino que en realidad son personas amables en el fondo pero que se han visto precisadas a revestirse de una "coraza" para sobrevivir.

¿Necesita *usted* la ayuda de alguien? ¿Tiene algún cliente interno a quien le debe una disculpa (quizá muy merecida)? ¿Tiene el valor para dar un paso atrás y reconocer su falta ante los demás? Tratando a sus compañeros, empleados y patronos con la misma simpatía con la cual trata a los clientes externos, usted podrá vencer el 99.9% de las dificultades y al mismo tiempo establecer un "excelente sistema de apoyo" para tener éxito en las ventas.

"PERO ALGUNAS DE ESAS PERSONAS NO ME AGRADAN"

Llevarse bien con las personas amables no es difícil. No hace falta un talento superior para querer a quienes nos quieren. Pero una de las claves para el éxito en la vida — y también en las ventas — es aprender a querer a quienes no nos agradan. Y, francamente, no hay nada de malo en no querer a todo el mundo. No tiene por qué buscar la amistad o la aprobación de todas las personas que se cruzan en su camino. Sin embargo, descubrirá que si trata a todas esas personas con cortesía y deferencia, será retribuido con la misma moneda.

Eso no significa permitir que los demás lo "pisoteen". No se trata de dejar que otros abusen de usted física o verbalmente. Siempre es posible alejarse de una situación desagradable con cortesía y dignidad (y sentirse mucho mejor) sin exponerse a perder el control. Si usted ve en todo el mundo a seres de "carne y hueso" y los trata con respeto, aunque ellos no lo noten, usted sí lo notará y sentirá respeto por sí mismo, lo cual es mucho más importante, a la larga, que el respeto que los demás sientan por usted.

Seguramente conoce el siguiente pensamiento: "Todo acto ofensivo es un grito de socorro". Si usted logra conceder a los demás el beneficio de la duda permitiéndoles conservar su dignidad, les estará ayudando a ganar a la vez que usted también gana. Verdaderamente, ésta es una situación en la que "todos ganan".

UNA LABOR CONJUNTA

Un método fundamental para reunir al equipo de trabajo en torno a un objetivo común (en vez de que cada cual tire para su lado) es buscar un sentido de "pertenencia".

Gerry Clonaris, a quien me referí anteriormente, también me dio este ejemplo: "En algún momento de mi carrera compartí la responsabilidad de compra de una línea importante de productos para Sears con otros dos compradores sagaces e inteligentes. Los tres comprábamos una línea prácticamente idéntica, con ligeras modificaciones de estilo y para clientelas distintas. Sin embargo, había una diferencia importante. Mis ventas casi siempre superaban a las de los otros dos compradores, en particular cada vez que lanzábamos un nuevo producto.

"En retrospectiva, siempre he creído que las líneas de productos que ellos creaban eran superiores a la mía en estilo. Pero las ventas de mis nuevos productos eran siempre, al parecer, mayores. El secreto era que cada vez que se introducía un nuevo producto me cercioraba de contar con la colaboración del director de ventas al por menor, del director de ventas por catálogo, de los directores de distrito, de los directores de publicidad, y así sucesivamente. A todo el que pasaba por mi oficina lo hacía partícipe de lo que estaba haciendo. El resultado era que todo el personal administrativo y de ventas estaba a favor de la línea ANTES QUE ÉSTA LLEGARA A LOS ALMACENES.

"Gracias al plan para dar a conocer el producto, garantizado por el hecho de que el director de publicidad había 'ayudado' a crear la línea (para no mencionar la ayuda de los directores de ventas al por menor y de ventas por catálogo), el éxito de mi línea era un hecho. Con esa garantía, mis costos eran menores, pues podía garantizar al proveedor la compra de grandes volúmenes. Los clientes de nuestros almacenes no podían hacer otra cosa que comprar la línea de productos, porque dondequiera que iban la encontraban. Era una forma fantástica de generar volúmenes de venta".

Una de las lecciones de Gerry es que cuando damos participación a otros en nuestros proyectos, esos otros entran con más entusiasmo y dispuestos a brindar todo el apoyo que el proyecto exija.

Dicho sea de paso, éste es un consejo excelente que todos debemos aplicar — cualquiera que sea el tipo de trabajo — en la empresa y, dado el caso, también en el hogar. Si todos se unen alrededor de un proyecto común, las probabilidades de éxito son mucho mayores.

LA FAMILIA

En 1990 tomamos una decisión importante que tuvo grandes repercusiones en nuestra empresa y en mi carrera de vendedor. Decidimos que la Corporación Zig Ziglar volviera a ser un "negocio de familia". En cierto momento, la junta directiva, que había estado integrada por la familia cercana (La Pelirroja, nuestras tres hijas, un hijo, un contador y nuestro abogado), había pasado a manos de extraños, salvo La Pelirroja y yo. Aunque tuvimos buenos motivos para ese cambio, la nueva junta directiva no funcionó con la misma eficacia; de manera que en 1990 volvimos a la junta familiar, dando mayor participación a cada uno de los integrantes. Los resultados han sido superiores a los que esperábamos, y el futuro de la

CZZ como empresa de capacitación se ve más prometedor que nunca.

Mi hija mayor, Suzan Witmeyer, lee e investiga constantemente, de manera que es un pozo de conocimientos prácticos. Habiendo heredado la intuición de la madre, sus consejos y su sagacidad en lo que se refiere a los asuntos de la empresa son de gran ayuda. Decidió dedicar su "vida profesional" a criar dos niños maravillosos y a ser ejecutiva del hogar. Su esposo, Chad, es subdirector general y director de operaciones, uno de los cargos más importantes y de mayor responsabilidad en nuestra empresa.

Nuestra segunda hija, Cindy Oates, vive en California con su esposo Richard. Siempre nos hemos mantenido en comunicación por medio de cartas y llamadas telefónicas, pero desde 1991 decidimos tener una conferencia telefónica todos los domingos por la tarde, cuando hay otras personas de la familia en casa, a fin de escuchar sus opiniones sobre la empresa y sobre los asuntos familiares. Además de una capacidad intuitiva insuperable, la experiencia profesional de Cindy en materia de negocios y ventas hacen de ella un miembro invaluable de la junta y de la empresa. Oramos constantemente para que Dios permita que Cindy y Richard, quien trabaja con una compañía constructora nacional, puedan regresar pronto a Dallas, para que ambos estén más cerca de la empresa.

Nuestra hija menor, Julie Norman, la empleada más novata y modesta pero también la más confiable y competente, participa estrechamente en todos los asuntos de la compañía. Como *todos* nuestros hijos (y no lo digo por ser ellos sino porque es la verdad), Julie tiene una mente muy clara y una extraña capacidad para conocer a la gente. Es una persona muy humana, siempre está dispuesta a servir y a hacer lo necesario para sacar adelante el trabajo. Su esposo, Jim, es el director de la Corporación Zig Ziglar desde junio de 1990. Jim Norman aportó un cúmulo de experiencia y "sentido común", dando solidez a nuestra empresa, lo cual es vital en el mundo de los negocios.

Nuestro hijo, Tom, comenzó su carrera despachando en las bodegas de la Corporación Zig Ziglar. Posteriormente, para "empaparse" de las demás fases de la empresa, pasó al campo de ventas y, en la actualidad, es un excelente administrador en ese ramo. Tom es ecuánime y prudente, pero también gran conocedor de las personas. Su perspicacia y conocimiento instintivo del mundo de las ventas y la gerencia, tanto dentro como fuera de nuestra compañía, hacen de él un valioso empleado y miembro de la junta directiva. Su esposa, Chachis, también trabaja con nosotros, en el departamento de contabilidad, supervisando el procesamiento de los pedidos. Es una hermosa e inteligente joven oriunda de Campeche (México) y una verdadera alegría para la familia. Como el resto de nosotros, es afectuosa y cálida, de manera que cada vez que nos reunimos pasamos cinco minutos saludándonos y cinco minutos despidiéndonos con besos y abrazos.

Quisiera atribuir el éxito de nuestros hijos a la herencia y al ambiente en el cual crecieron, pero cada vez que pienso en eso recuerdo un incidente con una de las hijas, que me hace agachar la cabeza. En una ocasión, al hacerle ver que no había hecho bien un examen de matemáticas (a pesar de que tiene un coeficiente intelectual superior a lo normal), me preguntó si la razón por la cual había fallado era hereditaria o ambiental.

LO MEJOR PARA LO ÚLTIMO

No cabe duda de que la persona más importante de nuestro equipo de gerencia y de la junta directiva es La Pelirroja. Es y ha sido siempre mi amiga, compañera, confidente, socia, mi mano derecha y un regalo muy especial de Dios que he podido disfrutar durante más de cuarenta y cinco años. En ella se reúnen todas las cualidades positivas que he mencionado respecto a nuestros hijos. Como esposa, es mi todo. Me inspira, me deleita y me anima. Por difícil que pueda ser un día en el mundo, sé que al regresar a casa siempre seré el número uno para ella y que siempre estará de mi lado. No quiero decir con esto que esté de acuerdo con todo lo que hago, sino que puedo contar con su apoyo irrestricto cuando las cosas van mal. Ni siquiera se me pasaría por la mente tomar una decisión de negocios importante sin pedirle consejo. ¡Ojalá hubiera escuchado desde un principio sus consejos llenos de prudencia y sabiduría! Me siento feliz de saber que desempeña un papel cada vez más importante en la empresa. Además, presto mucha atención a lo que piensa y también a lo que siente.

LA LABOR CONJUNTA

Imagino que estará preguntándose por qué menciono la participación de mi familia en la empresa. Permítame aclararle. Como profesional de las ventas, recuerde que usted es dueño de su propio negocio. Como dije en el primer capítulo de este libro: "Aunque está en este negocio por sí mismo, no está en él solamente para sí mismo". Su familia influirá de manera decisiva en su éxito. Por lo tanto, hágala partícipe de su trabajo. Me faltan palabras para hacer resaltar la importancia de esta afirmación, pero puedo repetirla: HAGA A SU FAMILIA PARTÍCIPE DE SU TRABAJO.

COMPARTA INFORMACIÓN

El optimismo inherente a la mayoría de los vendedores es tal, que a menudo ofrecen a la familia una imagen que no concuerda con la realidad. Una de las cosas que aprendí demasiado tarde es que nuestros hijos casi nunca se enteraban de nuestras dificultades, ya fuesen económicas o relacionadas con decisiones trascendentales. Como no los manteníamos informados, pensaban que todo marchaba a las mil maravillas, aunque no fuese así en determinados momentos. Al protegerlos de todo, dejamos de enseñarles a enfrentar algunas de las dificultades de la vida. En pocas palabras, no los preparamos tan bien como hemos debido hacerlo para enfrentar algunos de los problemas que encontrarían posteriormente.

Mientras escribía este libro salió a relucir algo muy sorprendente. Había pedido la ayuda de toda la familia: La Pelirroja, mis tres hijas y mi hijo. En un momento, mientras analizábamos el libro y los aportes de Julie Norman y Suzan Witmeyer, nos quedamos solos Julie y yo durante una media hora. Para mi sorpresa, Julie comenzó a hablarme de algunos de los temores que había sentido cuando era niña. Tenía miedo de que algún día el avión en que yo iba a viajar se accidentara o que algo me sucediera y no regresara jamás a casa. Por eso, antes de algunos de mis viajes, ponía especial empeño en darme un abrazo y un beso y en decirme que me quería. Si, por algún motivo, no había tenido ocasión de hacerlo, la embargaba un gran temor. La confesión fue una verdadera sorpresa para mí, porque siempre salí de casa con la absoluta certeza de que regresaría. Jamás me preocupé por mi seguridad y nunca estuvo en mi mente que alguno de los miembros de mi familia pudiese pensar en esa posibilidad.

Éste es un mensaje para los padres. Si por razones de trabajo deben salir de la ciudad, o si van y vienen en un mismo día, deténganse unos segundos para abrazar y besar a su cónyuge y a sus hijos y decirles cuánto los aman. Es algo que no tiene nada de malo y sí mucho de bueno: entre otras cosas, fortalecer la relación. Este acto tan sencillo servirá para eliminar, o al menos mitigar, los temores de la familia.

HABLE Y EXPLIQUE

Puesto que en la carrera de un vendedor participa toda la familia, el vendedor inteligente no sólo habla con sus seres queridos, sino que también comparte con ellos el resultado de sus esfuerzos. Por ejemplo, los vendedores suelen participar en concursos en los cuales pueden ganar premios y viajes. Mientras dura el concurso, el vendedor trabaja más duro y pasa más tiempo fuera de casa. Cuando esto ocurre, es importante convocar una junta familiar para hablar de los detalles del concurso, solicitar apoyo y ayuda activa, escuchar lo que todos tienen que decir y después compartir las recompensas.

El ganador de un concurso puede salir premiado con un viaje y la estancia en un sitio lujoso durante unos días. Como el premio suele ser sólo para dos personas, la dificultad está en animar a los niños a ayudar a mamá y papá a ganar un premio que ellos no van a disfrutar. De hecho es casi un castigo perder a sus padres durante unos días. Pregunta: ¿Qué hacer para conseguir su apoyo? Respuesta: Explique que usted, el vendedor, gana el viaje y a la vez asegura el empleo, con mayores probabilidades de éxito en el futuro, lo cual es bueno para toda la familia. Eso es lo primero. Después puede iniciar un concurso en pequeña escala para que los niños aprecien unos beneficios "inmediatos". Por ejemplo, cuando hable con su familia, haga que los niños participen en los detalles. Organice una pista de carreras y divídala en varias semanas. Coloque dos automóviles de juguete sobre la pista, marcando con uno de ellos la meta hasta la cual debe llegar y, con el otro, el punto en el cual se encuentra. Cada semana en que supere su cuota de ventas, recompense a los niños con algún premio u obsequio y, si gana el gran premio, hágales un obsequio mayor. El valor del premio no es tan importante como el concepto de participación y gratificación.

También puede pedir a los niños que le ayuden leyendo e investigando. Pídales que busquen lemas y pensamientos positivos para ponerlos en puntos estratégicos de la casa. Con esto, sus hijos harán fuerza por usted, empujándolo para llegar a la victoria. Desempeñarán el papel de "incentivadores" y gerentes de ventas.

LOS VIAJES Y EL SISTEMA DE APOYO

En el capítulo anterior me referí a la forma de manejar los viajes. Los principios que aparecen a continuación son aplicables en cualquier situación, viaje usted mucho, poco o nada.

Claro está que hay excepciones a la regla, pero en la gran mayoría de los casos en que hay viajes de por medio, si hay niños pequeños, es el hombre quien viaja. Es especialmente importante, pues, si es la esposa quien se queda en casa, cuidar de que el padre no aparezca como el castigador, el vengador o el "malo de la película" cuando regresa. Por lo general, la madre acumula una lista de faltas cometidas por los niños durante la semana, amenazando con lo que hará papá cuando se entere, a su regreso.

He conocido personalmente varios hogares en los cuales el padre recibía una lista de todos los "pecados", reales o inventados, sin alusión alguna a las cosas "buenas". El resultado es que los niños ven en el padre la figura vestida de negro dispuesta a "hacerse sentir". Muchas veces, sin conocer todos los hechos, se encarga del niño "malo" en lugar del niño que pudo haber cometido una falta. Si a esto agregamos la fatiga y las tensiones, es fácil comprender por qué los niños temen el regreso de papá y el posible castigo. No es difícil imaginar el efecto que esta situación tiene sobre los niños, el padre y la relación entre ellos. Y tome nota de esto: las repercusiones sobre la familia y la carrera profesional pueden ser desastrosas.

Aunque habrá excepciones, la madre debe manejar cada problema a medida que vaya surgiendo. Si la situación es grave, si se ha contravenido la ley o si es cuestión de vida o muerte, una llamada para analizar qué medidas se deben tomar es lo más conveniente. Entonces la madre puede informar a los niños así: "Papá y yo hemos hablado de esto por teléfono y, francamente, no llegamos a ninguna conclusión sobre lo que debemos hacer. Cuando regrese hablaremos con más calma para tomar las medidas del caso".

CASTIGO FRENTE A DISCIPLINA

Es necesario que los padres recuerden que hay una gran diferencia entre castigar y disciplinar. Castigar es algo que uno le hace AL niño; disciplinar es algo que uno hacer POR el niño. Por lo general hay castigo cuando el padre está aún bajo la influencia de la ira, el cual es un pésimo momento para actuar.

Permítame aconsejarle que *se calme* antes de imponer la sanción. Si la infracción es leve, no debe haber ira. Para evitar que la falta se repita, maneje la situación con calma, ecuanimidad y prontitud. En mi libro *Cómo criar hijos con actitudes positivas en un mundo negativo* (Editorial Norma, 1986, Bogotá) trato a fondo la diferencia entre disciplinar y castigar.

DIFIERA EL CASTIGO

Cuando el padre regresa de un viaje sólo para encontrar que han ocurrido problemas serios, lo mejor que puede hacer es diferir el castigo o la sanción hasta la mañana siguiente. El regreso a casa debe ser un acontecimiento anhelado y grato. Es necesario que el padre se incorpore de nuevo a la rutina y las actividades normales del hogar. El regreso debe dar ocasión a muchos besos y abrazos.

Con esta forma de proceder, el niño comprende claramente que, aunque tendrá que habérselas con papá y mamá al día siguiente, será porque lo aman y se interesan por él. En pocas palabras, es preciso proporcionarle la sensación de amor y seguridad para que sepa que, suceda lo que suceda, será por su bien. Si durante la velada el niño se refiere al asunto, lo más conveniente es decirle: "Hablaremos de eso mañana, cuando haya tenido ocasión de conversar al respecto con tu madre y hayamos tomado una decisión sobre lo que debemos hacer. Mientras tanto, pasemos un rato agradable todos juntos porque, no importa lo que hayas hecho, eres mi hijo y debemos estar alegres esta noche".

PREVISIÓN ECONÓMICA

El profesional de éxito sabe que contar con un plan de previsión económica es la forma de evitar uno de los mayores peligros para la familia y la carrera. POR FAVOR, NO DEJE DE LEER ESTO. Durante años, al leer la primera frase de este párrafo, hubiera buscado el siguiente título para cambiar de tema. Como resultado, hubo una época durante la cual estuve subido en la montaña rusa de los altibajos. Aprenda de mi experiencia y no repita errores ya cometidos.

Los problemas de dinero son LA MAYOR causa de tensiones en la profesión y en la vida familiar. Su éxito personal está ligado en muchos sentidos con la manera de manejar los asuntos económicos. No me refiero a que deba empeñarse en ser multimillonario; me refiero a que debe manejar apropiadamente sus ingresos.

Permítame darle una "minilección" sobre finanzas. Aunque a la mayoría de la gente las pautas que voy a dar le parezcan en extremo simples, lo cierto es que menos del 10% de los integrantes de nuestra sociedad siguen estas pautas simples. Pensándolo bien, le daré una garantía. Si cumple con todas estas pautas durante dos años, le aseguro que la mayoría de sus preocupaciones económicas desaparecerán; y si cumple con todos estos pasos durante toda su carrera, gozará siempre de independencia económica.

UN PLAN PARA EL ÉXITO

Para dejar atrás los temores y preocupaciones de dinero:

1. COMIENCE HOY MISMO. La teoría de "mañana podré comenzar" ha causado muchas calamidades económicas a personas inteligentes. Comience ya a leer, escuchar grabaciones y asistir a seminarios sobre la forma de manejar el dinero. Comience con lo más elemental, establezca unas buenas bases y en seguida proceda a construir el tipo de "edificación" económica que desee para usted y su familia.

2. HAGA UN PLAN CON SU CÓNYUGE. Las finanzas de la familia le atañen a la familia. Usted y su cónyuge decidirán quién habrá de encargarse de todos los aspectos de la contabilidad familiar, pero trabajen JUNTOS. Aunque uno de ustedes adopte el papel de observador, formulen juntos el plan.

Cuidado con dos trampas comunes. Primero, cuidado con decir que dejará para después la revisión del talonario de cheques, del extracto de cuenta del banco o de las facturas. La falta de información produce frustración y temor. Segundo, no trate de ocultar a su cónyuge la información desfavorable. Comuníquele todo lo que sabe.

3. ADOPTE UN SISTEMA PARA LLEVAR LAS CUENTAS. Mantenga todos los documentos financieros en un mismo sitio. Una buena idea es tener un archivador para guardar todos los papeles. Las carpetas de cartulina son excelentes para archivar papeles. El SISTEMA no es tan importante como tomar la DECISIÓN de adoptar uno y comenzar a utilizarlo inmediatamente. Todos los papeles deben estar organizados en un mismo sitio de manera que, en caso de emergencia, quienes necesiten tener acceso a los números de las cuentas bancarias y a los datos sobre tarjetas de crédito, inversiones, cuentas por cobrar (dinero que le adeuden) y cuentas por pagar (deudas) dispongan de la información necesaria para trabajar.

Hablando de emergencias, permítame recomendarle que redacte su testamento ahora mismo, si todavía no lo ha hecho. El esposo de una buena amiga de la familia falleció repentinamente y, durante tres años, los niños quedaron oficialmente a cargo del Estado. Por no tener acceso a los archivos financieros, nuestra amiga pasó muchas privaciones. Pudo sostener a los niños y pagar las cuentas gracias a sus influencias personales, pero la falta de un plan afectó adversamente su situación. Seguramente habrá oído de casos lamentables como éste. Si realmente ama a los suyos, redacte su testamento. Defina de antemano y con lógica serena su voluntad con respecto a los medios artificiales para mantener la vida y sobre la donación de órganos, para que no sean asuntos sobre los cuales la familia tenga que decidir en un momento de dolor y desesperación.

4. ESTABLEZCA PRIORIDADES PARA LOS GASTOS. Analice con su cónyuge cuáles son los gastos más importantes. Consideren cuánto TIENEN que gastar y cuánto DESEAN gastar. Eso les servirá para controlar hasta cierto punto los gastos "impulsivos". Anote las prioridades de sus gastos y guarde ese papel junto con los demás papeles relacionados con el dinero y revíselo cada vez que se disponga a pagar cuentas. Se sentirá muy complacido al ver el efecto que esto tiene sobre sus planes financieros Y sobre la relación con su cónyuge. Los planes relacionados con el dinero NO serán

motivo de discordia. Son las malas decisiones en materia de dinero las que contribuyen enormemente al divorcio. Hacer planes y soñar JUNTOS les servirá para superar los problemas económicos y para conseguir el control en ese campo.

5. RECUERDE ESTOS CONCEPTOS FUNDAMENTALES. No es teniendo más dinero como solucionará sus problemas. El sistema de crédito nos lleva a gastar cuando menos el 10% más de lo que ganamos, cualquiera que sea la cuantía de nuestros ingresos.

La planificación es vista como una restricción, cuando en realidad es la única forma de disfrutar de libertad.

El control de sus asuntos de dinero es de su competencia. Su situación económica es el resultado de las decisiones que USTED mismo ha tomado.

LA FAMILIA QUE VENDE

Puesto que este libro sobre ventas tiene que ver con todo el proceso de venta y con el vendedor, inclusive con su vida personal, familiar y profesional, me gustaría darle otro ejemplo sobre la forma de usar las ventas para dirigir a la familia. Angie Logan, de Lubbock (Texas), dice que, aunque ella y su esposo no son vendedores, han encontrado unos principios de venta que les han servido para llevarse muy bien entre ellos y en especial con la familia.

Angie nos cuenta una experiencia con su hija de tres años, Danielle, una niña muy inteligente y voluntariosa. (¿El caso les parece familiar, estimados padres?) En un principio, toda solicitud hecha a Danielle degeneraba en un conflicto de poderes y, a veces, en un castigo con el cual todos sufrían. Pero Angie y Danny sabían que no podían permitir que la niña los manipulara y los controlara, de manera que optaron por aplicar algunos procedimientos tradicionales y de sentido común que se utilizan en las ventas.

Puesto que a nadie le agrada recibir órdenes, comenzaron a dejar que Danielle tomara sus propias decisiones. Claro está que no le soltaron completamente las riendas a una niña de tres años, sino que simplemente la dejaron escoger. En lugar de decirle: "Danielle, recoge el camión", le decían: "¿Prefieres rodar o empujar el camión hasta tu cuarto?" La niña entonces brincaba y respondía: "¡Rodarlo!", y obedecía inmediatamente. Los padres emplearon ese sistema en distintas situaciones para estimular el buen comportamiento, con resultados excelentes. Así se ahorraron el sentimiento de culpa, la aflicción y la frustración y a la vez iniciaron a Danielle en el proceso de aprender a tomar "decisiones". La armonía familiar se logró casi inmediatamente.

Los dos padres dicen que los episodios de terquedad van quedando atrás y Danielle comienza a ser una niña feliz, entusiasta y obediente. El momento de mayor satisfacción ocurrió cuando Danielle le preguntó a su hermanito: "Michael, ¿prefieres darme mi muñeca o ponerla sobre la cama?" El niño la puso sobre la cama.

HACER QUE OTROS DESEEN NUESTRO LIDERAZGO

La lección que encierra la historia de Angie y Danny es que *liderazgo* y *excelencia en las ventas* muchas veces son sinónimos. En esta situación, Danielle acabó por hacer, con sumo gusto, lo que sus padres deseaban. Dwight Eisenhower, comandante en jefe de la fuerza expedicionaria de los aliados durante la Segunda Guerra Mundial y presidente de los Estados Unidos después de eso, definió el *liderazgo* como "el arte de lograr que los demás hagan por su propia voluntad lo que uno desea que hagan". La persuasión amable es útil en todos los campos de la vida, porque no atenta contra la dignidad de la persona. Es el secreto para criar a los hijos, hacer amigos y forjarse una carrera en el campo de las ventas.

RESUMEN

Para contar con un sistema inmejorable de apoyo a las ventas es necesario comprender ante todo que los clientes *internos* (nuestros compañeros de trabajo) son tan importantes como los clientes *externos* (nuestros clientes y clientes potenciales). Cuando comprendemos la importancia de esos clientes internos nos damos cuenta de que la familia es más importante que ellos o que los clientes externos.

La mejor forma de conducirnos con la familia y con los clientes internos es aplicando permanentemente cinco principios fundamentales:

1. *No tome a sus clientes internos y a su familia como una dádiva del cielo.* No permita que la confianza dé paso al descuido. Recuerde todos los días cuán importantes son para usted esas personas.

2. *Reconozca sus errores.* Todos cometemos errores. Acepte que es humano y reconozca sus yerros.

3. *Ame a quienes es difícil amar.* Amar a quienes son dignos de ser amados no tiene gracia; la clave para el éxito en la vida es aprender a amar a aquéllos a quienes no es fácil respetar y apreciar. Recuerde: todo acto ofensivo es un grito de socorro.

4. *Trabaje conjuntamente con los demás.* Es de sabios escuchar los consejos de los demás. Descubra lo que otros piensan. Una de las necesidades básicas del ser humano es sentirse importante. Cuando usted pide el consejo de los demás contribuye a satisfacer esa necesidad básica.

5. *Hable y explique.* Aproveche hasta la mínima oportunidad para comunicar, explicar, mostrar, dialogar y preguntar. Todo el mundo desea participar y estar enterado de las cosas. ¡Comparta información!

6. *Elimine las presiones económicas.* Tanto sus compañeros de trabajo como su familia tienen preocupaciones de índole económica. Siguiendo unas pautas muy sencillas, todos podemos manejar mejor las presiones financieras: a) Trazar un plan económico hoy mismo; b) hacer un plan con su cónyuge; c) adoptar un sistema para llevar las cuentas; d) establecer prioridades para los gastos; y e) acabar con los mitos financieros.

LA CLAVE PARA CONSTRUIR UN SISTEMA INMEJORABLE DE APOYO A LAS VENTAS ESTÁ EN ACEPTAR LA RESPONSABILIDAD PERSONAL POR TODAS NUESTRAS DECISIONES.

CAPÍTULO 15

ORGANIZACIÓN Y DISCIPLINA

La importancia de controlar el tiempo y la vida

Impóngase la disciplina de cumplir con lo que tiene que hacer cuando tenga que hacerlo. Si lo hace, llegará el día en que podrá hacer lo que desee cuando lo desee.

CÓMO LLEGAR A SER UN PROFESIONAL "INFALIBLE"

Ciento setenta y cinco de los directores de las 500 compañías de Fortune fueron infantes de la marina de los Estados Unidos. No tengo que decirle que la marina de los Estados Unidos enseña organización, disciplina y compromiso. También inculca lealtad, responsabilidad personal y entereza mental y física. En el mundo de las ventas, esas cualidades llevan muy lejos. En realidad, la combinación de esas cualidades con el conocimiento de las ventas, una actitud de verdadero interés y cierta habilidad para el trato social, yo diría que es la fórmula para ser un vendedor "infalible".

> **Impóngase la disciplina de cumplir con lo que tiene que hacer cuando tenga que hacerlo. Si lo hace, llegará el día en que podrá hacer lo que desee cuando lo desee.**

FE Y COMPATIBILIDAD

Ahora vincule esas cualidades a un producto en el cual usted cree y con el cual es compatible, y nada podrá detenerlo. Ya hablamos de la importancia de creer en lo que vende. Pienso que no es necesario repetirlo. Sin embargo, el factor de compatibilidad quizá no esté claro aún. A manera de ejemplo, yo tendría que hacer un mayor esfuerzo para lograr el éxito vendiendo un producto muy técnico o de tipo mecánico. Sencillamente no logro entender algunos de los detalles técnicos y mecánicos que otras personas parecen manejar con tanta facilidad. Por el contrario, me siento como pez en el agua vendiendo programas de capacitación y productos tangibles de cualquier tipo. Cuando veo con facilidad los beneficios para el cliente potencial, mi entusiasmo se desborda, cualquiera que sea el producto o servicio.

COMIENCE TEMPRANO

La disciplina es algo que todos podemos adquirir. Por ejemplo, si usted, al igual que yo, ve las ventajas de comenzar a trabajar a la hora indicada — TODOS LOS DÍAS — lo más seguro es que opte por hacerlo, pues le conviene.

El gigante de las ventas Walter Hailey cita estudios que han revelado que el 70% de las ventas se hacen entre las siete de la mañana y la una de la tarde; el 20%, entre la una y las cuatro de la tarde, y el 10% después de esta última hora. Cuando la gente está llena de energía y apenas comienza el día, es natural que se sienta más optimista y de mejor talante para emprender nuevas cosas. Además, esas ventas se hacen porque también los vendedores están llenos de entusiasmo y estimulados con lo que hacen.

La disciplina y la organización implican una gran ventaja en las ventas. Si usted desea llegar lejos, le aseguro que lo mejor es comenzar temprano. La excepción obvia se presenta en las ventas directas, puesto que las visitas deben hacerse por la noche. Pero aun así, los vendedores de los años 90, incluso aquéllos que trabajan en los campos más tradicionales (como el de los seguros) comienzan a darse cuenta de que el día es más productivo que la noche.

NO SE ENGAÑE

Como los vendedores gozan de mucha libertad e independencia, no siempre se guían por un buen criterio o proceden con total integridad en su actividad. No se ponen a trabajar a tiempo; llegan tarde a las entrevistas con los clientes; no realizan todas las visitas que afirman haber hecho; no hacen el debido seguimiento a sus clientes; no trabajan el número de horas que anotan en los informes. Con esto engañan a los gerentes y patronos. Es imposible para un gerente conocer todos los pensamientos, todos los actos y todos los momentos que cada vendedor invierte en el proceso de venta. Sí, usted podrá engañar a su gerente y "salirse con la suya", ¿pero en realidad quién es el perjudicado? ¿A quién engaña realmente con su inactividad? ¿Cómo perjudica ese engaño a *sus* ingresos?

Terrence Patton, asesor de entrenamiento para casos de crisis en las ventas, de Roanoke (Virginia), dice que el 20% de las visitas anotadas en los informes nunca se realizan, y más del 15% de las visitas se efectúan sin preparación alguna. Trágico, estúpido y oneroso... para el vendedor, la familia y la empresa.

¿CUÁNDO HACER QUÉ?

Las cifras relacionadas con la manera como los vendedores emplean su tiempo varían bastante. Muchos han calculado que los vendedores pasan menos de dos horas del día laboral trabajando en el proceso de venta. El resto del tiempo lo gastan trasladándose de un sitio a otro, esperando en las oficinas, buscando un sitio donde estacionar, cumpliendo con detalles administrativos, respondiendo llamadas de servicio y miles de cosas más. Por supuesto que algunas de estas cosas son esenciales y deben efectuarse todos los días.

La pregunta que debe hacerse el profesional de las ventas es la siguiente: ¿Hay alguna forma más eficaz — o igualmente eficaz — de cumplir estas tareas en horas diferentes de las dedicadas a vender? Estoy pensando concretamente en actividades como responder la correspondencia, llenar informes, ocuparse en los detalles administrativos, obtener informes de crédito y atender los asuntos personales (el odontólogo, la ropa, los amigos, las cuentas, etc.).

Cuando su automóvil está en el taller, ¿encuentra usted una serie de actividades administrativas para no perder el día o sale a alquilar otro vehículo y deja los detalles administrativos para cuando no esté ocupado vendiendo? Esto cabe bajo el título de "organización" (de la cual carecen muchos de los vendedores "del montón"). ¿Le sorprende saber que los verdaderos profesionales de las ventas, que tienen el mismo tiempo que los demás, pasan dos veces más horas frente a los clientes potenciales que los vendedores del montón? No venden porque tengan una habilidad excepcional para hacerlo, sino porque saben establecer prioridades y cumplen con esas prioridades todos los días.

UNA RECETA PARA EL ÉXITO EN LAS VENTAS

Generalmente, el vendedor que produce mucho trabaja más que el que produce apenas lo suficiente. La realidad es que con sólo trabajar más que la competencia, usted llegará a los escalones superiores de nuestra profesión. No hablo de trabajar 80 o 90 horas a la semana. Una sola hora más al día le servirá para tomarle ventaja a la mayoría de los demás vendedores de su ramo, para no mencionar el número de personas a quienes podrá ayudar y la cantidad de dinero adicional que ganará.

A eso agréguele integridad, disciplina y organización y tendrá la receta para unirse a ese 10% de los vendedores que están en las esferas más altas. Después agregue la búsqueda permanente de conocimiento y el deseo de aprender a ser un profesional "todavía mejor", a la vez que adquiere conocimiento a fondo sobre los nuevos procedimientos y las últimas tendencias de la industria, y pasará a formar parte del 5% de los óptimos.

A lo que me refiero es a la necesidad de emplear todos los recursos — físicos, mentales y espirituales — y no descuidar ninguna de las facetas de la vida.

LA "HORA" DE ALCANZAR EL ÉXITO

Todos somos únicos. Cada vendedor tiene sus propias cualidades, características, maneras, procedimientos y hábitos que lo distinguen de los demás. Sin embargo, los vendedores sobresalientes tienen varias cualidades en común.

Una de esas cualidades es tener "conciencia del tiempo" Los mejores profesionales de las ventas saben que todo el mundo dispone del mismo tiempo — veinticuatro horas al día — y que una de las claves del éxito es saber emplear ese tiempo.

Llevando unos registros exactos, los mejores vendedores saben cuánto tiempo pasan con los clientes potenciales, cuánto haciendo antesala y cuánto viajando. No es una coincidencia que quienes aspiran seriamente a tener éxito aprovechen el tiempo de viaje escuchando grabaciones educativas o incentivantes o practicando lo que van a decir en la siguiente presentación. Mientras "recuperan el aliento en la sala de espera", los verdaderos profesionales ocupan el tiempo en algo que tienen proyectado para ese período, ojalá corto (pero a menudo demasiado largo). Por lo general se ocupan en repasar o en ampliar la información sobre el cliente potencial que están a punto de ver.

Los profesionales de las ventas no cuentan con el tiempo; hacen que el tiempo cuente. Los vendedores independientes que se imponen la disciplina de llevar registros detallados son más productivos, y las empresas que exigen a los vendedores informes detallados de sus actividades disponen de un personal de ventas más productivo.

CONSIGA AYUDA

El hecho de que usted vea o recuerde que necesita hacer algo, o de que alguien le pida que lo haga, no tiene por qué hacerle cambiar su plan de acción. El vendedor que tiene un programa y una meta definidos está menos predispuesto a que los amigos, vecinos o parientes que tienen "tiempo para perder" malgasten el tiempo del vendedor.

Piense en las distintas actividades para "perder el tiempo" a las que se dejan arrastrar los vendedores no profesionales y en el hecho de que la mayoría de los vendedores pasan demasiado tiempo ocupados en cosas improductivas, y podrá comprender con facilidad por qué los expertos dicen que los vendedores pasan el 80% del tiempo en actividades que no generan ventas. La primera razón por la cual los vendedores altamente productivos llevan registros exactos es para estar seguros de que dedican la mayor parte de su tiempo a sentarse a conversar con los clientes o a situaciones de servicio que directa o indirectamente generan un aumento en las ventas.

EFICIENCIA FRENTE A EFICACIA

Habrá oído decir que *eficiencia* significa 'hacer bien las cosas' y *eficacia* significa 'hacer que las cosas funcionen bien'.

Una de las personas más eficaces y eficientes que conozco es Dave Liniger, fundador de Re/Max Realtors, una empresa de bienes raíces. Ha creado un ambiente en el cual todos los que lo rodean tienen el estímulo necesario para dar lo mejor de su tiempo y de sí mismos.

Dave descubrió que cuarenta y siete de los cien vendedores más productivos de Re/Max tenían auxiliares personales que se ocupaban en algunas de las tareas no relacionadas con las ventas propiamente dichas. Esos "ayudantes" se encargaban de cosas como quitar y poner los avisos de "Se vende" o "Vendido", llevar los vehículos al taller, hacer llamadas de rutina, recoger la ropa de la lavandería, llevar las cartas al correo y manejar los mil y un detalles que quitan tiempo.

Al delegar estas labores que no tienen relación con las ventas, el vendedor profesional puede dedicar más tiempo a buscar clientes y hablar con ellos, aumentando las posibilidades de hacer más ventas con más frecuencia. Cuando las ventas aumentan, la economía mejora Y también mejora el ingreso del vendedor de Re/Max. Es interesante anotar que aunque estos vendedores altamente productivos trabajan más horas a la semana que los demás, pueden tomarse más tiempo de vacaciones: hasta cuatro semanas al año.

La conclusión es clara: Cuanto mejor utilice su tiempo, mayores serán sus ingresos; cuanto mayores sean sus ingresos, mayor será el tiempo libre para dedicar a su familia y salir de viaje. Para resumir: En la profesión de las ventas ganan más no los que simplemente trabajan más duro sino los que trabajan con inteligencia y se valen de otras personas para aumentar su eficiencia y eficacia, beneficiando de paso a todo el mundo.

ADVERTENCIA

Sea considerado con su cónyuge al delegarle todas esas tareas que no tienen relación con las ventas. Algunas familias se benefician al trabajar estrictamente de esa manera, pero ha habido casos en que unas exigencias excesivas han llevado a frustraciones e incluso a rompimientos devastadores. Muchas veces, el cónyuge que no trabaja fuera del hogar tiene que hacerlo TODO. El hogar, especialmente si hay niños pequeños, es un empleo de jornada completa.

En este decenio, tanto el esposo como la esposa suelen trabajar fuera del hogar. Al mismo tiempo, los dos tienen responsabilidades "no productivas". Por favor, HABLEN acerca de la mejor manera de mantener el "equilibrio" para no dar prioridad a uno de ustedes dos (o a una de las dos carreras).

Si ha tenido problemas o preocupaciones en lo que a esto se refiere, le recomiendo un libro titulado *Cómo hacer que el romance no muera con el matrimonio* (Editorial Norma, 1991, Bogotá). La modestia me impide revelar el nombre y el apellido del autor, pero ambos empiezan por Z.

MÁS CUALIDADES PARA EL ÉXITO

En los años noventa, más que nunca antes, ciertas cualidades deben estar siempre presentes en el vendedor de éxito. Una de ellas es la convicción de que para conservar la lealtad de los clientes es absolutamente necesario brindar un servicio superior. Vender un producto sin servicio es un suicidio para la empresa. Además, considerando las expectativas del consumidor moderno, la posibilidad de no brindar servicio excepcional al cliente sencillamente ya no existe.

Por ejemplo, el vendedor que vende un producto que el comprador debe aprender a manejar tiene la obligación de comunicarse a los dos o tres días para cerciorarse de que su cliente haya comprendido cómo usar el producto para aprovecharlo al máximo. Una vez compramos una aspiradora que tenía 287 aditamentos (y me quedo corto en la cifra). Mientras nos hacían la demostración todo parecía muy sencillo, pero cuando estuvimos solos La Pelirroja y yo, recordábamos como usar apenas unos cuantos de todos esos aditamentos. Hubiera sido un detalle de buen gusto y amabilidad el que ese vendedor se hubiese detenido en nuestra casa unos días después para refrescar nuestra memoria mientras todavía estábamos emocionados con la compra. Nos hubiera hecho un gran favor y seguramente le habríamos dado los nombres de otros muchos clientes potenciales.

Esto tiene relación con la concepción que me empeño en promover en todos los libros que he escrito y escribiré: "Uno puede tener todo lo que desea en la vida con sólo ayudar a los demás lo necesario para que obtengan lo que desean". Nosotros queríamos aprovechar al máximo la aspiradora; el vendedor seguramente deseaba vender más. Pero no nos ayudó a obtener lo que deseábamos y nunca nos pidió otros nombres; de manera que ambos perdimos por su falta de interés, de seguimiento y de espíritu de servicio.

Estrechamente relacionado con el servicio al cliente está el amor del vendedor a la gente y a su profesión y la convicción de que el producto le viene "como anillo al dedo" al cliente potencial. La escena que describo a continuación explica lo que quiero decir.

AYUDAR A OTROS A CONSEGUIR LO QUE DESEAN

Una noche de invierno de 1990, La Pelirroja y yo caminábamos despreocupados por el centro comercial Prestonwood, en el norte de Dallas. Pasamos por Marvin D. Anthony, un almacén de ropa masculina, en donde exhibían la chaqueta deportiva de cachemira negra más espectacular que he visto en mi vida y cuyo precio, para completar, estaba sensacionalmente rebajado. Nos detuvimos, La Pelirroja hizo un comentario sobre la chaqueta y se dio la "casualidad" de que el propio Marvin estuviera parado muy cerca de la puerta. Reconoció a mi esposa, puesto que ella le había comprado un par de cosas para mi cumpleaños. Sobra decir que con gran entusiasmo nos invitó a "pasar".

No necesité mayor persuasión para comprar la chaqueta. ¿Pero de qué sirve la chaqueta más espectacular "del mundo", como lo dijo modestamente Marvin, sin un par de pantalones que hagan juego perfecto con ella... o incluso dos pares? Compré. El "plato fuerte" fue la corbata. Marvin es un verdadero profesional que, dentro del marco de su personalidad, emplea sus habilidades con la mayor eficacia posible. Es un poco histriónico, tremendamente entusiasta y muy sincero. Con lenguaje retórico y sin una sola nota de duda, hizo la apología de la corbata que complementaba en forma perfecta, y absolutamente magnífica, a la chaqueta. Realmente fue amor a primera vista, pero el precio estaba "mucho más allá de mi horizonte". Aunque costaba el doble que cualquier otra corbata que hubiese comprado en mi vida, la compré. Las razones: me gustaba, la deseaba y complementaba el vestido de maravilla. Además (y ese fue el factor decisivo) estoy convencido, y La Pelirroja todavía más, de que Marvin deseaba sinceramente que yo (y nadie más) tuviera esa corbata. Durante el intercambio de opiniones y el proceso de decisión, mientras Marvin sacaba otras prendas, La Pelirroja me dijo: "¿Sabes, amor?: es una corbata preciosa y Marvin en realidad desea que sea tuya. Creo que debes comprarla". Y eso hice.

Dos consecuencias: amo esa corbata y me la han elogiado más que a ninguna otra. Además, la convicción de Marvin de que era "mi" corbata y su sinceridad al desear que esa belleza fuera mía, fueron los factores que me indujeron a comprar. Mensaje: Su interés sincero en hacer lo mejor para su cliente y su convicción de que lo que ofrece cumple con ese criterio serán los factores que decidirán a sus clientes a comprar.

EL "RETRATO" DEL ÉXITO

Agreguemos a este retrato del verdadero profesional de las ventas (una persona consciente del tiempo, orientada a servir, que cree en el producto y ama su profesión) la INTEGRIDAD y el AMOR DESINTERESADO POR LA GENTE, y tendremos unos cimientos sólidos para el éxito en las ventas.

Esas características suelen venir acompañadas de un conocimiento a fondo del producto y de una habilidad insuperable para vender. Piense en eso. Si usted ama su profesión, siente verdadero interés por la gente y cree en su producto, sentirá una responsabilidad moral de convencer a otros de que compren, puesto que es lo que les conviene. Es imposible evitar revestirse de un celo de misionero y creer que, si todo el mundo supiese lo que usted sabe de su producto, no dudarían en comprar. Ése es el sentimiento que usted transmitirá a un número cada vez mayor de clientes potenciales que muy pronto se convertirán en clientes, porque "vender es transmitir emociones". Es cierto. Si usted puede transmitir esa "sensación" al cliente potencial mediante los procedimientos a que hemos hecho referencia, esa persona se convertirá en cliente en la medida en que poseer el producto esté dentro de sus posibilidades.

VER Y ESCUCHAR

El vendedor sobresaliente también es profesional en ver, escuchar y prestar atención a los detalles de la venta. Sabe observar las maneras del cliente potencial y se sincroniza a la velocidad con la cual habla su interlocutor. Si él habla lenta y metódicamente, dando énfasis a las palabras, el profesional de las ventas imita ese estilo. Si el cliente potencial habla y se mueve con rapidez, el vendedor sobresaliente hace lo mismo, para ser compatible con las maneras y las pautas de lenguaje de aquél.

En otras palabras, el verdadero profesional hace lo que sea necesario para estar en armonía y establecer un lazo de unión con el cliente potencial.

Lo que trato de decirle es que la carrera de ventas se hace antes, durante Y después de efectuar la venta. Como decimos en mi tierra, "hasta el cerdo ciego encuentra una bellota sabrosa de vez en cuando". Es cierto que hasta los vendedores ineptos, a fuerza de visitar clientes potenciales, acaban por hacer una venta. Pero lo que es seguro es que no podrán hacer una carrera exitosa con ese sistema de dar palos de ciego.

LA LIBRETA DE AUTOANÁLISIS

Una de las razones por las cuales este manual sobre métodos profesionales para vender ha despertado interés entre tantos vendedores con quienes hemos hablado es que muchos de ellos no están satisfechos con su productividad. Han comprendido que muchas de las cosas que hacen y los procedimientos que aplican son producto de la costumbre y en muchos casos no sirven de nada, son quizá innecesarios y probablemente hasta nocivos. De ahí la gran importancia del "autoanálisis".

El autoanálisis es un procedimiento fuera de serie que le servirá para llevar una cuenta detallada de sus actividades y formularse algunas preguntas periódicamente: "¿Realmente tengo que cumplir con esta actividad, o hay alguna otra salida? ¿Puedo aumentar mi productividad global siendo más eficaz? ¿Realmente tengo que trabajar tanto?"

No me entienda mal. Estoy convencido de que es mayor el número de vendedores que fracasan por no trabajar lo suficiente que por trabajar demasiado. Sin embargo, cuando pienso en los que trabajan mucho, recuerdo a mi entrañable amigo Randall Manning, de Winston-Salem (Carolina del Norte). Hoy está jubilado, pero por muchos años fue el vendedor número uno de Pitney-Bowes. Creo que efectuaba más ventas por hora trabajada que ningún otro vendedor que conozca. Era un maestro para trabajar *en llave* mucho antes que se acuñara ese término. Tenía una personalidad atrayente y la gente confiaba en él por instinto.

Su productividad era el resultado no sólo de agradar a los demás e inspirar confianza — características vitales para COMENZAR — sino, de elaborar y cumplir cuidadosamente un plan. Nunca salía de casa sin saber exactamente a dónde iba, cuándo llegaría, las personas con quienes debía hablar, las circunstancias de la visita, la presentación que deseaba hacer, el método que debía emplear y la influencia que esperaba ejercer. También conocía las principales aficiones de sus clientes potenciales y se esforzaba por establecer con ellos una relación duradera.

UN PERSONAL DE VENTAS CONSTITUIDO POR "CLIENTES"

Por esas razones, los clientes eran leales a Randy y hacían hasta lo imposible por ayudarle a conseguir otros negocios. La razón es muy sencilla: Randy atendía a sus clientes como príncipes, porque sabía que era lo debido y lo más acertado. Sabía que su éxito en conseguir otros clientes y generar más ventas dependía en gran medida de su capacidad para mantener satisfechos a sus clientes existentes. En cada uno de ellos tenía un auxiliar de ventas. Durante su larga carrera fueron muy pocos los clientes (o quizá ninguno) a los cuales no pudo venderles repetidas veces.

Randy también comprendía lo que todo vendedor de éxito debe comprender: que conseguir un cliente nuevo cuesta cinco veces más que conservar los clientes existentes. Por lo tanto, siempre concentró sus esfuerzos en conservar los que ya tenía.

LAS ASPIRACIONES DE LA EMPRESA

En vista del énfasis que se da hoy en día a la productividad, son muchas las personas que me preguntan qué deben hacer cuando las exigencias de la empresa son exageradas. El asunto es delicado y, para ser franco, empresas así y sus representantes se han convertido en un problema emocional. Permítame pedirle que piense en lo siguiente, ya se trate de que usted sea el gerente de una empresa que necesite mayor productividad de los vendedores, ya se trate de que usted sea el vendedor que necesite sentirse menos presionado por la empresa.

Mi recomendación es sacar la discusión del plano emocional para llevarla al plano de la lógica a través de la validación científica. Los puntos que es necesario evaluar para validar posteriormente son la actividad, el trabajo en proceso y los resultados. La *actividad* se refiere a "la forma como usted emplea su tiempo". El *trabajo en proceso* se refiere al "número de compradores validados en quienes está trabajando". Los *resultados* son el "número de ventas generadas".

ACTIVIDAD

Una de las actividades más trascendentales que realicé en mi vida fue elaborar un cuadro de análisis de tiempo. Reconozco que la primera vez que me hablaron de llevar un registro de mi tiempo me sentí como un condenado a prisión. La mayoría de nosotros sentimos que es por desconfianza que nos piden llevar la cuenta exacta de cada minuto del día. Entonces, ¿por qué no adelantarnos a los hechos y comenzar antes de que nos lo pidan?

En cualquier empresa que busque alcanzar éxito a largo plazo le pedirán que lleve un registro exacto de sus actividades de venta. La "planilla de tiempo del triunfador" que yo le ofrezco le permitirá llevar la cuenta de cada minuto de su día. Utilice esa planilla durante dos semanas y verá el cambio que significará en su vida. Descubrirá (como me pasó a mí) que en realidad dedica un poco más de dos horas al día a las actividades que generan ingresos. La mayor parte del tiempo se va en "prepararse" para participar en esa actividad generadora de ingresos. El objetivo no es simplemente autocriticarse, sino tomar conciencia de las actividades que puede agregar o suprimir.

Mediante mis planillas pude ver que pasaba muchísimo tiempo hablando por teléfono. Me asombró ver que, en los días destinados para escribir, a veces perdía casi la mitad de la mañana en el teléfono. Las interrupciones (a veces el teléfono y a veces otras cosas) no me dejaban trabajar y me robaban hasta dos y tres horas al día. Ahora bien: una interrupción de La Pelirroja para darme un abrazo es algo que espero y deseo (además, el abrazo siempre me inspira para llegar al máximo de mi creatividad). Menciono esto porque si las llamadas y las interrupciones de quien lleva la CUENTA no son problema, es necesario disfrutarlas. No se deje arrastrar por aquello que los psicólogos llaman comportamiento "tipo A", el cual elimina toda posibilidad de disfrutar de las actividades que desde el punto de vista personal son importantes. Una de las cosas más hermosas que podrá descubrir y mejorar es lo relativo al tiempo dedicado a los miembros de su familia.

Fecha: _____

PLANILLA DE TIEMPO DEL TRIUNFADOR

Instrucciones: Las columnas correspondientes a la TAREA (lo que usted está haciendo) y a REFERENTE A se deben llenar en el momento mismo en que ocurren las actividades. La columna de PRIORIDAD debe llenarse al final del día, anotando un 1, un 2 o un 3. 1 = *alto rendimiento:* actividades productivas; 2 = *rendimiento regular:* no cumpliré todas mis metas si hago esto todo el día; 3 = *rendimiento malo:* demasiadas actividades como ésta y quedaré sin empleo y seré una persona infeliz.

	TAREA	REFERENTE A	PRIORIDAD
7:00			
7:15			
7:30			
7:45			
8:00			
8:15			
8:30			
8:45			
9:00			
9:15			
9:30			
9:45			
10:00			
10:15			
10:30			
10:45			
11:00			
11:15			
11:30			
11:45			
12:00			
12:15			
12:30			
12:45			
1:00			
1:15			
1:30			
1:45			
2:00			
2:15			
2:30			
2:45			
3:00			
3:15			
3:30			
3:45			
4:00			
4:15			
4:30			
4:45			
5:00			
5:15			
5:30			
5:45			

El punto más importante es éste: la planilla de tiempo del triunfador no es un factor limitante sino un factor liberador. ¿Cómo corregir los hábitos que producen un mal rendimiento si no sabe cuáles son? ¿Cómo saber de qué manera está utilizando su recurso más valioso: el tiempo? ¿Cómo estar seguro de estar manteniendo el equilibrio adecuado en su vida? La respuesta está en la planilla de tiempo del triunfador.

Dicho sea de paso, los estudiantes sobresalientes se sientan y *comienzan* a estudiar. Los mediocres o malos estudiantes pasan mucho tiempo *preparándose* para estudiar. Los mejores vendedores planifican y se preparan durante las horas que no son para vender. Cuando llega la hora de vender toman el teléfono, el maletín o las muestras y ponen manos a la obra. Además, los verdaderos "ases" de las ventas aprovechan hasta la mínima oportunidad — esperada o inesperada — para vender, vender y vender. El siguiente ejemplo le servirá para comprender lo que quiero decir.

Hectáreas de diamantes

Vender es una profesión que nos permite aprovechar las oportunidades casi independientemente de las circunstancias. Leonard Allen, de Eau Claire (Wisconsin), vende electrodos para soldar especiales para el mantenimiento industrial, el cual compete también a los agricultores, a causa de la cantidad de maquinaria que deben reparar constantemente para mantener el equipo en funcionamiento. Leonard se encontraba visitando la cooperativa local de agricultores y ganaderos, pero el cliente potencial que estaba interesado se hallaba muy ocupado. Aunque trataba de escuchar a Leonard, era interrumpido permanentemente por llamadas importantes. Mientras el cliente potencial hablaba por teléfono, Leonard se dedicó a conversar con un viejo granjero, vestido de overol, que, según la descripción de Leonard, "por las botas no dejaba duda de cuál era su oficio". Al concepto que ilustraré a continuación Leonard lo denomina "Concentración de la venta en el establo".

Comenzó a conversar con el granjero, abrió su maletín y le

mostró la barra especial de soldadura, que sirve para soldar a través del óxido, la mugre y otras cosas propias de una granja. Este señor tan especial estaba muy bien informado, planteaba con lógica sus argumentos y hacía preguntas decisivas. El final de la historia es que Leonard acabó llenando un pedido muy grande, porque pudo responder con exactitud a todas las preguntas técnicas del granjero.

Cuando Leonard cerró la venta, el gerente de la cooperativa había terminado de hablar y le informó que el granjero de marras era uno de los más adinerados y respetados de la zona. Preguntó qué había comprado. Cuando Leonard le dijo lo que había comprado el granjero y por qué, el gerente de la cooperativa declaró que, gracias al respeto que sentía por esa persona, también compraría. Dos ventas antes de las nueve de la mañana fueron un comienzo magnífico para Leonard Allen ese día.

Lección: Cuando era niño cantaba en la iglesia un himno titulado *Lleva la luz a dondequiera que vayas*. Los vendedores deben vender dondequiera que estén. También deben usar el tiempo con eficacia. Para Leonard hubiera sido muy fácil y poco peligroso haber hecho caso omiso del granjero o haber entablado una conversación intrascendente. Pero aprovechó la oportunidad, prestó un servicio y sus esfuerzos redundaron en dos ventas en lugar de una.

TRABAJO EN PROCESO

Tener siempre trabajo en proceso es la clave para conseguir resultados permanentes. El riesgo es que, con base en la definición dada anteriormente, al trabajo en proceso se le dé un carácter subjetivo. El "número de compradores *validados* en los cuales está *trabajando*" hace necesario definir qué significa *validar* y *trabajar*. Usted tendrá que determinar conjuntamente con su supervisor/gerente lo que significan esos términos.

En lo que a nosotros concierne, un comprador validado es aquél que tiene la autoridad y los recursos (generalmente el dinero) para tomar la decisión. Estar trabajando a ese cliente potencial significa la posibilidad de obtener una decisión antes de treinta días. Usted trabajará a muchos compradores potenciales por fuera de ese intervalo de treinta días, pero me gustaría que los considerara como contactos y posibilidades y no como clientes potenciales. ¿Son ellos menos importantes que los clientes con los cuales espera cerrar la venta antes de treinta días? ¡Claro que no! ¿Se les debe asignar menos tiempo y menos recursos? ¡Claro que sí!

No se deje confundir por la semántica. Es probable que en su negocio sea imposible cerrar las ventas en un lapso de treinta días. Los términos de la definición SON SUYOS y DEBEN SER ASIGNADOS POR USTED MISMO. Lo único que le pido ANTES de comenzar es que llegue a un acuerdo con su supervisor o gerente con relación a lo que significa un "comprador validado en el cual se está trabajando".

RESULTADOS

Los grandes gerentes comienzan manejando resultados. Cuando no hay resultados, se dedican a manejar y a enseñar los métodos y las habilidades. Cuando los métodos y las habilidades no arrojan resultados, los gerentes sobresalientes concentran su atención en las actividades. Lo que quiero decir con esto es que, a medida que vaya viendo resultados, deberá verificar cómo los ha obtenido y por qué, a fin de poder repetirlos. No hay nada peor que el vendedor que "arrolla" y le vende a todo el que se cruza en su camino y que, sin embargo, un buen día deja de vender. Nadie le compra. ¿Qué ha sucedido? ¿Cómo pudo haber sucedido? ¿Cómo "arrollar" de nuevo? La única forma de responder a esas preguntas es evaluando las actividades, el trabajo en proceso y los resultados.

¿Por qué compró su cliente más reciente? ¿De dónde provino ese cliente (fuente)? ¿Cuánto tardó usted en cerrar la venta? ¿Tardó más o menos tiempo del que acostumbra? ¿Cuántos nombres le dio ese cliente satisfecho? ¿Cuántas ventas está logrando en la actualidad? ¿Cómo es esa cifra comparada con la de la semana pasada, el mes pasado, el año pasado?

Es probable que esté pensando que si destina tiempo para responder acertadamente a esas preguntas y a llenar registros, no le quedará tiempo para vender. Discúlpeme si esto que voy a decir es demasiado escueto, pero así reaccionan sólo los vendedores perezosos, tercos, cortos de miras y sin ambición (¡apuesto a que logré sacudirlo!). Los vendedores que se dejan llevar por el "fragor del momento" no son profesionales y le hacen mal a nuestra profesión. Me apresuro a agregar que hay ocasiones en las que todos caemos en esa categoría negativa. Seré el primero en admitir que llevar registros, mantener los papeles al día y ocuparse en los detalles es algo que no a todos nos agrada. Sin embargo, para ser verdaderos profesionales debemos lograr cierto grado de acomodamiento. Si usted evalúa correctamente sus actividades, le prometo que encontrará más que tiempo suficiente para llevar sus registros y responder a las preguntas que agitan las aguas de la mediocridad y las convierten en manantiales de éxito.

EL ORDENANCISTA*

Todo el mundo necesita un método, una técnica o un sistema para medir los resultados. En los deportes, el marcador indica quién ganó y quién perdió. En el mundo de los negocios, hay quienes dicen que el cheque es el que indica quién ganó y quién perdió. No estoy de acuerdo con ninguna de estas dos afirmaciones. El mejor equipo no siempre obtiene el puntaje más alto, y los cheques más jugosos no siempre los reciben los vendedores más destacados. El marcador y los cheques son indicadores de rendimiento, pero no son la última palabra.

Los verdaderos profesionales (en cualquier actividad) tienen la tranquilidad de saber que dieron lo mejor de sí mismos, de acuerdo con lo que tenían a su disposición en determinado momento. Tienen la tranquilidad de saber que son fieles al sistema de valores en que creen. Esto es algo que sólo se

---

*Persona muy estricta en hacer cumplir los reglamentos *(Nota del editor).*

consigue mediante una reglamentación que les permita a estas personas interesadas en el éxito cumplir con sus tareas y objetivos.

Nadie puede manejar el tiempo. Pero todos podemos responder por la forma como usamos ese recurso precioso. Aunque no podemos controlar los pensamientos y los actos de los demás, podemos elegir la forma de emplear nuestro tiempo y los objetivos que deseamos alcanzar.

La "agenda de rendimiento" es nuestra respuesta a estas preguntas: "¿Cuándo sabré que he alcanzado el éxito?" y "¿Hay alguna forma de controlar mi desempeño y a la vez tener más organización?" He ideado la "agenda de rendimiento" a manera de "ordenancista" que nos obligue a llevar la cuenta de nuestras tareas y resultados y a la vez proyectar los objetivos.

EL SISTEMA INDICADO

Sí, la "agenda de rendimiento" es uno de los productos de la Corporación Zig Ziglar, pero déjeme aclarar que no necesita tener una para garantizar el éxito. Sin embargo, estoy convencido de que es preciso usar algún sistema de control. Bastan un lápiz y un papel para comenzar a elaborar un sistema personal de control. Lo más importante no es el sistema en sí, sino tener uno.

COMPONENTES ESENCIALES

Bien adquiera usted un sistema, o bien elabore el suyo propio, los componentes esenciales para llevar el control de su tiempo son un calendario (solamente uno para todos los aspectos de la vida); una lista de asuntos pendientes (una "bodega de ideas" en donde pueda registrar los proyectos y las tareas para el futuro); y una sección para establecer y llevar el control de las metas. Si logra tener todo esto en una misma libreta de la cual no se desprenda NUNCA, verá con agrado el efecto que este sistema puede tener sobre su vida.

> **Lo más importante no es el sistema en sí, sino tener uno.**

Desde el punto de vista de las ventas, conviene tener una sección, en orden alfabético, para los clientes potenciales (mantenga la hoja de información de cada uno por orden alfabético y anote el apellido — o el nombre de la compañía — en el calendario, en la fecha en la cual debe cumplir una cita o hacer una visita de seguimiento). Esto le ahorrará la molestia de buscar en vano la información en caso de que el cliente potencial llame antes de la cita. Puede utilizar un tarjetero alfabético para anotar los teléfonos importantes que necesita en todo momento.

Entiendo que hay quienes tienen demasiados clientes potenciales como para llevar esa información a todas partes. Es obvio que deba mantener los archivos por orden alfabético en un archivador, pero aun así puede enlazar esa información con su lista de "asuntos pendientes".

Incluya también una sección para notas o ideas. Ese "diario" le servirá para registrar los conceptos esenciales que determinarán su éxito en el futuro (como vimos anteriormente).

UNA EQUIVOCACIÓN MUY COMÚN

Muchas personas creen que la organización y la disciplina coartan la espontaneidad. No hay nada más falso. Cuando los profesionales de las ventas toman las medidas necesarias para organizarse e imponerse una disciplina, lo que hacen es buscar la forma de aprovechar al máximo su tiempo y esfuerzo, para conseguir así la libertad en todos los campos de la vida. Le prometo y garantizo lo siguiente: si sigue las pautas de este capítulo (al pie de la letra) durante treinta días, aumentará su productividad y gozo un mínimo de diez veces el valor de este libro. Ahora quisiera pedirle que me escriba al cabo de esos treinta días y me cuente acerca de sus logros. Como decía un viejo anuncio de televisión: "¡Ensáyelo! ¡Le gustará!"

CAPÍTULO 16

LA PERSONA DEBE ESTAR BIEN

Mejore a la persona y luego mejore al vendedor

William James, padre de la psicología estadounidense, dijo: "El descubrimiento más importante de nuestros tiempos es saber que podemos cambiar nuestras vidas modificando nuestras actitudes".

EL EJECUTIVO OCUPADO

Es probable que usted se identifique con el ejecutivo ocupado que llegó a casa con un maletín lleno de papeles para trabajar. El niño de seis años deseaba estar con su padre, pero éste tenía un plazo límite para terminar un trabajo, y, muy a pesar suyo, se vio precisado a dar prioridad al trabajo.

Al salir cabizbajo del estudio del papá, el niño tropezó en el vestíbulo con la madre.

— ¿Qué te pasa? — preguntó ella, con cariño.

— Es que papá trajo a casa un maletín lleno de trabajo y no puede jugar conmigo — se quejó el niño —. ¿Por qué siempre trae trabajo a casa?

Con maternal paciencia y sabiduría, ella respondió:

— Bueno, tu papá es una persona muy importante en la empresa y no alcanza a terminar todo el trabajo durante el día.

El niño demostró tener una sagacidad superior a sus años cuando dijo:

— Bueno, ¿entonces por qué no lo ponen en un grupo más atrasado?

PERSISTENCIA

El niño no dio su brazo a torcer y finalmente regresó al sitio en que estaba trabajando el papá. Ante la pregunta formulada una y otra vez de "¿Ya puedes jugar conmigo, papá?", el padre no sólo sufría sino que comenzaba a fastidiarse.

Por último, el joven vendedor tuvo una gran idea. Enfrente tenía un periódico en el cual aparecía un mapamundi. Rompió el papel en varios pedazos y se lo entregó al niño para que lo armara, diciéndole que cuando terminara con el "rompecabezas" podrían jugar juntos. El vendedor creyó que tendría al menos media hora de paz, pero unos cuantos minutos después escuchó de nuevo la voz del niño que lo llamaba para que viera el mapa. El padre pasó a la habitación de al lado y, en efecto, vio que el muchachito había armado perfectamente el mapamundi. El padre preguntó cómo había podido hacerlo tan rápido, ante lo cual el niño le explicó que del otro lado del mapa estaba la fotografía de un hombre, y que cuando el hombre estaba bien, también el mundo lo estaba.

MEJORE A LA PERSONA

En el mundo de las ventas, cuando la *persona* está bien, es más fácil que el *vendedor* esté bien. Dicho claramente, mientras USTED no esté bien, su MUNDO DE LAS VENTAS no estará bien. El "secreto" para estar bien consiste en tener una actitud justa. Mi propósito con este libro ha sido proporcionarle la información necesaria para que pueda tomar las decisiones justas y apropiadas en todos los campos de su vida, de manera que lo que elija hacer lo lleve siempre a adoptar la actitud propicia para el éxito.

En la vida es imposible separar lo personal de lo familiar y de los negocios. Lo que sucede en el hogar (un niño enfermo, un joven con adicción a las drogas, desavenencias conyugales) afecta ineludiblemente al desempeño en el trabajo. Un artículo aparecido el 8 de enero de 1990 en *USA Today* decía que en las empresas de cien o menos empleados, las dificultades conyugales eran la primera causa de disminución de la productividad; la segunda causa era el alcohol y la tercera el consumo de drogas. Así mismo, lo que sucede en el trabajo (un despido o un ascenso) tiene repercusiones directas sobre las relaciones familiares.

UNA PROFESIÓN EXIGENTE

De todas las ocupaciones que hay sobre la tierra, salvo quizá la psiquiatría, la asesoría familiar y el ministerio religioso, la profesión de las ventas es tal vez la más exigente en lo que se refiere a mantener la actitud mental adecuada. Al vender, la actitud es más importante y de mayor riesgo que en las otras profesiones mencionadas, porque en ellas los clientes "potenciales" son los que llegan buscando ayuda. En las ventas, nosotros buscamos a los clientes y muchas veces somos inoportunos y damos con personas que preferirían vernos desaparecer bajo la tierra.

Agreguemos a esto el hecho de que muchas personas creen que no necesitan lo que vendemos o no tienen interés en ello, de manera que todo está dado para que no podamos hablar de nuestros productos y servicios... y menos aún para hacer una presentación completa. Cuando esa situación se repite varias veces al día, el amor propio del vendedor corre el riesgo de salir muy maltratado, hasta el punto de hacerlo caer en una actitud negativa o equivocada.

¿UNA "VACUNA" CONTRA LA ACTITUD EQUIVOCADA?

¿Cómo podría usted vacunarse y protegerse contra la actitud equivocada? La verdad es que no hay forma de construir una coraza blindada para protegerse totalmente contra la frustración, las desilusiones y el temor. Si ello fuera realizable, NO sería posible tener éxito en las ventas. La razón es sencilla: los seres humanos somos "emocionales" y "sentimos" toda una gama de "emociones". Si no nos sintiéramos desilusionados cuando un cliente rehúsa comprar el "producto más maravilloso del mundo", tampoco sentiríamos entusiasmo alguno por lo que vendemos. Los mismos "sentimientos" que producen entusiasmo llevan también a la desilusión. Para tener éxito en las ventas debemos estar dispuestos a sentir tanto el ánimo como el desánimo.

Puesto que no somos inmunes al desánimo, la pregunta es: ¿Qué podemos hacer para limitar su frecuencia, duración y severidad? Es importante dominarnos, porque de la actitud dependen el número de visitas, la hora de comenzar a trabajar, la forma de terminar el día y los resultados de éste.

SALUD MENTAL

Una vez asegurada la salud emocional, es necesario buscar la forma de conservar una buena salud mental.

Pregunta: ¿Alguna vez ha reído viendo una película? Pregunta: ¿Alguna vez ha llorado viendo una película? Las probabilidades de que su respuesta a ambas preguntas haya sido afirmativa son de cuatro mil a una. Siguiente pregunta: ¿Realmente cree que sintió esas emociones debido a alguna sustancia impregnada en las sillas? ¿O fue acaso por algo que vio en la pantalla, se metió en su mente y afectó a su forma de pensar y de sentir? Lo que entra en la mente tiene un efecto sobre la persona. Por suerte, todos podemos escoger lo que dejamos entrar y lo que no.

Puesto que la actitud es importante, es preciso analizar con cuidado lo que podemos hacer para evitar los "pensamientos nocivos", que acaban produciendo el "endurecimiento de las actitudes".

Estoy seguro de que ahora mismo está pensando: "Bueno, Ziglar, ¿qué puedo hacer, en el escaso tiempo que tengo disponible, para mantener esa actitud mental positiva y poder tratar a mis clientes beligerantes de la misma manera que trato a los clientes amables? ¿Cómo puedo ser afable con mi pareja, mis hijos, los vecinos y los conocidos si he tenido un día horrendo en el trabajo?"

La respuesta, aunque simple, no es fácil: AUNQUE NO ES POSIBLE CONTROLAR LAS CIRCUNSTANCIAS DE LA VIDA, HAY MUCHAS COSAS QUE SE PUEDEN HACER PARA CONTROLAR LA ACTITUD MENTAL AL ENFRENTAR LAS CIRCUNSTANCIAS.

Ante todo es preciso que comprenda lo siguiente: usted es lo que es y está donde está a causa de lo que ha dejado entrar en su mente. Por lo tanto, usted puede cambiar lo que es y el lugar que ocupa cambiando lo que entra en su mente. En pocas palabras, escoja bien lo que LEE, ESCUCHA y VE. A continuación encontrará más detalles al respecto.

PRESIÓN, TENSIÓN Y PREOCUPACIÓN

No cabe duda de que uno de los aspectos más importantes en una carrera de ventas es la salud del vendedor. Las presiones en nuestra maravillosa profesión pueden ser realmente abrumadoras. Piense en algunos factores que generan tensión: la necesidad de cumplir con las cuotas; el lanzamiento de un nuevo producto; la competencia cada vez mayor para obtener el dinero del cliente; los aspectos de alta tecnología de muchas de las fases de la profesión; el énfasis creciente en el servicio al cliente y la calidad de los productos; el consumo cada vez mayor de alcohol y otras drogas entre los vendedores, y la presión social que incita a consumir esas sustancias; las congestiones de tránsito que nos obligan a pasar más tiempo entre la casa y la oficina y la oficina y los clientes; las familias en las que ambos padres trabajan y, cuando hay niños, es preciso contratar niñeras, pensar en las guarderías, la escuela y muchos otros factores que complican la vida. Éstos y muchísimos otros "factores de preocupación" imponen grandes presiones — físicas, mentales y espirituales — al vendedor.

¿Cómo puede usted, el vendedor profesional, cuidar de sí mismo en un ambiente como éste? Como lo dije antes y lo repito ahora, la humanidad es tridimensional: física, mental y emocional (espiritual). La respuesta a su inquietud está en hacer un autoexamen sobre esos tres aspectos.

SIMPLE, PERO NO FÁCIL

Aunque los consejos que deseo compartir con usted son relativamente simples, no por ello es sencillo llevarlos a la práctica. Comencemos con el consejo de un verdadero as de las ventas, alguien de quien ya hemos hablado: Walter Hailey. Walter acumuló una fortuna con el negocio de los seguros de vida y luego vendió su empresa a K-Mart por unos $78 millones (cifra nada despreciable). Podemos decir, entonces, que ha hecho ventas de poca cuantía y por lo menos una venta colosal. Es un hombre de más de sesenta años pero que posee gran vitalidad, entusiasmo inagotable y una alegría de vivir que le hacen parecer veinte años más joven.

Walter dice que hay un porcentaje muy alto de personas que pasan la mayor parte del tiempo "recordando el pasado con ira y mirando al futuro con temor". Con esa doble carga de ira y de temor, la persona, como dice Walter, está literalmente "hipotecando su futuro". La ira por lo sucedido en el pasado crea temor por lo que pueda pasar en el futuro. Con una actitud de ese tipo, hasta las personas con grandes posibilidades futuras se paralizan en el presente.

SALUD EMOCIONAL

Entonces, ¿cuál es la solución? *Primer paso:* Comience por culpar a los demás por lo que le hayan hecho y por todo el sufrimiento y los problemas que ha experimentado en su vida. Mis amigos psiquiatras dicen que no hay nada de malo en culpar a otros por los problemas. Entonces comience ahora mismo a culpar a mamá, a papá, al tío Carlos, a su antiguo jefe, a un ex compañero, a un antiguo socio — y a todo el que se le venga a la mente — por *cada una* de sus dificultades.

Segundo paso: Ahora que ha culpado a los demás por sus problemas, perdónelos por lo que le hayan hecho. Hay casos en que eso es muy difícil y podría incluso exigir asesoría. Estoy pensando en agravios como el maltrato físico, emocional o sexual. Si necesita ayuda para perdonar, haga lo que sea necesario para conseguir esa ayuda. En mi opinión, el perdón es muy importante, porque mientras usted no perdone a esas personas por lo que le hicieron, ellas seguirán teniendo una influencia definitiva en su futuro, y ese futuro no será nunca lo que podría ser. En efecto, su futuro puede llegar a ser negro... si no aprende a perdonar.

Perdonar no necesariamente es olvidar. Archibald Hart, psicólogo cristiano, define el *perdón* como el acto de "renunciar al derecho de cobrar el desquite". Cuando usted perdona a alguien renuncia a cualquier tipo de venganza que haya concebido contra esa persona. Aunque usted recuerde el agravio, se habrá liberado del poder que ese agravio tenía sobre usted y podrá liberarse del deseo de lastimar a su victimario. No piense que es algo que se puede hacer de la noche a la mañana. Perdonar, según el doctor Hart, es un proceso para el cual se necesita tiempo.

Tercer paso: Ahora que ha atribuido a otros la culpa por lo que le ha ocurrido en el pasado y ahora que también ha perdonado, debe ACEPTAR LA RESPONSABILIDAD POR LO QUE LE SUCEDA EN EL FUTURO. Mientras no asuma la responsabilidad por su futuro, continuará viviendo en el pasado y repitiendo los mismos errores. Una de las afirmaciones más significativas que he venido haciendo durante los últimos cinco años es ésta: EL FRACASO ES UN SUCESO, NO UNA PERSONA. Sí, es probable que haya tenido fracasos, pero eso no quiere decir que usted sea un fracasado.

Si complementa esta afirmación *comprendiendo*, lógica y emocionalmente, que "el día de ayer terminó a medianoche y hoy es el primer día del resto de su vida", podrá comenzar a asumir en serio la responsabilidad de su salud emocional. Me gustaría pedirle desde el fondo de mi alma que mirara el futuro con esperanza. Como dice mi amigo John Maxwell, "si hay ESPERANZA en el futuro, hay PODER en el presente".

Para mí, mi salud emocional está en manos de Dios. No es que pretenda imponer a usted determinados valores, pero en más de sesenta años de vida he aprendido que la verdadera salud emocional proviene de una relación personal con nuestro Creador. Todos podemos escoger. Personalmente he optado por servir a Dios a través de Jesucristo con el poder del Espíritu Santo.

Permítame recomendarle que busque toda la información que pueda sobre los aspectos espirituales de la vida y que tome su propia decisión. Cuando conozca y comprenda ese aspecto de su salud, podrá manejar mucho mejor todos los demás aspectos de su vida.

CÓMO ADOPTAR Y MANTENER LA ACTITUD MENTAL DEBIDA

He aquí algunos pasos específicos que lo conducirán a mantener una actitud apropiada:

Primero: Acepte el hecho de que usted PUEDE controlar su actitud.

Segundo: Comprométase a hacer lo que sea necesario para controlar SU actitud.

Tercero: Evalúe cada libro, programa de televisión, película y videocasete antes de empezar a leer o a ver. Para ello, hágase esta pregunta: "¿Contribuirá esto a mejorar mi vida personal, familiar o profesional, o hay algo mejor que pueda hacer durante este tiempo para progresar en mi vida personal, familiar y profesional?"

Cuarto: Aprenda un vocablo nuevo cada día. Dedicando

menos de cinco minutos al día a esta actividad conseguirá resultados asombrosos. El estadounidense común y corriente aprende solamente veinticinco vocablos nuevos al año y tiene un vocabulario de tan sólo quinientas palabras. Un nuevo vocablo por día significa que en un año tendrá una "ventaja clara" sobre la mayoría de las personas con las cuales se relacione; en cinco años tendrá una ventaja COLOSAL, no sólo por conocer las palabras sino porque ellas le proporcionan mayor conocimiento y claridad de pensamiento para enriquecer su vida en todo sentido. Y hay algo más: cada vocablo tiene sus "compañeros": cada vez que usted aprende una palabra nueva adquiere muchas más.

La International Paper Company ha demostrado de manera concluyente que existe una correlación directa entre el nivel de ingresos y el vocabulario. A los 37 años de edad, Vince Robert (quien abandonó la escuela en quinto grado de primaria), de Ottawa (Canadá), era conductor de taxi. Pasaba horas enteras esperando clientes a las puertas de los hoteles y los aeropuertos. Un día tuvo una gran inspiración y se compró un "diccionario de diez kilos". Lo llevaba a su lado en el taxi para aprender nuevas palabras. Adquirió tanto conocimiento y tanta confianza en sí mismo que comenzó a invertir en la bolsa de valores. Para acortar la historia, acabó por comprar la empresa de taxis. Hoy da conferencias sobre cómo alcanzar el éxito. Una palabra al día es un medio insuperable para progresar en la vida personal, familiar y profesional.

Quinto: Dedique al menos veinte minutos cada día a leer algo útil, tanto desde el punto de vista personal como profesional: algo informativo, inspirativo y educativo. Si usted lee con relativa facilidad (220 palabras por minuto), en un año habrá leído veinte libros de doscientas páginas. Si consideramos que la gente común y corriente lee sólo dos libros al año, desde el punto de vista competitivo usted tendrá otra ventaja colosal. Estará en condiciones muy favorables para aconsejar a sus clientes sobre lo que más les conviene.

Piense en la enorme ventaja competitiva que tendrá. Puede leer sobre temas relacionados con su profesión, la realización y el desarrollo del ser humano, la psicología y la naturaleza humana, o sobre cualquier tema que le parezca útil. Busque títulos que le "llamen la atención" y lea esos libros y revistas para conseguir la información que le ayudará a ser un mejor profesional.

Sexto: Ingrese en la universidad del automóvil. El instructor de ventas Don Hutson dice que el vendedor profesional típico pasa más de quinientas horas al año dentro de un automóvil. Eso equivale a unas diez horas a la semana. En diez horas a la semana usted puede convertirse en un profesional consumado sin salir de su vehículo. Podrá llegar a ser maestro en manejar las objeciones, descubrir clientes potenciales, emplear la persuasión, realizar presentaciones y utilizar prácticamente todas las formas de cerrar la venta conocidas. Puede adquirir un vocabulario extenso, aprender otro idioma, adquirir habilidad para la comunicación o incluso llegar a ser experto en la Biblia.

Hay un sinnúmero de fuentes donde puede adquirir el material que necesita: desde las bibliotecas públicas hasta las universidades y miles de compañías especializadas en hacer grabaciones actualizadas, informativas y de estímulo. Nuestra empresa es, obviamente, una de ellas. Cuando fui becario durante dos años en la Universidad del Sur de California, conocí un estudio según el cual una persona que vive en una zona metropolitana y conduce 19 000 kilómetros al año puede, en tres años, adquirir el equivalente de dos años de educación universitaria estudiando en el automóvil. Si posee el nivel de lectura de quinto grado de primaria, no hay ninguna excusa que le impida adquirir una educación excelente.

El beneficio más importante de escuchar grabaciones en el automóvil es el estímulo que se recibe. Durante años los vendedores me han dicho que con sólo escuchar mis grabaciones entre una visita y otra logran levantar inmediatamente el ánimo. Siempre creí que se referían sólo al efecto psicológico, pero luego descubrí que también era fisiológico.

Si desea conseguir los mejores resultados con todo esto que le propongo, comience por escuchar cada día una grabación de estímulo. Los psicólogos dicen que el primer encuentro significativo del día tiene mayor efecto sobre la actitud que los siguientes cinco encuentros considerados en conjunto. Si ha dedicado entre cinco minutos y media hora a escuchar algo que lo estimule, estará listo para hacer la primera visita. El siguiente momento excelente para escuchar las grabaciones, únicamente con el objeto de infundirnos energía, es después del almuerzo. La grabación activa las endorfinas, aumentando el nivel de energía y creatividad.

Refuerce esto todas las noches, leyendo antes de dormirse algo estimulante y educativo. Lo último que queda en el subconsciente antes de dormirnos es lo que la mente digiere durante la noche. Asimilar la información adecuada significará una gran ventaja en su carrera.

Séptimo: Escoja con cuidado a la gente que lo rodea. Hace varios años, *Los Ángeles Times* estudió a un número de personas de gran éxito y descubrió un factor en común. En algún momento de la vida habían tomado la decisión firme de escoger mejor a las personas con quienes trabajaban, departían socialmente y compartían el tiempo. Todos dijeron que ése había sido un factor determinante de su éxito. Por ese motivo, le pido encarecidamente que reflexione sobre esto.

SALUD FÍSICA

El tercer aspecto de la búsqueda de una actitud apropiada es la salud física. Dicho sea de paso, es imposible separar los aspectos físicos, mentales y emocionales (espirituales) de la actitud. Insistiré un poco más en el aspecto físico, porque son muchas las personas que lo descuidan. Hay muchos libros excelentes que ofrecen abundante información sobre el tema.

En mi calidad de fanático del buen estado físico desde principios de los años 70, puedo decirle que cuidar de la salud produce dividendos enormes en lo que se refiere a energía y menos días de cama. Esa energía adicional se traduce en mayores ingresos para la familia. Es absolutamente imposible calcular con precisión los miles de millones en ingresos que pierden al año los vendedores. Piense en lo que sucede cuando el vendedor sencillamente está demasiado cansado para levantarse temprano, se siente agotado antes de terminar el día, o queda sin alientos porque el almuerzo le cae pesado. Para esos vendedores, la simple idea de hacer "sólo una presentación más" antes de terminar el día es una imposibilidad física. Sencillamente no tienen energía para seguir adelante.

¿QUÉ HACER?

¿Cuáles son entonces algunos de los secretos para cuidar la salud física? Comencemos con la DISCIPLINA, un factor esencial pero a menudo descuidado. Ciento setenta y cinco directores de las quinientas empresas de Fortune fueron infantes de la marina de los Estados Unidos. Seis de nuestros últimos siete presidentes prestaron el servicio en la marina y veintiséis de nuestros presidentes estuvieron en el ejército. Como es obvio, nuestras fuerzas armadas enseñan disciplina, lealtad, compromiso y responsabilidad, junto con muchas otras cualidades positivas. Como dije antes: "Impóngase la disciplina de cumplir con lo que tiene que hacer cuando tenga que hacerlo. Si lo hace, llegará el día en que podrá hacer lo que desee cuando lo desee".

COMIENCE EL DÍA COMO TODO UN PROFESIONAL

La disciplina comienza levantándose temprano. Sería ideal que usted y su pareja pudieran levantarse al mismo tiempo. Unos cuantos minutos dedicados a programar las actividades del día, o sencillamente a estar juntos, obra maravillas en una relación. Además, es un procedimiento maravilloso para comenzar el día con un buen estado de ánimo. Si no hay hijos, los esposos pueden salir a caminar o a correr, o quedarse en casa a disfrutar juntos de una taza de café. Esto varía según las personas, pues hay quienes son aves nocturnas, mientras que otros son pájaros madrugadores. En mi libro *Cómo hacer que el romance no muera con el matrimonio* doy ideas concretas sobre cómo aprovechar mejor un tiempo tan importante como es el que la pareja pasa junta. De todos modos, la clave es la siguiente: Si comienza la mañana de la manera apropiada, ése será el "tono" que prevalecerá el resto del día. Usted debe asumir la responsabilidad de su salud mental, física y espiritual.

A UN LATIDO DEL ÉXITO EN LAS VENTAS

Establecer un tono positivo para todo el día facilita cumplir con el aspecto más importante del programa de salud física. La clave para tener un corazón sano (el centro de un cuerpo sano), es la siguiente: Practique varias veces por semana alguna actividad que ponga su corazón a latir dentro de los límites recomendados por su médico y que lo mantenga acelerado durante algunos minutos. Sé que esto es algo vago, pero siga leyendo: su vida depende de ello... y también su éxito.

Quisiera pedirle que NO se ciña a las tablas — que aparecen en algunos libros — sobre los "límites" de la actividad cardíaca establecidos con base en la edad, la constitución y el estado físico. Hacer diagnósticos no es nuestro fuerte, de manera que es importante consultar al médico para saber cuáles son los "límites" personales de cada quien. Su médico también le ayudará a escoger una actividad que se acomode a su personalidad y estilo de vida: una actividad que le acelere el corazón sin perjudicarlo.

Una vez establecidos el límite y la actividad, *trate de cumplir* con el compromiso de mantener la frecuencia cardíaca dentro de esos determinados límites durante el tiempo recomendado por su médico. El poco dinero y los pocos minutos que INVIERTA en hablar de esto con un médico serán de mucho beneficio para usted. El doctor Ken Cooper, mi especialista de cabecera, dice que para mantenerse en buen estado físico es necesario hacer ejercicio tres veces por semana; para conseguir unos cambios mínimos con el tiempo es necesario hacer ejercicio cuatro veces por semana; para lograr cambios apreciables es necesario aspirar (no comenzar) a hacer ejercicio cinco veces por semana.

El doctor Cooper me dice que debo sostener la aceleración de mis pulsaciones durante veinte minutos. Mi actividad es trotar, y la practico durante treinta o cuarenta minutos (nunca por distancia sino por tiempo). Los primeros cuatro a ocho minutos los empleo en elevar la frecuencia cardíaca hasta el límite buscado; los siguientes veinte minutos para mantenerla en ese nivel; los últimos cuatro a ocho minutos para irme relajando (permitiendo que la frecuencia cardíaca regrese a su ritmo normal). Hasta donde es posible, organizo mis horarios de manera que pueda trotar entre treinta y cuarenta minutos diarios tres días consecutivos; descansar un día; trotar otros dos días consecutivos y descansar uno. A mi edad y considerando mis hábitos (entre ellos una predilección por los dulces, los cuales limito a un postre grande una vez a la semana y a unos cuantos bocaditos los demás días), lo mejor para mí es hacer ejercicio cinco veces por semana.

Este esquema es maravilloso para controlar el peso, reducir las tensiones, bajar el colesterol y la presión arterial, por no mencionar lo que hace en favor de mi nivel de energía. En mi caso, prefiero correr al final de la tarde o por la noche.

En este preciso momento en que escribo me siento de maravilla porque hace como una hora volví lleno de energía después de correr aquí en Chattanooga (Tennessee). El clima estaba absolutamente perfecto, con una temperatura de unos quince grados. Si hubiera estado lloviendo o haciendo demasiado frío para correr en la calle, hubiera trotado en el salón de baile del hotel o por los corredores, o hubiera saltado la cuerda en mi habitación, o bajado al gimnasio para usar cualquiera de los aparatos que hubiera estado libre. En pocas palabras, una vez que uno ha establecido el compromiso y adquiere la disciplina de hacer estas cosas, se vuelve una costumbre, por lo demás maravillosa.

Muchos ejecutivos de ventas prefieren salir, antes de almuerzo, a caminar a paso rápido o a trotar, y así acumulan energía para el resto de la tarde. En mi caso, esa energía me dura entre dos y cuatro horas, durante las cuales mi creatividad sube hasta las nubes. Después de hacer ejercicio tengo más energía y resistencia. El ejercicio no es algo en lo cual se pierda tiempo; es una INVERSIÓN que redunda en beneficios tanto inmediatos como a largo plazo.

¿CÓMO ES SU DÍA?

En lugar de tonificarse debidamente para las actividades del día y dedicar un tiempo al ejercicio, ¿qué es lo que hacen muchas personas por la mañana? Son muchas las personas que se comportan como sus vecinos (porque sé que USTED no emplearía sus mañanas en esa forma), que se levantan en el último momento para despertar a los niños, vestirlos y sentarlos frente al televisor con un plato de cereales azucarados, para arruinarles la mente y el cuerpo al mismo tiempo.

Mientras tanto, marido y mujer corren por toda la casa, gritando, llorando, aullando y apretando los dientes, tratando de bajar un bocado de pan dulce con un poco de café mientras se visten, se afeitan o se maquillan. A la hora en que deberían estar llegando al trabajo, nuestros héroes apenas están empujando a los niños dentro del automóvil para salir a meterse en el tráfago del tránsito. Y Dios proteja al pobre conductor que se atraviese en el camino de esos padres que llegan sin aliento a dejar a los niños en la guardería... casi sin frenar para permitir que los pobrecitos se bajen.

Todo eso para poder enfrentarse a una jornada turbulenta de ocho a doce horas con la sola ayuda de tres a ocho tazas de café para mantenerse activos. Por causa de la falta de tiempo y de las presiones de un día a ritmo de locura, la única posibilidad de almorzar es devorar un bocado frente a algún mostrador de comidas rápidas antes de partir en nueve direcciones distintas para cumplir con las visitas de la tarde.

Al terminar el día se devuelve la película: Recoger a los niños, correr a casa, comprar algo de comida rápida por el camino, a menos que puedan permitirse el lujo de meter en el horno de microondas una comida congelada. Puesto que el empaque dice que la comida es "baja en colesterol", o "magra", tienen la justificación mental — aunque no física — para consumirla. Entonces se sientan a "disfrutarla" mientras ven el noticiario de la noche.

Antes de irse a la cama, la pareja se come un refrigerio: algo con muchas calorías, colesterol y grasa. Hora y media después se acuestan perfectamente agotados. No creo que sea ésta la mejor manera de pasar el día.

HABLANDO EN SERIO...

Si usted es de los que han caído en esa trampa, póngale fin a esa forma de vida inmediatamente y PIENSE. Proyecte en su mente lo que le sucederá si sigue así, dónde estará dentro de un año, para no hablar de cinco o diez. Algo tendrá que reventar. Podría ser el matrimonio, los niños o la salud, pero algo reventará. "Si sigue viviendo así, seguirá recibiendo lo que ha recibido hasta ahora". Creo que, desde el punto de vista práctico, esta afirmación no podría ser más cierta.

Hay quienes, en un esfuerzo por aliviar la tensión y la presión que se acumulan a causa de los malos hábitos, recurren primero, para relajarse, a una cerveza fría o a una copa, y después van aumentando la dosis. Considerando que es un hecho comprobado que una de cada nueve personas que beben ocasionalmente termina con un problema de alcoholismo, no cabe duda de que ese estilo de vida encierra un peligro. No pretendo "entrometerme" en su vida. Sólo le pido que piense qué desea realmente en lo que a este aspecto de su vida se refiere.

En primer lugar, ¿le proporciona el alcohol los beneficios que usted persigue? ¿Se lo recomendaría a un miembro de su familia o a un amigo sometido a tensiones y apremios? Si estuviera haciendo una presentación de ventas, ¿qué diría, para venderle a su cónyuge o a otra persona, acerca de la importancia de beber ocasionalmente o en reuniones sociales? ¿Cuáles son las tres cosas que más le gustan del alcohol?: ¿él dinero que le cuesta?; ¿el rendimiento de la inversión?; ¿la influencia que puede tener sobre sus hijos?

No, no estoy "sermoneando" ni "jugando a ser padre". Le estoy pidiendo que piense en lo que es mejor, a la larga, para su vida personal, familiar y profesional. Lo desafío a que encuentre tan sólo una persona que en el momento de probar su primera copa haya anunciado sus intenciones de convertirse en alcohólica. También lo desafío a que someta el alcohol a la prueba del "balance de Benjamín Franklin". En una de las columnas anote los "beneficios potenciales" y en la otra los "costos posibles". P.D.: No olvide incluir el hecho de que en el 90% de los divorcios, el 70% de los casos de maltrato contra mujeres y niños, el 69% de las muertes por ahogamiento y el 50% de las muertes en accidentes de tránsito el alcohol figura como una de las causas.

VIVIR A LA CARRERA

Al evaluar sus hábitos diarios, ¿cree que es culpable de vivir "a la carrera"? ¿Cómo ha pasado los últimos tres meses, seis meses o más tiempo de su vida? ¿Acaso no tiene sentido detenerse un momento a reflexionar dónde se encuentra y a dónde desea llegar?

Es probable que en este momento esté diciendo: "Zig, sí tengo un horario muy apretado, y las cosas están difíciles. Tengo hijos a quienes alimentar, hipotecas que cubrir, unas primas elevadas de seguros, la economía es incierta y hay muchas otras cosas que usted ni siquiera entendería. Si no corro, no podré cumplir con mis compromisos, que son de vital importancia".

Buen argumento. Nunca dije que le sería fácil llegar a ser ese profesional equilibrado y de éxito que deseaba llegar a ser cuando comenzó a leer este libro. Lo que sí puedo decirle es que, aunque podrá alcanzar una relativa productividad viviendo a marchas forzadas y sin ninguna disciplina, al final del año no habrá hecho tantas ventas, no habrá ganado tanto dinero, no se habrá divertido tanto ni habrá sido tan buen padre o miembro de familia como podría haber sido de haber tenido un horario más sensato.

LOS BENEFICIOS EQUIVOCADOS

El tipo de horario que describí antes lo llevará a volverse impaciente y a querer hacer todo en un instante, incluso conseguir que el cliente potencial haga el pedido. Tenderá a no captar las señales del cliente potencial y a no escuchar con atención lo que éste se interesa en decir. Hay muchos factores que determinan la posibilidad de establecer o no establecer relaciones duraderas en la vida profesional y personal.

Los clientes potenciales se sienten más seguros cuando hacen negocios con un vendedor tranquilo, aplomado, que no duda en dedicarles esos cinco minutos adicionales para asegurarles que la decisión que acaban de tomar es la acertada (o que deben tomar la decisión acertada). La misma constancia que le permitirá cumplir con un programa diario de ejercicios le servirá para tratar con verdadera pericia a los clientes y clientes potenciales.

UN HOMBRE ES LO QUE COME

Los doctores Furman y Cooper tienen muchos consejos sobre los alimentos que debemos consumir. Sin embargo, me gustaría recomendarle que se guíe por un principio conocido desde hace mucho tiempo: desayunar como rey, almorzar como si la empresa estuviera recortando la nómina y usted no supiera si es el próximo en la lista, y cenar como si acabara de perder el empleo. Y muy especialmente le pido que no caiga en la trampa de la "comida rápida".

En lugar de entrar como un bólido en un restaurante de comidas rápidas para engullir un plato rico en grasa y poco nutritivo, escoja una ración de pollo, una ensalada de atún o una lonja de pavo sobre pan integral, y complemente esto con una fruta a manera de sobremesa. Muchas cadenas de restaurantes de comida rápida comienzan a ofrecer platos con bajo contenido de grasa y colesterol. La clave está en *escoger* lo que le convenga.

Cierre la puerta de su oficina o busque un sitio tranquilo.

Siéntese a comer sin prisa y disfrute de esa comida frugal. De ser humanamente posible, dé un paseo corto después de comer. Inclusive un paseo de tan sólo cinco minutos es maravilloso para reducir las tensiones, reflexionar y prepararse para los desafíos de la tarde.

DIGA ADIÓS A LOS VENENOS

Además de comer bien y hacer ejercicio con regularidad, es vital para la salud eliminar (o evitar) los venenos. Me refiero en particular al tabaco y al alcohol. Espero que no le ocurra como a la persona que había leído tanto sobre los peligros del tabaco y el alcohol que dejó de... leer.

Hablando en serio, ¿sabía que cada vez que enciende un cigarrillo toma la decisión de morir catorce minutos antes del momento fijado para su muerte? En 1989, 432 000 estadounidenses murieron prematuramente a causa del tabaco. Según *U.S. News and World Report,* entre 40 000 y 50 000 estadounidenses murieron antes de tiempo por vivir y trabajar con fumadores. Las cifras dan mucho que pensar.

Ahora bien: Debo confesar que tengo mis prejuicios en lo que a esto se refiere. Entre mis once hermanos y hermanas, la diferencia en años de vida entre los que fumaban y los que no fumaban va en trece años... hasta hoy. Con cada año que pasa, ahora, cuando cuatro seguimos vivos, la diferencia se hace cada vez mayor. El tabaco es un asesino.

En el mundo competitivo de hoy, el vendedor que enciende un cigarrillo está coqueteando seriamente con una venta perdida. Para citar nuevamente a mi amigo Walter Hailey, él dice que, con todas las pruebas sobre lo nocivo que es el tabaco, jamás soñaría en hacer negocios con personas que fuman, pues con su perseverancia en el vicio indican a las claras que carecen de inteligencia. Sé que habrá quienes se ofendan con esto, pero, puesto que disfruto de su atención en este momento, permítame repetir una vez más que *el tabaco mata*. En este preciso instante en que escribo me preocupo por los miembros de mi familia que todavía fuman. A finales de 1990 enterré a mi hermano menor, víctima directa de los cigarrillos que se fumó.

Si usted fuma, le pido con el corazón que deje de hacerlo. Lo más seguro es que ya haya hecho algunos intentos infructuosos. Todos los estudios que he leído indican que las personas que logran dejar de fumar lo hacen después del tercer intento. Le recuerdo: "El fracaso es un suceso, no una persona".

Cuando deje de fumar (o decida no caer en el vicio), podrá respirar mejor, apreciar los olores, para no mencionar que no ofenderá a nadie por no fumar (salvo a las productoras de tabaco, a las cuales, después de todo, ya ha financiado durante bastante tiempo, ¿no es así?). Las ventas adicionales que podrá hacer mejorarán su situación económica. Si es casado, su esposa y sus hijos lo aplaudirán por su esfuerzo. Podrá vender su automóvil por más dinero. Gastará menos en pintura para el interior de su casa. Ahorrará muchísimo y a la vez salvará su propia vida.

Además, no se me ocurre un solo beneficio que el cigarrillo pueda aportar a su carrera. Nunca he visto que una venta se haya hecho gracias al tabaco, mientras que sí he visto que muchas se pierden por su causa. Fumar es un vicio insidioso que se apodera de nosotros cuando somos jóvenes (en la mayoría de los casos) y se aferra a nosotros mientras le permitamos gobernar nuestras vidas. Por su vida, por su familia, por su carrera, BUSQUE LA FORMA de dejar de fumar. Y si no fuma, por favor, no comience nunca.

LA CIFRA DE MUERTES AUMENTA

El segundo veneno que debe evitar a toda costa es el alcohol. Más de 110 *millones* de estadounidenses beben y más de 18

> **"El fracaso es un suceso, no una persona".**

millones tienen graves problemas de alcoholismo. Un estudio publicado en el *Atlanta Journal and Constitution* reveló que con la muerte, en 1987, de 104 000 personas por enfermedades o accidentes relacionados con el alcohol el tiempo promedio de vida perdido fue de 22 años. Es un precio demasiado elevado para la sociedad.

Créame que comprendo que la presión social que induce a beber es increíble. Pero algo que he observado siempre es que las personas que tienen el valor y el carácter para negarse a beber una cerveza o una copa son objeto del respeto y la admiración de quienes querrían tener la disciplina, la voluntad y el valor para decir no.

Me gustaría hacer hincapié en que no veo esto como un problema de moral, aunque hay argumentos excelentes dentro de ese contexto. Cuando miramos el daño económico que producen el alcohol y el tabaco, al igual que el número de carreras truncadas o destruidas y de vidas arruinadas por ellos, es fácil ver que en realidad son venenos horribles. Pero si piensa por un momento en lo que estos venenos pueden hacerle a su carrera y a su futuro, verá que en realidad se trata de un problema práctico.

LA ECHAMOS DE MENOS CUANDO ES DEMASIADO TARDE

La salud es una de esas cosas que nos preocupan enormemente sólo cuando existe la posibilidad de perderlas y, sin embargo, no les damos la merecida importancia cuando las tenemos. Le ruego que piense en su salud antes de correr el peligro de perderla.

DROGAS ILEGALES

Me he abstenido adrede de hablar de las drogas ilegales porque constituyen una contravención de la ley y no un factor para considerar aquí. En términos comparativos, el problema de las drogas ilegales no tiene las mismas dimensiones que el problema de las drogas aceptadas. En 1989, por ejemplo, hubo "solamente" entre 20 000 y 25 000 muertes a causa del consumo de drogas ilegales, frente a 432 000 defunciones por consumo de tabaco y mucho más de 100 000 por consumo de alcohol.

Agreguemos a esa información lo siguiente: Según la edición del 11 de septiembre de 1989 del *U.S. News and World Report*, es raro el caso de una persona adicta a las drogas que no haya comenzado por el tabaco o el alcohol.

OTRO ESTUDIO NOTABLE

Forest Tennant, doctor en medicina y Ph.D., es quizá la máxima autoridad en materia de drogas en el mundo. Cuando murieron Howard Hughes y Elvis Presley, el doctor Tennant recibió copias de los resultados de las autopsias para su evaluación. Ha sido, así mismo, asesor de importantes entidades oficiales y privadas de los Estados Unidos.

El doctor Tennant asistió a uno de mis seminarios en Anaheim (California). Antes de comenzar mi conferencia obtuvo muestras de sangre de cinco personas (que las proporcionaron voluntariamente). Al terminar el seminario cuatro horas después, tomó otras muestras de sangre de las mismas cinco personas. Los niveles de endorfinas y cortisoles habían subido 300%. Desde entonces, el doctor Tennant ha venido realizando otros experimentos que lo han llevado a descubrimientos extraordinarios.

En el número de mayo de 1989 de la revista *Meetings & Conventions*, el doctor Tennant publicó algunos de sus hallazgos, confirmados científicamente:

> Existe un fenómeno bioquímico que explica por qué las personas se sienten bien después de estas charlas. En el hecho de oír hablar del éxito hay algo que nos produce una descarga emocional que libera esas sustancias químicas en la corriente sanguínea, mejorando el funcionamiento del organismo. Aunque estos efectos no duran más de unas cuantas horas, está claro que una dosis de estímulo suministrada con regularidad re-

dunda en un mejor estado de salud, felicidad y realización personal.

El doctor Tennant y yo hemos sido amigos durante muchos años y, en conversaciones privadas, me ha dicho que sus descubrimientos prueban que el ser humano puede almacenar creatividad, energía y resistencia. Entre una y otra visita de ventas, escuche alguna grabación de un conferenciante en quien usted crea y confíe; asegúrese de que la grabación haya sido hecha enfrente del público.

Permítame recalcar algo. Es posible aprender e informarse escuchando grabaciones hechas en estudio, pero si desea disfrutar el beneficio pleno de la inspiración, el entusiasmo y el estímulo, consiga una grabación que haya sido realizada enfrente del público. Según dice el doctor Tennant: "Oír hablar del éxito de labios de alguien que habla con entusiasmo y energía activa la hipófisis, la cual, a su vez, inunda el sistema de endorfinas, dopamina, norepinefrina y otros neurotransmisores". Cuando eso sucede, el organismo se convierte literalmente en un depósito de energía, creatividad y resistencia.

Estoy absolutamente seguro de que las estadísticas sobre ventas que cité anteriormente (el 70% de las ventas se hace entre las siete de la mañana y la una de la tarde, mientras que sólo el 10% se hace después de las cuatro) son exactas, puesto que, a medida que pasa el día, el estímulo en el vendedor disminuye y su nivel de energía es menor.

Si usted acumula energía física y confianza en sí mismo, dispondrá de dos ingredientes adicionales para abrirse camino en la vida y para abordar las ventas. Además, en el proceso aprenderá a manejar aquello que posiblemente representa el mayor costo para el vendedor y una de las primeras causas de fracaso profesional: la inactividad. Si su salud física y psíquica es buena, usted podrá concentrarse en las cosas que van bien en vez de pensar principalmente en las que van mal. En lugar de sufrir "parálisis de análisis", como dice mi amigo Cavett Robert, se pondrá en acción y saldrá a hacer todas esas visitas. Cuando pierda una venta, su natural optimismo

— alimentado con la información exacta — lo obligará a darse cuenta de que esa venta perdida sencillamente lo ha acercado más a la próxima que espera lograr.

La salud física y psíquica también ayuda en otro aspecto decisivo. Cuando sus niveles de energía y confianza son altos, la tendencia natural a no visitar personas acaudaladas y prestigiosas irá disminuyendo gradualmente hasta desaparecer por completo. También se sentirá más inclinado a llevar el distintivo de su profesión con mayor confianza. Hasta se sorprenderá al oírse decir, como lo hace mi amiga y colega conferenciante Rita Davenport: "Cuando me preguntan qué hago, contesto: 'Discúlpeme por alardear, pero trabajo en el mundo de las ventas'".

Los beneficios de primero mejorar a la persona y *después* mejorar al vendedor son astronómicos. ¡Apresúrese a adoptar los hábitos que le permitan mantener la actitud conveniente para conseguir la vida sana y exitosa que se merece!

CÓMO MANTENER LA ACTITUD CONVENIENTE

En este mundo turbulento y competitivo, si nos dedicamos a derrotar a todos los demás para ser siempre los primeros, con el tiempo pagaremos un precio exorbitante. Esto es especialmente cierto si, por mucho que tratemos, nunca logramos llegar a esa cima anhelada. ¿En dónde está la respuesta si, a pesar de levantarnos temprano y acostarnos tarde; de ser estudiantes ávidos en busca permanente de información, aprendizaje y asimilación de nuevas técnicas; de hacer todo lo que dice este libro y lo que enseñan muchos otros sobre el éxito, siempre nos quedamos cortos y nunca alcanzamos el objetivo de ser los primeros?

Creo que el problema radica en la forma como se ha definido el éxito en nuestra profesión. Creo sinceramente que todos podemos ser el número uno. No quiero decir con esto que todo el mundo pueda ser el más grande, el más veloz, el más fuerte, el más inteligente, el más persuasivo, el más productivo y el más capaz; pero estoy convencido de que uno ES EL NÚMERO UNO cuando puede mirarse al espejo al final del día y decir con toda sinceridad: "Hoy aproveché todas mis capacidades y di lo mejor de mí mismo". Visto de esa manera, el verdadero éxito no está en vencer a alguien; el éxito, la felicidad y la satisfacción provienen de emplear nuestras capacidades. El éxito no está en derrotar a otros; el verdadero éxito se mide según la forma como hayamos empleado nuestras capacidades.

CÓMO SABER QUE LAS PERSONAS ESTÁN BIEN

Si aplica lo que he dicho, quedará muy satisfecho con los resultados. Sin embargo, aunque adopte la actitud debida, siempre habrá ocasiones en las que sus clientes potenciales rehúsen comprar. Detesto darle malas noticias, pero la verdad es que habrá quienes digan no.

Las personas no compran a causa de lo que les decimos o les mostramos. Compran a causa de lo que creen de aquello que les decimos y les mostramos. Realidad: Los clientes potenciales les creen a las personas en quienes CONFÍAN. Si no hay CONFIANZA, la gente no escucha; si no hay CONFIANZA, la gente no compra.

Puesto que en todo hay una venta y todos somos vendedores, si deseamos cumplir nuestra labor con eficacia, TODOS debemos inspirar confianza. El profesor en quien los estudiantes confían es más eficaz. El deportista debe confiar en su entrenador antes de aceptar sus instrucciones y responderle con todo su esfuerzo y entusiasmo.

Lo que usted conozca es importante. Las personas a quienes conozca también son importantes, pero lo más importante es QUIÉN ES USTED, en particular en el mundo de las ventas.

CÓMO VENDER CONFIANZA

Un día de marzo de 1991 almorcé con Bob Forrest, alcalde de Carlsbad (Nuevo México). Es propietario — por tercera generación — de varias concesionarias de automóviles en esa parte de Nuevo México. Bob dice: "No pretendemos competir en precios, pero sí podemos hacerlo en servicio". La reputación de su familia se remonta a tres generaciones y el servicio que brindan es efectivo. La gente sabe, por instinto y por años de experiencia, que Bob cumple lo que promete. Pienso que este factor será todavía más importante en los años venideros. Nosotros (los consumidores) buscaremos a aquellas personas en quienes podamos confiar.

Piénselo un momento. A todos nos gusta hacer negocios con personas en quienes confiamos. ¿Imagina lo que sería ir al médico y no confiar en que el tratamiento será eficaz? ¿Imagina lo que sería hacer negocios con una institución financiera cuya solidez está en entredicho? ¿Sería feliz con un compañero en quien no confía? De ninguna manera.

El mismo principio se aplica en ventas. Si la gente realmente confía en usted y si todos los demás beneficios que ofrece la competencia son casi equivalentes a los ofrecidos por usted, preferirán comprarle a usted.

¿PERO POR QUÉ HAY CLIENTES POTENCIALES QUE NO COMPRAN?

Como lo he repetido durante casi toda mi carrera como vendedor, hay cinco razones por las cuales la gente no compra:

> No hay necesidad.
> No hay dinero.
> No hay prisa.
> No hay deseo.
> No hay confianza.

La última de las cinco — no hay confianza — es la más difícil de comprender pero la más esencial. La única forma de ver la diferencia entre el rechazo personal y el deseo de no comprar — cuando el cliente potencial dice no — es comprendiendo la importancia de la CONFIANZA en la relación comercial. Es NECESARIO contar con la confianza de la gente para poder vender, y si usted no es una persona confiable, la gente no comprará sus bienes o servicios.

Si un cliente potencial no compra por falta de confianza, ¿tendrá usted razón al sentirse rechazado como persona? ¡Claro que no! Cuando usted escucha un NO lo único que debe hacer es buscar las razones de esa respuesta. ¿Alguna vez le han confiado algo? ¿Considera usted que no es confiable? ¿Vende usted un producto o servicio en el cual no cree sinceramente? ¿Qué clase de señales tácitas estará enviando al cliente potencial a través de sus gestos o lenguaje corporal? Sin conocerlo personalmente, me arriesgaré a decir que usted es una persona digna de confianza. Quizá el problema radique en que no está comunicando esa confiabilidad, o sea en la falta de comunicación.

La "clase de persona que usted es" constituye el factor que determinará el tipo de carrera que seguirá como vendedor. Y, puesto que la confianza es el factor más importante en la decisión del cliente potencial, analicemos más a fondo ese factor dentro del contexto del proceso de venta. Alguien dijo alguna vez: "Una mentira puede llevar lejos, pero no servirá para regresar". Dicho en otra forma: "Una oveja se deja esquilar una vez al año, pero sólo una".

¿QUE HARÁ QUE USTED VENDA EN EL FUTURO?

Para poder hacer la venta y lograr que el cliente potencial pase del "no" al "sí" (de estar cerrado a la banda — "No necesito ni deseo hacer negocios con usted porque lo que me pide es más de lo que me ofrece" — a sonreír, abrir la mente y tomar el bolígrafo para firmar el pedido: "¡Lo compro!") es necesario cumplir una serie de pasos (representados en el diagrama por una serie de puntos).

"¡NO!" . . . . "¡SÍ!"

Entre esos pasos graduales que debe dar para acercarse al

logro de la venta se halla el de conseguir agradarle al cliente potencial y ganarse su confianza. Usted debe primero agradarle para que confíe y decida comprar.

CÓMO CONSEGUIR ESA CONFIANZA

Puesto que la CONFIANZA es un elemento integral del proceso de ventas, veamos una serie de pasos concretos que le servirán para conseguir la confianza y cerrar más ventas con más frecuencia. La confianza comienza con una primera impresión favorable. La primera impresión favorable, como dije antes, se logra con la presentación personal. Vestir adecuadamente (bien se presente personalmente, o bien llame por teléfono) influye en gran medida sobre su estado de ánimo y sobre las percepciones del cliente potencial. Todos los estudios muestran que vestir adaptándose al estilo de éste último mo — repito: ya sea en persona o por teléfono — aumenta considerablemente la proporción de ventas realizadas cuando todos los demás factores son iguales.

UNA SEGUNDA OPORTUNIDAD

A menudo los vendedores con pocas habilidades pero con una gran "dosis de buena apariencia" son más eficaces que aquéllos que no pasan la prueba a este respecto. Recuerde: una presentación personal apropiada es la clave. Pregúntese cómo actuará la gente si usted se presenta esmeradamente vestido. Y, aunque se haya convertido en una frase trillada, no por ello deja de ser vívidamente cierta la siguiente sentencia: "Nunca tendrás una segunda oportunidad de causar una primera impresión".

SEGURIDAD Y CONFIANZA

Una vez pasada la "inspección", la siguiente idea del cliente potencial sobre usted comienza a formarse cuando usted abre la boca. Es aquí cuando usted comienza a revelar su grado de

SEGURIDAD, segundo factor para ganarse la confianza del cliente potencial.

La apariencia revela una pista, mientras que las palabras y el tono de voz son el "decorado de la torta". En su libro *Silent Messages*, el doctor Albert Mehrabian explica que el 55% de las actitudes y los sentimientos se manifiestan a través de nuestras aptitudes *no verbales*, como son la presentación personal, la postura y los gestos; el 38% de las actitudes y los sentimientos se expresan a través del *tono* de la voz; y el 7% de las actitudes y los sentimientos se expresan mediante las *palabras* que escogemos. ¿Qué tiene más peso: lo que uno dice (7%) o la forma como lo dice (93%)?

A riesgo de ofenderlo simplificando demasiado el proceso, déjeme decirle que conseguirá más ventas si obedece los consejos de su madre: "¡Párate erguido, mira a la gente a los ojos y habla fuerte!". Los MEJORES profesionales de las ventas son los que recuerdan los principios básicos; en los detalles está la gran diferencia; SU ÉXITO depende de que cumpla los principios fundamentales y preste atención a los detalles.

LA CONFIANZA Y SU EMPRESA

Recibo muchas cartas de personas que tienen dificultades para hacer una carrera en la profesión de las ventas, y uno de los factores que tienen en común es la entidad para la cual trabajan. Si su empresa carece de credibilidad y no es digna de confianza, le será muy difícil a usted proyectar credibilidad y confianza. Si su compañía tiene credibilidad y es digna de confianza y usted no lo CREE, tanto a usted como a su cliente potencial se les plantea un problema. Cerciórese de que la semilla de la duda, que gradualmente invade como maleza sus actitudes, tenga justificación. Hable con las personas encargadas de las secciones que le han producido desencanto; ofrezca ideas a los departamentos que tienen dificultades; no dé crédito a los "rumores" como si fueran el evangelio.

La clave está en escoger una empresa en la cual pueda creer.

Durante la entrevista para el empleo, a la vez que es entrevistado, usted debe entrevistar a la empresa. Hágalo aunque se trate de entidades con reputación buena y sólida. Habiendo trabajado en muchas entidades y en distintos campos, puedo decirle, por experiencia, que lo que se ve desde fuera puede ser muy distinto de lo que se ve cuando se está ya dentro de la empresa.

No tema formular preguntas difíciles (con actitud comedida) durante la entrevista, independientemente de cuánto necesite el empleo. Es probable que consiga el puesto, pero en la gran profesión de vender la credibilidad y la confianza van de la mano. Si tiene dudas, su carrera (y en particular su remuneración) se verá afectada. Busque con decisión la entidad apropiada para usted: una entidad que complemente sus creencias y valores fundamentales.

Si en la actualidad trabaja para una empresa sobre la cual tiene dudas, asuma la responsabilidad de dar ejemplo de cambio cumpliendo extremadamente bien con lo que a usted le corresponde. Tratar de mejorar una entidad desde dentro es una de las experiencias más emocionantes que puede sucederle en su vida profesional. Si llega el momento en que se da cuenta de que no puede trabajar desde dentro para mejorar a la entidad y mejorarse a sí mismo, la decisión es clara: no tendrá más remedio que buscar otro empleo.

CONFIANZA Y REFERENCIAS

Cuando usted aborda a un nuevo conocido mencionando el nombre de un viejo amigo que lo ha recomendado, la confianza es inmediata. Desde el punto de vista de la confianza, las referencias son de valor inestimable para el vendedor profesional que las solicita. Piense en el nombre de su amigo más antiguo y querido. Si él le pidiera que hablara con una persona — aunque ésta vendiera acciones en Irak — usted seguramente querría escuchar: "Bueno, la idea me parece bastante rara, pero _____ [nombre de su amigo] es mi amigo más antiguo y querido (o tiene una visión excelente para los negocios), de modo que lo mejor es escuchar". Las referencias son de gran valor para usted, su empresa y sus clientes.

LA CONFIANZA Y LOS DETALLES

Son muchos los elementos aparentemente insignificantes que pueden influir en la confianza que el cliente potencial pueda llegar a depositar en usted. En mi caso, si alguien trata de venderme algo cuando estoy cansado, las probabilidades de comprar se reducen considerablemente, en particular si se trata de una inversión cuantiosa. Hace muchos años supe que mi actitud mental no es la mejor cuando estoy muy cansado; de manera que, por muy atractiva que sea la oferta, casi siempre prefiero esperar a estar descansado para pensar con calma. Su cliente potencial puede ser como yo y, aunque usted proceda apropiadamente en todo, el momento será equivocado.

La sensibilidad es un factor clave del proceso de venta. Si usted se da cuenta de que hay algunos factores que no puede controlar, es mejor que reconsidere el momento de hacer la presentación. Sin embargo, tenga cuidado de no tratar de jugar al "psicólogo" en cada visita, o de lo contrario caerá en el hábito de encontrar excusas para no hacer la presentación. Es obvio que no tengo que decirle cuáles son los resultados de semejante proceder. El secreto para conseguir la venta es abrir la mente del cliente.

CONFIANZA Y REPUTACIÓN

Hace varios años, cuando era miembro de la junta directiva de una escuela superior en una zona rural de Texas, se tomó la decisión de conseguir una unidad de calefacción y aire acondicionado para uno de los edificios. El presupuesto era reducido y los fondos muy limitados. Pero no teníamos alternativa. Se trataba de poner fin a una situación intolerable. Infortunadamente, sólo conseguimos dos ofertas. La diferencia de precios era exagerada, considerando que se trataba de hacer exactamente la misma instalación con los equipos especificados por la junta. Sin embargo, sin dudarlo un momento, la junta aprobó por unanimidad la cotización más costosa. La razón: la otra compañía tenía una reputación que indicaba que la mano de obra era de mala calidad, y nula la continuidad del servicio.

Mi opinión es que, sea usted veterano o novato en ventas, si su producto es casi igual al de otra empresa, la diferencia podrá radicar en usted: el vendedor. Dé a sus clientes potenciales todas las razones posibles para confiar en usted, demostrándoles que es digno de confianza, y ellos buscarán la excusa para comprarle.

MOTIVACIÓN REAL

Durante un viaje que hice recientemente me senté al lado de un caballero muy ocupado en leer unos papeles. Como yo estaba concentrado leyendo un libro, no cruzamos ni una palabra. Cuando la azafata trajo las comidas, los dos dejamos lo que estábamos haciendo, para comer. Mi vecino de puesto preguntó: "¿Qué lee? ¿Es bueno ese libro?" Lleno de entusiasmo le respondí que, en efecto, era muy bueno, y agregué que en realidad había terminado de leerlo la víspera y estaba repasando las partes que había subrayado o señalado. Al hacerlo había reparado en el gran número de anotaciones que había hecho, por lo cual decidí contarlas y descubrí que había más de 125. Le expliqué que, en mi opinión, un libro valioso debe cumplir dos funciones. Primero, ofrecer información inspirativa, interesante, aplicable y utilizable. Segundo, inducir al lector a pensar y a reflexionar. Ese libro en particular me había inspirado 125 ideas.

Como se habrá dado cuenta, *motivar* significa "extraer" o sacar lo que está adentro. VENDER: UNA FORMA DE VIDA se escribió para "motivarlo" en su calidad de profesional de la persuasión: 1) Ayudándole a refrescar sus conocimientos; 2) dándole información nueva; y 3) inspirándolo a que combine estas dos cosas y tenga así ideas nuevas y creativas para enriquecer su vida.

No trate de "acabar" el libro lo antes posible sino de "extraer" de él todo lo que contiene; y, lo que es mucho más importante, deje que el libro EXTRAIGA LO QUE HAY EN USTED.

No me entienda mal. Ni por un minuto fue mi intención dejarle la impresión de que con la actitud debida y la motivación adecuada usted podrá mantenerse en todo momento en un estado de "euforia". Las únicas personas que logran ese objetivo son las que dependen de algo para conseguir la "euforia", y ese "algo" acaba por destruir sus vidas y sus carreras. Me refiero a la necesidad de mantener una actitud equilibrada, si bien con más inclinación hacia el lado optimista y positivo. No creo que el pensamiento positivo sea la clave para hacer "cualquier cosa", pero sí estoy seguro de que le ayudará a hacer mejor las cosas que una actitud negativa. El pensamiento positivo promueve el uso de todas las habilidades, mientras que el pensamiento negativo impide usar al máximo esos recursos. Si usa SU capacidad para aplicar los principios que ha aprendido, le aseguro que el éxito y el profesionalismo en las ventas serán SUYOS.

APÉNDICE

Resumen de las habilidades requeridas para tener éxito en las ventas

Primera parte. Aspectos personales
Por favor, complete las frases siguientes lo mejor que pueda, de acuerdo con la fase en la cual se encuentre en su carrera de vendedor.

1. Escogí la carrera de vendedor porque _____

2. Escogí la empresa en la cual trabajo actualmente porque _____

3. Lo que más me agrada de vender es _____

4. Lo que menos me agrada de vender es _____

5. Mi familia piensa que vender es _____

6. El porcentaje de ventas que logro es _____ (número de ventas dividido por el número de presentaciones).
7. Para contar con la oportunidad de realizar una presentación debo hacer _____ intentos.
8. Para efectuar una venta debo hacer _____ presentaciones.
9. Para cumplir con mis metas económicas debo tener _____ clientes potenciales y hacer _____ intentos TODOS LOS DÍAS, los cuales representan la oportunidad de hacer _____ presentaciones.

10. El número de presentaciones anotado en la pregunta 8 da un promedio de _____ en treinta días, para un total de $ ___ .
11. El equipo de alta tecnología que tengo que manejar en ventas es _____
12. He descubierto que el mejor método para buscar clientes potenciales es_____
13. Mi forma de manejar el desánimo (temor de hacer la visita o la llamada) y el rechazo (escuchar una negativa) consiste en _____
14. En el mundo de las ventas, para mí los viajes representan _____
15. Mi personal de apoyo en ventas es _____
16. En lo que se refiere a la profesión de vender, en un año estaré ganando _____
17. En lo que se refiere a la profesión de vender, en cinco años estaré ganando _____
18. Con respecto a mi carrera en ventas, en un año estaré ocupando el cargo de _____
19. Con respecto a mi carrera en ventas, en cinco años estaré ocupando el cargo de _____
20. Mi mayor meta en la carrera de ventas es _____

Segunda parte. Calificación de las habilidades para vender
En una escala de 1 a 5, califique su desempeño en cada una de estos aspectos estratégicos. Luego sume las calificaciones para ver en qué nivel se encuentra con respecto a las habilidades necesarias para tener éxito en las ventas.

1 = Ausencia de habilidad
2 = Habilidades incipientes
3 = Habilidades poco sólidas que necesitan mejorar
4 = Habilidades consolidadas
5 = Habilidades excelentes

_____ 1. ENTUSIASMO. La emoción de vender me sale de muy adentro. Estoy orgulloso de mi profesión y me agrada hacerles saber a los demás que soy vendedor y qué cosas vendo.

_____ 2. CONFIANZA. Además de creer en lo que vendo, creo en mí mismo y confío en mi capacidad como vendedor.

_____ 3. CARÁCTER. Cumplo con mi plan aun después de la emoción del momento de comprometerme. Hago lo que me propongo y persevero.

_____ 4. INTEGRIDAD. Vendo mis productos y servicios únicamente a quienes estoy seguro de poder beneficiar. Vendo para beneficiar a otros además de a mí mismo, y el dinero es para mí una medida de mi desempeño y no el único objetivo de la venta.

_____ 5. SINCERIDAD. Digo lo que pienso (con tacto) y pienso lo que digo. Soy sincero conmigo mismo y con mis clientes potenciales. Sopeso cuidadosamente las observaciones para determinar su validez. No prometo mucho y cumplo lo más posible.

_____ 6. MOTIVACIÓN. Sé lo que hago y por qué. He reflexionado cuidadosamente acerca de los motivos, razones y propósitos de mis actividades.

_____ 7. ASPIRACIONES POSITIVAS. Siempre veo lo mejor de la gente y de las situaciones. Aspiro a ser tratado con justicia y respeto. Aspiro a tratar a los demás de igual manera.

_____ 8. INICIATIVA. Hago que las cosas sucedan en vez de aguardar a que ocurran. Asumo la responsabilidad por mis actitudes y actuaciones. Procuro actuar primero en vez de limitarme a reaccionar.

____ 9. ACTITUD. Soy alegre, positivo y optimista. Comprendo que el pensamiento positivo es importante pero que la confianza positiva es todavía más importante. Rara vez me quejo o critico a los demás.

____ 10. SONRISA. Entiendo que mi arreglo personal no está completo sin la sonrisa. Sonrío y "mucho" para demostrar a las personas el placer que siento al conocerlas y saludarlas. Regalo una sonrisa a quienes carecen de ella.

____ 11. PRESENTACIÓN PERSONAL. Me visto de manera apropiada, tomando en consideración la forma de vestir de mis clientes y clientes potenciales. Siempre pienso de antemano en lo que voy a usar y estoy siempre pulcro y aseado.

____ 12. AUTOANÁLISIS. Llevo un excelente registro, y por mis anotaciones sé de dónde provienen mis ventas y por qué la gente me compra. Sé cómo me fue el año pasado, cómo me va este año y cómo espero que me vaya el año próximo.

____ 13. ORGANIZACIÓN. Sé cómo empleo mi tiempo. Sé cuáles actividades y labores producen más resultados de acuerdo con mis metas. Soy consciente de las diez actividades más importantes que debo realizar para tener éxito todos los días, y actúo con base en ese conocimiento.

____ 14. SISTEMA DE APOYO. Trato a mi familia y a mis compañeros de trabajo con tacto y diplomacia, y les solicito su participación siempre que encuentro una oportunidad. Entiendo que la familia y los compañeros de trabajo son mis clientes *internos* y son tan importantes como mis clientes *externos*.

____ 15. VIAJES. Comprendo que el camino ofrece ventajas y peligros y estoy dispuesto a manejarlos con eficacia y propiedad.

____ 16. SATISFACCIÓN DE LOS CLIENTES. Entiendo que casi cualquier persona puede brindar servicio al cliente, de manera que para tener éxito en las ventas debo ir más allá del simple servicio hasta garantizar la satisfacción de mis clientes. En lo que a este tema se refiere, tengo un plan de acción muy concreto.

_____ 17. VENTAS POR TELÉFONO. Disfruto de las ventajas que ofrece el teléfono en el mundo de las ventas. No siento "terror al teléfono" y utilizo ese medio para devolver las llamadas oportunamente, iniciar las visitas — a fin de ahorrar tiempo y dinero — y responder con prontitud y cortesía.

_____ 18. MANEJO DE LAS OBJECIONES. Sé cuáles son las objeciones que se repiten una y otra vez y he ideado métodos para manejarlas. También tengo una metodología para enfrentar las objeciones "imprevistas".

_____ 19. MANEJO DEL RECHAZO. Conozco la diferencia entre un rechazo personal y la negativa a hacer un negocio. Despersonalizo las negativas y suelo valerme del motivo por el cual el cliente no desea comprar como la razón misma por la cual debe hacerlo.

_____ 20. PINTURA DE CUADROS. Entiendo que soy mercader de palabras y pintor de cuadros, y que para tener éxito debo escoger con cuidado mis palabras y pintar unos cuadros vívidos y llenos de emoción para el cliente potencial.

_____ 21. CIERRE DE LA VENTA. Sé cómo cerrar la venta, cuándo hacerlo y cuáles son las técnicas más eficaces para mí y mi producto o servicio. Siempre le propongo al cliente el pedido.

_____ 22. METAS. Entiendo que una meta es un sueño por el cual estoy dispuesto a actuar. Divido mis metas en etapas que trato de cumplir día por día.

_____ 23. ESCUCHAR. Sé y demuestro con mis actos que "hablar es compartir pero escuchar es comprender". Escucho con los ojos y el corazón, además de los oídos.

_____ 24. EDUCACIÓN. Leo y escucho con regularidad la información inspirativa, informativa y educativa que me ayuda a ser mejor profesional cada día. Sé que la educación es un proceso permanente y progresivo del cual disfrutaré durante toda mi carrera.

___ 25. SENTIDO COMÚN. Entiendo que el sentido común no abunda. Trato de pasar toda la información a través del filtro del sentido común. Aspiro a ganar, me preparo para ganar y, por lo tanto, estoy en todo mi derecho deseando triunfar en el mundo de las ventas.

___ CALIFICACIÓN TOTAL

NIVELES DE HABILIDAD PARA TENER ÉXITO EN LAS VENTAS

0 - 50 = Está en el sitio apropiado en el momento apropiado. La buena noticia es que le esperan sus mejores años como vendedor. La otra buena noticia es que tiene en sus manos toda la información que necesita para tener éxito.

51 - 75 = VENDER: UNA FORMA DE VIDA es para usted. Cuenta con unas bases sólidas para seguir su carrera de vendedor y, con la información disponible, podrá llegar a la cima. Lea y repase esta información todos los días (en el tiempo en que no esté vendiendo).

76 - 99 = Está rompiendo la barrera para llegar al éxito. Con un poco más de brío logrará lo que desea en su carrera profesional. Este libro es el "decorado del pastel" y le ayudará a continuar por el camino del triunfo ofreciéndole mayores éxitos.

100 - 125 = Usted ha debido ser el autor de este libro. No se confíe demasiado como para olvidar lo básico. Parte de la razón por la cual tiene éxito es que ha reconocido la importancia de estudiar constantemente. ¡Felicitaciones!

EPÍLOGO

Algo personal para usted

Alguna vez escuché a una persona muy inteligente decir que "lo que cuenta no es dónde se comienza sino dónde se termina". Puesto que comencé este libro con una anécdota de mis primeros pasos, nada espectaculares por cierto, quizá deba terminar con "el resto de la historia"... al menos la que llevo vivida hasta ahora (creo que la mejor parte está todavía por venir).

Incluyo esta información personal porque, salvo tres excepciones, lo más seguro es que durante mi vida y mi carrera mis experiencias han sido análogas a las de todos los lectores de este libro.

La primera excepción es la experiencia de padecer o haber padecido alguna enfermedad física o mental grave. He sido bendecido siempre con excelente salud en todo sentido; de manera que no puedo saber qué siente una persona enferma.

La segunda excepción es la experiencia de haber perdido, por muerte o separación, al cónyuge o a un hijo. He sido muy afortunado en tener cuatro hijos sanos y fuertes y una esposa bella y amorosa de cuya compañía he disfrutado durante más de cuarenta y cinco años.

La tercera excepción es la experiencia de quienes nunca han sido amados de verdad. He sido más que afortunado con el amor de toda mi familia. En primer lugar, con el de mi madre, quien jamás dejó de demostrármelo. En segundo lugar, con el de mis hermanos y hermanas, que siempre me han amado y me han brindado apoyo irrestricto. Los hermanos mayores se encargaron de atenderme en mis necesidades físicas y económicas, a la muerte de nuestro padre, cuando apenas tenía yo cinco años. Y está el amor de La Pelirroja, un amor estable, sólido, confiable e infinito. Además, he tenido el amor de mis hijos y de mis nietos, quienes nunca han ahorrado manifestaciones y pruebas de afecto. Por último, he gozado del amor de las personas en cuyas vidas he podido participar, en mayor o menor medida, a lo largo de los años.

Si usted pertenece a una de esas tres categorías de personas, podría decirle que "entiendo cómo se siente", aunque en realidad no tengo forma de saberlo.

LAS SEMEJANZAS PODRÁN SORPRENDERLO

Sin embargo, son muchas las experiencias que he vivido. Sé lo que se siente cuando se ha perdido el rumbo en la relación con Dios y uno se pregunta qué sucedería si la muerte llegara súbitamente. Sé lo que es no tener una moneda en el bolsillo. He tenido que vivir esas experiencias muchas veces a través de los años. Sé lo que es sentirse desanimado y abrumado. Sé lo que es no tener un propósito o un futuro.

Creo haber estado tan endeudado, quebrado y preocupado por mi destino económico como el 99.9% de las personas que leerán este libro. Sí, también he estado en la situación de muchos de ustedes.

Deseo compartir esta información porque lo más probable es que quienes hayan leído mis libros o me hayan oído hablar, personalmente o mediante grabaciones, quizá tengan la impresión de que todo ha sido cuestión de tomar el lápiz para escribir, tomar un micrófono para pronunciar discursos o encender una grabadora. No es así. Si tengo la habilidad para hacer todo eso es porque he aprovechado los dones de Dios e invertido gran cantidad de tiempo, esfuerzo y dedicación en cultivar esas aptitudes.

He hablado gratuitamente para toda suerte de organizaciones — el Club de Leones, el Club Rotario y la Cámara Júnior —, para no mencionar las escuelas, las iglesias, las cárceles, los centros de rehabilitación para drogadictos y muchas otras organizaciones sin ánimo de lucro, entre ellas el Ejército de Salvación, y distintos grupos de las fuerzas militares. He hablado en reuniones de ventas de concesionarios de automóviles, de vendedores de baterías de cocina, de organizaciones de venta de aspiradoras, de compañías de bienes raíces y de muchos otros grupos. He conducido por mi propia cuenta ochenta kilómetros, ciento sesenta kilómetros y trescientos veinte kilómetros en tres ocasiones distintas para hablar ante grupos reducidos, y en las tres ocasiones tuve que regresar a casa el mismo día por no tener el dinero suficiente para pagar una habitación de hotel.

Menciono estas cosas porque deseo que usted sepa, ahora que ha establecido un compromiso con su carrera, que las cosas no serán fáciles. Sin embargo, creo que con un esfuerzo físico, mental y espiritual constante, podrá adquirir las habilidades que necesita para cumplir con sus objetivos.

Como es lógico, algunos de los que ahora leen este libro tendrán más talento que otros, pero lo que hay que recordar es que un talento mal aprovechado o mal cultivado no sirve en el mundo de las ventas y tampoco para sobrevivir en el mercado de hoy.

CUANDO EL ALUMNO ESTÁ LISTO, EL MAESTRO APARECE

Habrá muchos momentos en su vida en los cuales aparecerá una persona que cambiará su futuro. Creo que este libro puede cambiar su futuro, pero sólo si pone en práctica las lecciones en él consignadas. Recuerdo claramente una de esas ocasiones en que un maestro se cruzó en mi camino. Después de dos años y medio de trabajar en ventas se habían agotado mi crédito y mi paciencia, la frustración era abrumadora, era acosado por los acreedores y hasta La Pelirroja comenzaba a dudar de que yo hubiera escogido la profesión apropiada. Nunca dijo nada, pero por algún motivo llegué a sospechar que estaba preocupada.

Entonces un día asistí a un curso de todo un día en Charlotte (Carolina del Norte), y no aprendí nada. Por la tarde regresé a Lancaster (Carolina del Sur), para hacer la demostración por la noche de un producto. Finalmente crucé el umbral de nuestro pequeño apartamento hacia las once y media de la noche, sólo para permanecer despierto buena parte de la noche a causa del llanto de mi hijo recién nacido. A las cinco y media de la mañana sonó el "despertador" (eso era antes de saber que en realidad es el "indicador de oportunidades") para avisarme que era hora de regresar a Charlotte al segundo día del curso.

La fuerza de la costumbre me hizo salir de la cama, pero cuando vi la nieve que había caído la noche anterior y que mi auto Crosley no tenía calefacción, opté por hacer lo que la mayoría de los seres inteligentes habrían hecho: regresar a la cama. Sin embargo, en el momento mismo en que me acostaba recordé las palabras de mi madre: "Hijo, si estás en algo, comprométete. Si no, abandónalo. Si no das lo mejor de ti mismo, estarás portándote injustamente con la persona para quien trabajas y contigo mismo".

Recuerdo que había tardado dos meses en convencer a los gerentes de la compañía para que me dieran el empleo. No creían que pudiera vender, y durante los dos años y medio que siguieron no hice otra cosa que demostrar que habían tenido razón. Sin embargo, les había prometido que asistiría a todas las reuniones de ventas y a todos los cursos de capacitación, y en los dos años y medio no había faltado a una sola y tampoco había llegado tarde. Me levanté y conduje mi auto hasta el sitio de la reunión, y ése fue el día en que mi mundo cambió.

El señor P. C. Merrell, mi héroe, el hombre que había superado todas las marcas y escrito el programa de capacitación, era el orador invitado ese día. Cuando terminó la sesión, prácticamente me arrinconó y me dijo: "Zig, llevo observándolo más de dos años y nunca he visto tanto desperdicio".

Como es natural, ante tal comentario fui todo oídos y me apresuré a preguntarle a qué se refería con eso. Me respondió que, en su opinión, yo tenía una verdadera habilidad y podía llegar a ser campeón nacional, escalar todos los niveles y convertirme en ejecutivo de la compañía si tan sólo trabajaba organizadamente y adquiría confianza en mí mismo.

Desde un principio me habían dicho que debía trabajar de acuerdo con un programa organizado, pero cuando uno es "un don nadie de una ciudad pequeña que no piensa llegar a ninguna parte", uno piensa: "¿Para qué golpearme contra las paredes si de todas manera no me sucederá nada bueno?" Pero un hombre en quien tenía absoluta CONFIANZA y FE, una persona cuya INTEGRIDAD y PERSONALIDAD estaban más allá de cualquier duda, me estaba diciendo que podía llegar a ser campeón nacional, y yo le creí.

LO QUE UN DÍA PUEDE SIGNIFICAR EN LA VIDA

De regreso a casa, mi Crosley casi volaba. Esa noche tuve una demostración con tres clientes potenciales que estaban lejos de saber lo que les esperaba. ¡No les dejé ni una salida! No estaban tratando con un don nadie pueblerino que tendría que luchar por el resto de su vida. Se enfrentaban con un campeón nacional, con un hombre destinado a llegar a la cima, con alguien que podría incluso ocupar un puesto ejecutivo en la compañía, si ponía su empeño en ello.

No solamente les vendí a los tres clientes potenciales esa noche, sino que también terminé el año en segundo lugar en el país entre otras siete mil personas y recibí el mejor ascenso que ofrecía la compañía. Cambié el Crosley por un automóvil realmente hermoso, y al año siguiente era el empleado mejor pagado de la compañía en los Estados Unidos. Tres años después llegué a ser la persona más joven en ocupar un cargo de supervisor de división en los sesenta y seis años de historia de la empresa y conseguí unas marcas de ventas que todavía no han sido superadas.

Debo apresurarme a añadir algo importante. Cuando tuve la entrevista con el señor Merrell yo era ya un vendedor "capacitado". Sabía cómo conseguir clientes potenciales, acordar citas, realizar demostraciones, manejar objeciones y concretar ventas. El vendedor estaba listo; el señor Merrell apareció en el momento justo. Eso es precisamente lo que trato de decirle. Yo podría enseñarle a un niño de doce años todos los procedimientos y las técnicas que se necesitan para tener éxito en las ventas. También podría enseñar al as de los estafadores de la ciudad, pero ni el niño de doce años ni el estafador podrían llegar a tener éxito en las ventas. El niño carecería de la credibilidad que se adquiere sólo con los años. El estafador se autodestruiría en poco tiempo, aunque quizá trabajara bien en un principio, porque con el tiempo volvería a sus antiguas costumbres, destruyendo la confianza de sus clientes. No, el tipo de persona que sea usted constituye el factor más importante para hacer una carrera en el campo de las ventas.

También debo contarle que, siguiendo la sugerencia del señor Merrell, me comprometí conmigo mismo a hablar con un cliente potencial todos los días a la misma hora. El solo hecho de concebir esa idea significó un cambio profundo en mi desempeño. Aunque ocupé el segundo puesto en el país entre los otros siete mil vendedores, nunca estuve entre los primeros veinte durante una sola semana o un solo mes, pero tampoco terminé en blanco ninguna semana. El esfuerzo constante durante todo el año fue la razón por la cual terminé en segundo lugar.

EL MENSAJE DEL SEÑOR MERRELL QUE YO LE TRANSMITO A USTED

Antes de dirigirme a un auditorio le pido a Dios que pueda ser el P. C. Merrell de alguna de las personas que se hallan presentes. Hago esa petición, bien mi auditorio esté integrado por los 23 000 más hermosos muchachos y muchachas de Future Farmers of America, o bien por una docena de predicadores bautistas jubilados.

Una de las pocas cosas que no me agradan de esta profesión que escogí es que nunca puedo llegar a conocer individualmente a muchas personas. Por lo general llego a un sitio para regresar el mismo día. Rara vez paso dos noches en el mismo lugar, salvo cuando estoy con La Pelirroja y tenemos la oportunidad de estar juntos tres días o más. Sobra decir que cuando podemos darnos ese lujo, no me despego de ella un solo momento. Ni siquiera durante los seminarios "Nacidos para ganar", que duran tres días y se celebran cada dos meses, aquí mismo en Dallas, tengo tiempo suficiente para establecer relaciones estrechas con las doscientas y tantas personas que asisten. Sencillamente no puedo dedicar mucho tiempo a una sola persona, aunque hago lo posible por saludar, estar en las comidas o conversar en los pasillos durante los recesos, a fin de tener aunque sea un conocimiento superficial de todo el mundo. Pero sé que estará de acuerdo conmigo en que eso no basta para entablar una relación.

Muchas veces me he preguntado cómo sería poder pasar un tiempo con todas las personas que han estado en mis seminarios o que han leído mis libros o escuchado mis grabaciones. La lógica me dice que ése es un "sueño imposible". Sin embargo, voy a pedirle ahora mismo que use su imaginación y creatividad y me vea frente a usted, llamándolo por su nombre y diciéndole las cosas que el señor Merrell me dijo, además de algunas otras de mi propia cosecha, con la esperanza de que obren el mismo efecto que ejercieron en mi vida las palabras del señor Merrell.

UN MENSAJE DESDE EL FONDO DE MI CORAZÓN

Esto es lo que me encantaría decirle: "Usted, ———, es único; es especial, fuera de serie e importante. Usted puede cambiar la vida de muchas personas. Por esta tierra han pasado más de diez mil millones de personas, pero nunca ha habido, ni hay, ni habrá, alguien como usted. Su voz es diferente de todas las demás que hay en la tierra; sus huellas dactilares son distintas;

sus mismos genes dejan huellas de indentificación que son completamente distintas de las de cualquier otro ser humano que haya pasado por este planeta. Usted es especial. Aproveche esa cualidad; utilice los principios de que hemos hablado y haga un esfuerzo deliberado por ser un factor de cambio para los demás".

Y concluiría diciendo: "Espero que sea un votante activo. Espero que participe en las elecciones nacionales, estatales y municipales. Así se trate de elegir un alcalde o al presidente, su voto es importante y puede contribuir al cambio.

"Pero ahora, _____ , le daré la oportunidad de votar por algo que es infinitamente más importante que cualquier elección. Votará en la intimidad de su pensamiento y, aunque su decisión repercutirá en la vida de otros, el mayor efecto será sobre su propia vida.

"Puesto que es un voto de vital importancia, quisiera pedirle que haga lo siguiente, TAN PRONTO COMO TERMINE DE LEER ESTE PÁRRAFO: Cierre los ojos e imagine que corre las cortinas del cubículo de votación, porque se trata de un voto muy importante y muy, pero muy personal. Ahora mire al frente y verá una serie de palancas correspondientes a distintos nombres por los cuales podría votar. Sin embargo, hay un nombre que sobresale entre los demás. Es el suyo, y está escrito en letras doradas sobre la palanca. Estire la mano y tire de esa palanca con fuerza, vigor, convicción y entusiasmo. Vote por usted y, cuando lo haga, descubrirá que hace mucho tiempo ya había sido elegido por Dios.

"Con esos dos votos, mi amigo, podrá ganar cualquier elección o concurso en que desee participar. Esa aritmética eterna es poderosa y veraz. Dice con toda claridad que usted más Dios es igual a lo necesario".

Acepte esa verdad como una realidad de la vida y esté seguro de que nos veremos — sí, USTED y yo — EN LA CIMA.

AGRADECIMIENTO

Es imposible publicar una obra como la presente sin la activa participación de muchas personas además del autor. En comparación con mis libros anteriores, en éste conté con un número mucho mayor de colaboradores.

Para empezar, el lector notará que muchos profesionales de las ventas aportaron ejemplos magníficos, prácticos y creativos, producto de lo que sucede directamente en la "línea de combate". Todos ellos, cuyos nombres aparecen en la lista de expertos, han acrecentado con sus experiencias el valor de este libro, por lo cual debo manifestarles mi gratitud.

Como en este libro el tema de las ventas se trata con criterio holístico, también los integrantes de mi familia desempeñaron un papel importante. Mis hijas Susan Witmeyer, Cindy Oates y Julie Norman aunaron esfuerzos para "configurar" a todo el libro desde el punto de vista de la familia. Cada una de ellas aportó opiniones valiosas acerca de los sentimientos y, por supuesto, los temores emanados del hecho de estar formándose en el hogar de un vendedor profesional. Cada una de esas opiniones es de vital importancia para mí no sólo desde el punto de vista personal sino también profesional. Mi hijo Tom compartió sus conceptos y anotó buena parte de la información telefónica a la vez que hacía sus propias sugerencias. Como es natural, también su colaboración es fundamental para mí desde el punto de vista personal y profesional. Sobra decir que La Pelirroja contribuyó inmensamente como revisora de estilo, editora y asesora general de la obra. En realidad, todos los actos de mi vida se hallan decisivamente influidos por ella, a quien le estoy eternamente agradecido por su amor y apoyo.

Para esta obra en particular, Victor Oliver, nuestro editor, colaboró y trabajó con el personal de ventas de Thomas Nelson, del que recibimos, al igual que de muchos propietarios de librerías, opiniones y comentarios, basados en experiencias personales, acerca de las necesidades y deseos del público en general. Lo que nos dijeron fue muy revelador y enormemente estimulante. Sus esfuerzos, combinados con cuestionarios y conversaciones con numerosos vendedores — tanto veteranos como novatos — nos ayudaron a conocer las necesidades y deseos que los profesionales de las ventas deben atender constantemente. En pocas palabras, pasamos muchas horas investigando para descubrir lo que usted necesita, y en seguida pusimos manos a la obra para proporcionarle esa información.

Mi amigo y colega Bryan Flanagan no solamente ha sometido a prueba los principios de este libro en su experiencia diaria, sino que también ha investigado mucho con el método anticuado de "echar los bofes" (de "trabajar duro", para los no iniciados), a fin de demostrar la validez de dichos principios. Gracias, Bryan, por tu generosidad, tu espíritu de colaboración y tus invaluables aportes a este libro.

Como siempre, es preciso hablar de las horas interminables de mecanografía y procesamiento de texto que requiere todo trabajo escrito. Laurie Magers, mi asistente administrativa desde hace catorce años, fue nuevamente la encargada de poner en limpio el manuscrito. Laurie trabajó hasta tarde entre semana y también los sábados para poder cumplir con sus demás obligaciones mientras ayudaba a preparar los originales para la imprenta. Por su parte, Debbie Shankle cumplió maravillosamente con la responsabilidad de lograr que el plan de edición marchara sin interrupciones y concluyera a tiempo.

Sin embargo, a quien verdaderamente se debe que la obra "se hiciera realidad" es a nuestro vicepresidente, Jim Savage. Jim pasó incontables horas investigando y aportando apreciaciones e ideas de gran valor. Gracias a su perspicacia y tenacidad este libro llegó al mercado por lo menos un año antes de la fecha en que hubiera llegado si yo hubiera estado solo. Como Jim y yo prácticamente vivimos "sintonizados" en una misma filosofía y manera de pensar, tuve además la suerte de contar con un colaborador consagrado, experimentado y brillante cuya contribución fue magnífica.

También quisiera manifestar mi más sincera gratitud y aprecio a los autores y conferenciantes que me autorizaron a servirme de algunos de sus logros creativos. Deseo agradecer especialmente a Gerhard Gschwandtner, editor de la revista *Personal Selling Power*. Gerhard es buen amigo y un verdadero profesional de las ventas, y sus aportes fueron notables.

A las personas que pude haber citado sin saberlo o cuyos ejemplos haya utilizado sin mencionarlas, quisiera decirles que hicimos los máximos esfuerzos para encontrar las fuentes. El hecho de que sus nombres no figuren no significa que no las aprecie. Quiero que sepan que, como colega, valoro profundamente sus contribuciones, no solamente a este libro, sino también a nuestra profesión.

www.ingramcontent.com/pod-product-compliance
Lightning Source LLC
LaVergne TN
LVHW091615070526
838199LV00044B/806